ULRICH BEYERLIN

Die humanitäre Aktion zur Gewährleistung
des Mindeststandards in nicht-internationalen Konflikten

Schriften zum Völkerrecht

Band 45

Die humanitäre Aktion
zur Gewährleistung des Mindeststandards
in nicht-internationalen Konflikten

Von

Dr. Ulrich Beyerlin

DUNCKER & HUMBLOT / BERLIN

Alle Rechte vorbehalten
© 1975 Duncker & Humblot, Berlin 41
Gedruckt 1975 bei Buchdruckerei A. Sayffaerth - E. L. Krohn, Berlin 61
Printed in Germany
ISBN 3 428 03457 0

Vorwort

Die vorliegende Arbeit hat Mitte 1974 dem Fachbereich Rechtswissenschaft der Eberhard-Karls-Universität in Tübingen als Dissertation vorgelegen. Herrn Professor Dr. Hermann-Wilfried Bayer möchte ich für den förderlichen Rat und die hilfreiche Kritik sowie für die Befürwortung eines Promotionsstipendiums der Universität Tübingen vielmals danken, ebenso den Herren Professor Dr. Hermann Mosler und Professor Dr. Rudolf Bernhardt, den Direktoren des Heidelberger Max-Planck-Instituts für ausländisches öffentliches Recht und Völkerrecht, an dem ich Material für meine Arbeit sammeln und diese vollends fertigstellen konnte.

Das Manuskript wurde im Mai 1974 abgeschlossen. Neuere Entwicklungen, insbesondere die auf der zweiten Sitzungsperiode der Diplomatischen Konferenz im Frühjahr 1975 in Genf erzielten Fortschritte bei dem Bemühen um eine Weiterentwicklung des humanitären Völkerrechts, konnten nicht mehr berücksichtigt werden.

Heidelberg, im April 1975

Ulrich Beyerlin

Inhaltsverzeichnis

Einleitung 15

Erster Teil

Gegenstand der Untersuchung 18

Erstes Kapitel

„humanitäre Aktion" 18

1. Abschnitt: „Aktion" 18

I. Definition 18

II. Verhältnis: „Aktion" — „Intervention" 19

2. Abschnitt: „humanitär" 20

I. „humanitär" — „zur Gewährleistung des Mindeststandards" 20

II. „humanitärer Mindeststandard" 20

    1. Die vom Mindeststandard umfaßten Rechte 20

    2. Die Frage der völkerrechtlichen Verpflichtung der Konfliktsparteien zur Einhaltung des Mindeststandards 21

    3. Konsequenzen im Hinblick auf das Interventionsverbot 25

Zweites Kapitel

„nicht-internationale Konflikte" 27

1. Abschnitt: Interne bewaffnete Konflikte 27

I. Abgrenzung gegenüber „internationalen bewaffneten Konflikten" 28

    1. Regelfall 28

    2. Sonderfälle 29

        a) Die sog. Befreiungskriege 29

        b) Konflikte zwischen „geteilten Staaten" 30

        c) Der sog. internationale Bürgerkrieg 30

II. Abgrenzung gegenüber „inneren Unruhen" 31

2. Abschnitt: Innere Unruhen 33

Zweiter Teil

Die humanitären Aktionen in nicht-internationalen Konflikten — de lege lata — 35

Erstes Kapitel

Die humanitären Aktionen der Staaten 35

1. *Abschnitt: Die militärischen Schutzmaßnahmen des Heimatstaats zugunsten seiner auf dem Territorium des Konfliktsstaats angegriffenen Bürger* 36

I. Die Zulässigkeit der militärischen Schutzmaßnahmen des Heimatstaats im klassischen Völkerrecht 38

   1. Die Pflicht des Aufenthaltsstaats zur Beachtung des internationalen Mindeststandards 38

   2. Die Reaktionen des Heimatstaats auf eine Verletzung des Mindeststandards durch den Aufenthaltsstaat 39

   3. Die dogmatische Einordnung der militärischen Schutzmaßnahmen des Heimatstaats 39

   4. Grenzen des militärischen Schutzrechts 40

II. Die Zulässigkeit der militärischen Schutzmaßnahmen des Heimatstaats in der Zeit zwischen den beiden Weltkriegen 41

   1. Die Auswirkungen der Völkerbundssatzung und des Kellogg-Paktes 41

   2. Weitere Begrenzungen des militärischen Schutzrechts 41

III. Die Zulässigkeit der militärischen Schutzmaßnahmen des Heimatstaats seit dem Inkrafttreten der UN-Charta 42

   1. Die Vereinbarkeit der militärischen Schutzmaßnahmen des Heimatstaats mit dem Gewaltverbot des Art. 2 (4) UN-Charta 42

     a) Die Vereinbarkeit der Schutzmaßnahmen des Heimatstaats mit der ersten Klausel des Art. 2 (4) 43

       aa) Die Beeinträchtigung der „political independence" des Aufenthaltsstaats 43

       bb) Die Beeinträchtigung der „territorial integrity" des Aufenthaltsstaats 44

     b) Die Vereinbarkeit der Schutzmaßnahmen des Heimatstaats mit der zweiten Klausel des Art. 2 (4) 46

     c) Das Gewaltverbot in der Praxis der Vereinten Nationen 47

   2. Rechtfertigungsgründe für die militärischen Schutzmaßnahmen des Heimatstaats 49

     a) Rechtfertigungsgrund innerhalb der UN-Charta: Art. 51 49

     b) Rechtfertigungsgründe außerhalb der UN-Charta 50

       aa) Das völkergewohnheitsrechtliche Selbstverteidigungsrecht der Staaten 50

         α) Stand der Meinungen in der Literatur 51

         β) Stellungnahme 51

bb) Der Schutz der eigenen Staatsangehörigen im Ausland als eigenständiger Rechtfertigungsgrund 54
α) Theoretischer Ansatz 54
β) Die Beurteilung der militärischen Schutzmaßnahmen des Heimatstaats innerhalb der Vereinten Nationen 55
cc) Die Zustimmung der Regierung des Aufenthaltsstaats als Rechtfertigungsgrund 60

Ergebnis des 1. Abschnitts 61

2. *Abschnitt: Die sog. klassische humanitäre Intervention* 61

I. Die Zulässigkeit der humanitären Intervention im klassischen Völkerrecht 63
  1. Die Auffassung der Völkerrechtsliteratur 63
  2. Die Staatenpraxis 63

II. Die Zulässigkeit der humanitären Intervention im modernen Völkerrecht 64
  1. Die Vereinbarkeit der humanitären Intervention mit dem Gewaltverbot 64
  2. Die humanitäre Intervention als Ausnahmetatbestand zum Gewaltverbot 65

Gesamtergebnis des 1. Kapitels 66

Zweites Kapitel

Die humanitären Aktionen der Organe der Vereinten Nationen 67

1. *Abschnitt: Humanitäre Aktionen in Form von militärischen Zwangsmaßnahmen gegen den Konfliktsstaat* 68

I. Die militärischen Zwangsmaßnahmen auf Beschluß des UN-Sicherheitsrats gemäß Art. 39, 42 UN-Charta 68
  1. Die Verletzung des humanitären Mindeststandards als Weltfriedensbedrohung im Sinne des Art. 39 UN-Charta 68
  2. Die Handhabung der Art. 39, 42 UN-Charta in der Praxis des Sicherheitsrats 70
  3. Die Ursachen für den Nichtgebrauch militärischer Zwangsmaßnahmen in der Praxis des Sicherheitsrats 71

II. Militärische Zwangsmaßnahmen auf Grund der „Uniting for Peace"-Resolution der UN-Generalversammlung 73
  1. Die Korea-Aktion 73
  2. Die Uniting for Peace-Resolution als Rechtfertigungsgrund für militärische humanitäre Aktionen 73

III. Das Initiativrecht des UN-Generalsekretärs 74

2. *Abschnitt: Humanitäre Aktionen mit Zustimmung des Konfliktsstaats* 75

I. Die friedenserhaltenden Aktionen von Streitkräften der Vereinten Nationen 75

II. Die Tätigkeit von UN-Untersuchungskommissionen in Fällen der Verletzung des humanitären Mindeststandards 77
1. Die Kompetenzen des UN-Sicherheitsrats 77
2. Die Kompetenzen der UN-Generalversammlung 80
3. Die Untersuchungstätigkeit von Ad hoc-Expertengruppen 81

III. Die humanitären Hilfsaktionen der Vereinten Nationen 82

Gesamtergebnis des 2. Kapitels 84

Drittes Kapitel

Die humanitären Aktionen des IKRK 85

1. Abschnitt: Die humanitären Aktionen des IKRK in nicht-internationalen bewaffneten Konflikten 85

I. Die humanitären Aktionen des IKRK in der Zeit vor 1949 85
1. Die damalige Praxis des IKRK 86
2. Die Anerkennung eines allgemeinen humanitären Initiativrechts des IKRK 86

II. Die humanitären Aktionen des IKRK in der Zeit nach 1949 88
1. Das Initiativrecht des IKRK nach Art. 3 (2) GK 88
   a) Die Feststellung des Konfliktszustands im Sinne des Art. 3 (1) GK als Voraussetzung für die Ausübung des Initiativrechts gemäß Art. 3 (2) GK 89
      aa) Der Begriff des „internen bewaffneten Konflikts" 89
      bb) Die Feststellung des Konfliktszustands 89
   b) Keine Annahmeverpflichtung der Konfliktsparteien 90
2. Die Aufgaben des IKRK 92
   a) Die Kontrolle über die Einhaltung des humanitären Mindeststandards 92
   b) Schutz und Hilfeleistung für die Konfliktopfer 93
   c) Die humanitäre Vermittlung zwischen den Parteien 93
3. Die Verhandlungen zwischen dem IKRK und den Konfliktsparteien 93
4. Die Funktion der nationalen Rotkreuzgesellschaften im Verhältnis zwischen dem IKRK und den Konfliktsparteien 95
5. Die humanitären Aktionen des IKRK in der Praxis 96
6. Die Grenzen der humanitären Aktionen des IKRK 100

2. Abschnitt: Die humanitären Aktionen des IKRK bei inneren Unruhen 102

I. Anwendungsfälle der „inneren Unruhen" 102

II. Die Verpflichtung des Unruhe-Staats zur Einhaltung des humanitären Mindeststandards 102

III. Das völkergewohnheitsrechtliche Initiativrecht des IKRK bei inneren Unruhen 103

Gesamtergebnis des 3. Kapitels 105

Dritter Teil

Die humanitäre Aktion in nicht-internationalen Konflikten — de lege ferenda — 106

Erstes Kapitel

Die Stärkung des humanitären Initiativrechts des IKRK 107

1. Abschnitt: Die Stärkung des Initiativrechts des IKRK in internen bewaffneten Konflikten 107

I. Der Ausbau des Initiativrechts zum Aktionsrecht des IKRK 107
  1. Die einschlägigen Reformbestrebungen 108
  2. Würdigung der Art. 33 und 39 des II. Protokollentwurfs des IKRK von 1973 110
  3. Alternativvorschlag zu Art. 33 und 39 des II. Protokollentwurfs des IKRK von 1973 113

II. Inhaltliche Ausfüllung des Initiativrechts des IKRK 116

2. Abschnitt: Die Stärkung des Initiativrechts des IKRK bei inneren Unruhen 117

Zweites Kapitel

Die internationale Zusammenarbeit bei humanitären Aktionen in nicht-internationalen Konflikten 120

1. Abschnitt: Die Zusammenarbeit zwischen dem IKRK und den Mitgliedstaaten der Genfer Konventionen 120

I. Die Mission de Contrôle 122
II. Die Mission d'Aide 128
III. Die Mission d'Intervention Armée 131
IV. Zusammenfassung 132

2. Abschnitt: Die Zusammenarbeit zwischen dem IKRK und den Vereinten Nationen 132

I. UN-Truppen als Schutz für die IKRK-Missionen 133
II. Das IKRK als Initiativorgan für die Ingangsetzung des Verfahrens nach Art. 39, 42 UN-Charta 137

III. Die Koordinierung von Untersuchungs- und Hilfsaktionen 139
   1. Die Koordinierung der Untersuchungsaktionen 140
   2. Die Koordinierung der Hilfsaktionen 141
IV. Zusammenfassung 143

Anhang zum 2. Kapitel: Die Zusammenarbeit zwischen dem IKRK und anderen internationalen Organisationen 143

Schlußbetrachtung 146

Literaturverzeichnis 149

Abkürzungsverzeichnis

Add.	=	Addendum
ADIM	=	Annales de Droit International Médical (publiées par la Commission Médico-Juridique de Monaco)
AJIL	=	The American Journal of International Law
ArchVR	=	Archiv des Völkerrechts
Art.	=	Artikel
AWD	=	Außenwirtschaftsdienst des Betriebs-Beraters
CICR	=	Comité International de la Croix-Rouge
CPJI	=	Cour Permanente de Justice Internationale
Doc.	=	Document
DÖV	=	Die öffentliche Verwaltung
ECOSOC	=	Economic and Social Council
ESCOR	=	— Official Records
FAO	=	Food and Agriculture Organization
FAZ	=	Frankfurter Allgemeine Zeitung
GAOR	=	General Assembly Official Records
GK	=	Genfer Konventionen vom 12.8.1949
I.C.J. Reports	=	International Court of Justice, Reports of Judgements, Advisory Opinions and Orders
IJK	=	Internationale Juristenkommission
IKRK	=	Internationales Komitee vom Roten Kreuz
IKRK-TB(e)	=	—, Tätigkeitsbericht(e)
IRK	=	Internationales Rotes Kreuz
ILA	=	International Law Association
ILO	=	International Labour Organization
JIR	=	Jahrbuch für Internationales Recht
NJW	=	Neue Juristische Wochenschrift
NZZ	=	Neue Züricher Zeitung
Österr. ZöR (N.F.)	=	Österreichische Zeitschrift für öffentliches Recht (Neue Folge)
ONUC	=	Opération des Nations Unies au Congo
Recueil des Cours	=	Recueil des Cours de l'Académie de Droit international de la Haye
Res.	=	Resolution
Rev.Int.C-R	=	Revue Internationale de la Croix-Rouge

Rev.Int. des Services de Santé	= Revue Internationale des Services de Santé des Armées de Terre, de Mer et de l'Air
SCOR	= Security Council Official Records
SG	= Secretary General
StGB	= Strafgesetzbuch
Suppl.	= Supplement
UNEF	= United Nations Emergency Force
UNESCO	= United Nations Educational, Scientific and Cultural Organization
UNFICYP	= United Nations Peace-keeping Force in Cyprus
UNEPRO	= United Nations East Pakistan Relief Operation
UNICEF	= United Nations Children's Emergency Fund
WHO	= World Health Organization
Y.U.N.	= Yearbook of the United Nations
ZaöRV	= Zeitschrift für ausländisches öffentliches Recht und Völkerrecht

Einleitung

Gerade in den letzten Jahren haben Bürgerkriege großen Ausmaßes durch unmenschliche Kriegsführungsmethoden und die mit den Kämpfen einhergehenden Hungersnöte und Epidemien unendlich viele Opfer insbesondere unter der Zivilbevölkerung gekostet und ganze Bevölkerungsgruppen in ihrer Existenz bedroht. Man denke dabei nur etwa an den biafranischen Befreiungskampf, an den Aufstand der Ostbengalen und an den durch den Waffenstillstand von 1973 (vorläufig) beendeten Vietnam-Konflikt (soweit dieser als Bürgerkrieg qualifiziert werden kann).

Die gesamte Staatenwelt, die Vereinten Nationen und — von bescheidenen Teilerfolgen abgesehen — auch das Internationale Komitee vom Roten Kreuz haben sich jedoch insgesamt als zu ohnmächtig erwiesen, um den in existentieller Not befindlichen Konfliktsopfern durch humanitäre Schutz- und Hilfsaktionen rasch und wirksam beizustehen. Immerhin ist aber durch das Leid dieser Menschen das Gewissen der Weltöffentlichkeit wachgerüttelt und eine weltweite Diskussion über die Möglichkeiten zur Verbesserung des humanitären Rechtsschutzes und der humanitären Hilfeleistung für die Opfer künftiger Konflikte in Gang gesetzt worden. Die Aktualität dieser Reformbestrebungen beweist etwa die Einberufung einer neuen diplomatischen Konferenz nach Genf im Frühjahr 1974, die sich mit der Weiterentwicklung des internationalen humanitären Rechts in bewaffneten Konflikten befaßt hat.

Mit der vorliegenden Untersuchung „Die humanitäre Aktion zur Gewährleistung des Mindeststandards in nicht-internationalen Konflikten" soll ein Beitrag zu dieser noch keineswegs abgeschlossenen Diskussion geleistet werden.

Die Problematik der „humanitären Aktion" soll in dieser Arbeit nur für den Bereich der „nicht-internationalen Konflikte" behandelt werden. Sowohl politisch-praktische als auch rechtliche Gesichtspunkte lassen eine solche Beschränkung des Untersuchungsgegenstandes gerechtfertigt erscheinen:

Zum einen überwiegt zumindest seit dem 2. Weltkrieg die Zahl der internen Konflikte die der internationalen Konflikte bei weitem. Wegen des kaum noch kalkulierbaren Risikos einer atomaren Konfrontation scheuen nämlich heute selbst militärisch potente Staaten meist einen internationalen Krieg; stattdessen verfolgen sie ihre Machtinteressen oftmals durch offene oder verdeckte Einflußnahme auf die Krisen- oder Konfliktssituation innerhalb eines Staates, den sie ihrer Einflußzone durch Unterstützung der etablierten Regierung erhalten bzw. durch Unterstützung der ihnen genehmen oppositionellen Partei einverleiben wollen. Bürgerkriege und innere Unruhen sind also in vielen Fällen zum indirekten Austragungsort internationaler Spannungen und ideologischer Machtkämpfe und damit zum Ersatz für internationale Konflikte geworden. Dies und die Tatsache, daß sich gerade die Parteien eines Bürgerkriegs — ideologisch aufgeladen — oft mit besonderem Haß und Grausamkeit bekämpfen und dabei selbst die elementarsten Grundsätze der Humanität dem kämpfenden Gegner wie auch der unbeteiligten Zivilbevölkerung gegenüber mißachten, zeigen die Notwendigkeit einer Untersuchung der „humanitären Aktion" gerade für den Bereich der nicht-internationalen Konflikte.

Zum anderen werfen die nicht-internationalen Konflikte besonders schwierige Probleme des humanitären Völkerrechts auf. Auch heute noch besteht nämlich die unheilvolle und paradoxe Rechtssituation, daß insbesondere die Genfer Konventionen von 1949 für den Bereich der internationalen bewaffneten Konflikte schon vielfach bewährte humanitäre Rechtsnormen zur Verfügung stellen, während für den Zustand des „Friedens", dem Bürgerkriege und innere Unruhen völkerrechtlich zuzurechnen sind, mit Ausnahme des Art. 3 der Genfer Konventionen von 1949 keine humanitäre Regeln vorhanden sind. Um dem abzuhelfen, käme es darauf an, „das humanitäre Völkerrecht aus seiner Verankerung im Kriegsrecht zu lösen ... und auf das gesamte Friedensrecht auszudehnen"[1].

Der Gang der vorliegenden Untersuchung wird dadurch bestimmt, daß die drei wichtigsten der in Betracht kommenden Subjekte einer humanitären Aktion in nicht-internationalen Konflikten behandelt werden sollen: die Staaten, die Vereinten Nationen und das Internationale Komitee vom Roten Kreuz.

Die regionalen und die nichtstaatlichen internationalen Organisationen können nur am Rande in die Betrachtung einbezogen werden, ohne daß damit deren Bedeutung verkannt werden soll[2].

---

[1] *O. Kimminich*, Humanitäres Völkerrecht — humanitäre Aktion, in: Entwicklung und Frieden, Nr. 3, 1972, S. 8 f.
[2] Vgl. zur Bedeutung der regionalen Organisationen im humanitären Bereich etwa *R. Pinto*, Régionalisme et universalisme dans la protection des droits de l'homme, in: International Protection of Human Rights

Im 1. Teil dieser Arbeit sollen zunächst der Untersuchungsgegenstand näher bestimmt und die Begriffe „humanitäre Aktion" und „nichtinternationale Konflikte" geklärt werden.

Im 2. Teil soll dann untersucht werden, ob und inwieweit die Staaten, die Organe der Vereinten Nationen und das Internationale Komitee vom Roten Kreuz *de lege lata* zu humanitären Aktionen in nicht-internationalen Konflikten befugt und praktisch befähigt sind; jedem dieser drei Subjekte wird dabei ein eigenes Kapitel gewidmet werden.

Anschließend, im 3. Teil der Arbeit, sollen dann Überlegungen *de lege ferenda* angestellt werden:

Im 1. Kapitel wird die Erweiterung der Rechte des Internationalen Komitees vom Roten Kreuz in Frage stehen, während im 2. Kapitel neue Formen der Zusammenarbeit zwischen dem Internationalen Komitee vom Roten Kreuz, den Mitgliedstaaten der Genfer Konventionen und den Organen der Vereinten Nationen bei der Vorbereitung und Durchführung humanitärer Aktionen diskutiert werden sollen.

(Proceedings of the Seventh Nobel Symposium, Oslo, September 25 - 27, 1967), edited by A. Eide / A. Schou, 1968, S. 177 - 192.
Zur Bedeutung der nichtstaatlichen internationalen Organisationen vgl. z. B. *P. Archer*, Action by Unofficial Organizations on Human Rights, in: The International Protection of Human Rights, edited by E. Luard, 1967, S. 160 - 182; *F. Ermacora*, International Enquiry Commissions in the Field of Human Rights, Revue de Droit International et Comparé, Bd. I-2, 1968, S. 180 - 206; *Kimminich*, S. 112 ff.

2 Beyerlin

Erster Teil

Gegenstand der Untersuchung

Bevor die rechtliche und praktische Befähigung der Staaten, der Vereinten Nationen und des Internationalen Komitees vom Roten Kreuz (IKRK) zur „humanitären Aktion" in „nicht-internationalen Konflikten" geprüft werden kann, sind zunächst diese beiden letzteren Begriffe zu klären, wodurch gleichzeitig auch der Gegenstand dieser Untersuchung näher bestimmt und eingegrenzt wird.

Erstes Kapitel

„humanitäre Aktion"

Zunächst bedarf es einer Definition des in dieser Untersuchung verwendeten Begriffs der „Aktion"; anschließend ist der Begriff „humanitär", also die Zweckbestimmung der Aktion, in seiner Beziehung zu dem im Titel dieser Arbeit verwendeten Zusatz „zur Gewährleistung des Mindeststandards" zu bestimmen.

1. Abschnitt: „Aktion"

I. Definition

Unter dem Begriff der „Aktion" sollen sämtliche Maßnahmen der Staaten, der Organe der Vereinten Nationen und des IKRK verstanden werden, die
(1) unmittelbar auf dem Territorium des Konfliktsstaats
(2) mit militärischen und nichtmilitärischen Mitteln
(3) mit Zustimmung der Konfliktspartei(en) oder gegen deren Willen durchgeführt werden.

Diese Definition des Begriffs „Aktion" ist eigens für die Zwecke dieser Untersuchung gewählt worden.

Durch die Beschränkung auf Maßnahmen „sur place" werden andere humanitäre Aktivitäten, wie etwa bloße Appelle, rechtlich unverbindliche Empfehlungen und die Anbietung von Guten Diensten an die Konfliktsparteien durch einen Staat oder ein Organ der Vereinten Nationen von der Untersuchung ausgenommen, weil sie den Konfliktsopfern jedenfalls nicht unmittelbar Schutz und Hilfe vermitteln und somit im Vergleich zu Schutz- und Hilfsaktionen an Ort und Stelle weniger bedeutsam erscheinen.

Andererseits soll dadurch, daß sowohl militärische als auch nichtmilitärische Aktionen — sei es mit Zustimmung der Konfliktsparteien oder gegen deren Willen — behandelt werden sollen, ein breites Spektrum der je nach ihrem Rechtsträger sehr verschiedenen Erscheinungsformen der humanitären Aktion untersucht und damit für den Bereich der nicht-internationalen Konflikte ein umfassender Überblick über die humanitären Aktionen „sur place" der drei wichtigsten Subjekte gegeben werden.

II. Verhältnis: „Aktion" — „Intervention"

Der Begriff der „Aktion", wie er in dieser Untersuchung verstanden wird, deckt sich nicht mit dem Begriff der „Intervention", überschneidet sich aber teilweise mit diesem, und zwar gleichgültig, ob man „Intervention" mit „dictatorial interference" gleichsetzt[1] oder — wohl richtiger — auch andere Formen der Einmischung in die inneren Angelegenheiten eines Staates unter diesen Begriff faßt[2].

Da zumindest einige der in dieser Arbeit zu untersuchenden humanitären Aktionen — unabhängig davon, welchen Interventionsbegriff man zugrundelegt — Interventionscharakter haben (so z. B. die militärischen Schutzmaßnahmen des Heimatstaats zugunsten seiner Bürger im Ausland und die sog. klassische humanitäre Intervention eines Staates), taucht das Problem einer möglichen Kollision dieser Aktionen mit dem Interventionsverbot des Art. 2 (7) UN-Charta auf, das nicht nur die Organe der Vereinten Nationen, sondern auch die Staaten zu beachten verpflichtet sind[3]. Auf diese Problematik wird zurückzukommen sein,

---

[1] So z. B. *L. Oppenheim / H. Lauterpacht,* International Law, Bd. I, 8. Aufl., 1955, S. 415 f.

[2] Vgl. z. B. *I. von Münch,* Internationale und nationale Zuständigkeit im Völkerrecht der Gegenwart, in: Berichte der Deutschen Gesellschaft für Völkerrecht, Heft 7, 1967, S. 53 mit weiteren Nachweisen, sowie *D. Schindler,* Le principe de non-intervention dans les guerres civiles, Huitième Commission, Rapport provisoire, Institut de Droit International, Genève 1972, S. 9 ff., 82 f.

[3] Siehe die Resolution der Generalversammlung Nr. 2131 (XX) vom 21. 12. 1965 über die Unzulässigkeit der Einmischung in die inneren Angelegenheiten von Staaten (deutscher Text in: Vereinte Nationen, 14. Jg., 1966, S. 69).

wenn geklärt ist, was unter dem Begriff „humanitär" in dieser Untersuchung verstanden werden soll.

2. Abschnitt: „humanitär"

I. „humanitär" — „zur Gewährleistung des Mindeststandards"

Einer allgemeinen Definition des in seinen Grenzen nur schwer faßbaren Begriffs „humanitär" bedarf es hier nicht, weil die vorliegende Untersuchung auf humanitäre Aktionen „zur Gewährleistung des Mindeststandards" beschränkt sein soll. Für die Zwecke dieser Untersuchung wird „humanitär" also einschränkend als „zur Aufrechterhaltung oder Wiederherstellung des humanitären Mindeststandards" definiert. Was unter dem Begriff des „humanitären Mindeststandards" zu verstehen ist und weshalb hier nur Aktionen zur Gewährleistung dieses Mindeststandards in Betracht kommen sollen, ist im folgenden darzulegen.

II. „humanitärer Mindeststandard"

Unter dem „humanitären Mindeststandard" soll hier die Summe minimaler Menschenrechte verstanden werden, deren Beachtung gegenüber jedermann die völkerrechtliche Pflicht aller Staaten ist.

1. Die vom Mindeststandard umfaßten Rechte

Welche minimalen Menschenrechte dieser humanitäre Mindeststandard umfaßt, läßt sich etwa aus dem den vier Genfer Konventionen (GK) von 1949 gemeinsamen Art. 3 (1) ablesen. Dort werden unter den obersten Gebotssätzen der „Behandlung mit Menschlichkeit" und der „Nichtdiskriminierung" zum Schutz aller nicht (mehr) unmittelbar an den Feindseligkeiten beteiligten Personen die Konfliktsparteien mit beispielhaften Einzelverboten belegt (Art. 3 (1) Nr. 1 a - d GK); danach sind insbesondere Angriffe auf das Leben und die körperliche Unversehrtheit, die Festnahme von Geiseln, Beeinträchtigungen der persönlichen Würde, sowie Verurteilungen und Hinrichtungen ohne vorheriges ordnungsgemäßes Gerichtsverfahren untersagt. Art. 3 (1) Nr. 2 GK gebietet schließlich den Konfliktsparteien, die Verwundeten und Kranken zu bergen und zu pflegen.

Art. 3 (1) GK enthält also einen Katalog unverzichtbarer subjektiver Minimalrechte für alle nichtkämpfenden Personen, die sich auf dem Territorium des Konfliktstaats aufhalten; diese Rechte stehen sowohl den eigenen Bürgern des Konfliktstaats als auch Ausländern[4] und Staatenlosen zu.

Ob diesem humanitären Mindeststandard über die oben genannten Minimalrechte hinaus de lege lata oder de lege ferenda noch weitere Rechte zugerechnet werden können, soll hier offen gelassen werden. Aufgabe dieser Untersuchung ist nämlich nicht die Prüfung des Mindeststandards in materiell-rechtlicher Hinsicht; hier interessiert vielmehr ausschließlich die Frage der *Durchsetzung* dieses Mindeststandards, also der „verfahrensrechtliche" Aspekt der humanitären Aktion.

Die Beschränkung dieser Untersuchung auf Fragen der Durchsetzung humanitärer Aktionen erscheint im Hinblick darauf gerechtfertigt, daß bei den Überlegungen zur Verbesserung des humanitären Rechtsschutzes für die Opfer nicht-internationaler Konflikte die Frage nach Mitteln und Wegen zur Durchsetzung des humanitären Mindeststandards dringlicher und auch problematischer sein dürfte als die Frage der materiellen Ausgestaltung dieses Standards, ohne daß damit deren Wichtigkeit und aktuelle Bedeutung unterschätzt werden soll[5].

2. Die Frage der völkerrechtlichen Verpflichtung der Konfliktsparteien zur Einhaltung des Mindeststandards

Im Falle eines nicht-internationalen bewaffneten Konflikts im Sinne des Art. 3 (1) GK, dessen Voraussetzungen noch weiter unten zu klären sein werden, ergibt sich die völkerrechtliche Verpflichtung sämtlicher am Konflikt beteiligter Parteien zur Einhaltung des humanitären Mindeststandards unmittelbar aus Art. 3 (1) GK.

Eine Pflicht zur Beachtung des humanitären Mindeststandards ist aber nicht erst durch Art. 3 (1) GK geschaffen worden, sondern war schon vorher völkergewohnheitsrechtlich anerkannt; Art. 3 (1) GK hat also insoweit lediglich schon bestehendes Völkergewohnheitsrecht positiviert[6]. In einer Resolution der Internationalen Konferenz für

---

[4] Der in Art. 3 (1) GK niedergelegte humanitäre Mindeststandard schließt mit Ausnahme des Rechtsgutes „Eigentum" auch die Rechte des sog. fremdenrechtlichen Mindeststandards mit ein; näheres hierzu unten II. Teil, 1. Kap., 1. Abschnitt, I 1.

[5] Bedeutsame Verbesserungen des materiellen Rechtsschutzes für die Konfliktsopfer werden z. B. im IKRK-Entwurf für zwei Zusatzprotokolle zu den Genfer Konventionen von 1949 angestrebt (siehe *CICR*, Projets de Protocoles additionnels aux Conventions de Genève du 12 août 1949, Genève 1973).

[6] In diesem Sinne z. B. *P. de la Pradelle*, La Conférence Diplomatique et les nouvelles Conventions de Genève du 12 Août 1949, 1951, S. 217; *J. Siotis*, Le droit de la guerre et les conflits armés d'un caractère non-international, 1958, S. 219; *J. Abr. Frowein*, Völkerrechtliche Aspekte des Vietnam-Konflikts, ZaöRV, Bd. 27, 1967, S. 19; *M. S. Mac Bride* (Les droits de l'homme et les

Menschenrechte vom 22. April bis 13. Mai 1968 in Teheran ist denn auch der in Art. 3 (1) GK niedergelegte Mindeststandard zu den „general principles of law recognized by the community of nations" gezählt worden[7].

Damit dürfte feststehen, daß nicht nur die Konfliktsparteien eines Mitgliedstaats der Genfer Konvention auf Grund dessen vertraglicher Verpflichtung, sondern auch die Parteien eines Nicht-Signatarstaats völkergewohnheitsrechtlich verpflichtet sind, im Falle eines internen bewaffneten Konflikts den humanitären Mindeststandard einzuhalten.

Schwerer fällt dagegen der Nachweis einer völkerrechtlichen Pflicht der Staaten zur Beachtung des Mindeststandards in Fällen „innerer Unruhen", also in Konfliktsituationen, die unterhalb der Schwelle eines Konflikts im Sinne des Art. 3 (1) GK bleiben[8]. Hier kann sich eine solche Pflicht nur aus der Verbindlichkeit der *allgemeinen Menschenrechte* ergeben[9].

Zwar war nach überkommenem Völkergewohnheitsrecht „no rule ... clearer than that a state's treatment of its own nationals is a matter exclusively within the domestic jurisdiction of that state ..."[10]. Schon frühzeitig haben aber viele Autoren der älteren Völkerrechtsliteratur die Staaten für völkerrechtlich verpflichtet gehalten, die elementaren Gesetze der Menschlichkeit auch ihren eigenen Bürgern gegenüber zu beachten[11].

Ob der humanitäre Mindeststandard, also die Summe der elementarsten Menschenrechte, heute schon für alle Staaten rechtsverbindlich geworden ist, hängt maßgeblich vom derzeitigen Stand der Entwicklung der allgemeinen Menschenrechte im Völkervertragsrecht ab.

---

conventions humanitaires, ADIM, No. 16, 1967, S. 9, 13), der die Auffassung der Internationalen Juristen-Kommission repräsentiert; *H. G. Knitel*, Le rôle de la Croix-Rouge dans la protection internationale des droits de l'homme, Österr. ZöR, Bd. 19 (N.F.), 1969, S. 33, 34.

[7] Vgl. den Text dieser Resolution in: *International Protection of Human Rights*, Background Paper and Proceedings of the Twelth Hammarskjöld Forum, New York 1968, S. 108. — Den gleichen Standpunkt vertreten auch *W. Wiebringhaus* (in: J.-C. Scholsem, L'Application des Conventions de Genève, ADIM, No. 18, 1968, S. 38) und *R. Karlshausen / A. Raymond* (Missions humanitaires internationales de contrôle et de secours en cas de conflit armé, ADIM, No. 20, 1970, S. 36).

[8] Näheres zum Begriff der „inneren Unruhen" und seiner Abgrenzung gegenüber dem Begriff des „internen bewaffneten Konflikts" siehe 2. Kap., 2. Abschnitt.

[9] Etwas anderes gilt für die Behandlung der Ausländer, die sich auf dem Territorium des Unruhe-Staates aufhalten; den Aufenthaltsstaats trifft nämlich gerade in Friedenszeiten die völkerrechtliche Pflicht, die Ausländer dem internationalen Mindeststandard entsprechend zu behandeln.

[10] *J. L. Brierly / C. H. M. Waldock*, The Law of Nations, 6. Aufl., 1963, S. 291.

[11] So (meist ohne nähere Begründung) insbesondere die Befürworter der sog. klassischen humanitären Intervention; vgl. die Nachweise weiter unten Anm. 128 unter II. Teil, 1. Kap., 2. Abschnitt, I 1.

2. Abschn.: "humanitär"

Von Bedeutung sind hier vor allem die Charta der Vereinten Nationen vom 26. Juni 1945 mit ihrem Bekenntnis zu den allgemeinen Menschenrechten, die Konvention über den Völkermord vom 9. Dezember 1948, die in der Folgezeit von der Mehrzahl der UN-Mitgliedstaaten, nicht aber von den Großmächten ratifiziert worden ist[12], die Allgemeine Erklärung der Menschenrechte vom 10. Dezember 1948, in der die internationale Staatengemeinschaft erstmalig einen ausführlichen Katalog der Grundrechte und Grundfreiheiten des Menschen aufgestellt hat[13], die Europäische Menschenrechtskonvention vom 4. November 1950, die als entscheidende Neuerung ein Menschenrechtsschutzsystem gebracht hat, die Internationale Konvention zur Beseitigung aller Formen von Rassendiskriminierung vom 21. Dezember 1965 und zuletzt die — allerdings noch nicht in Kraft getretenen — Internationalen Konventionen über die bürgerlichen und politischen Rechte bzw. über die wirtschaftlichen, sozialen und kulturellen Rechte vom 16. Dezember 1966 (mit einem Zusatzprotokoll zur Konvention über die bürgerlichen und politischen Rechte)[14].

Sicher dürfte zunächst sein, daß diejenigen Staaten, die der Europäischen Menschenrechtskonvention beigetreten sind oder die beiden Internationalen Konventionen von 1966[15] ratifiziert haben bzw. noch ratifizieren werden, an die Regeln des Mindeststandards, der nur die elementarsten Menschenrechte umfaßt, gebunden sind.

Ob darüber hinaus auch Art. 56 in Verbindung mit Art. 55 (c) UN-Charta[16] für alle UN-Mitgliedstaaten eine *Rechtspflicht* zur Achtung und Förderung der Menschenrechte und Grundfreiheiten begründet,

---

[12] Vgl. hierzu W. *Schaumann*, Der völkerrechtliche Schutz der Menschen- und Freiheitsrechte in seiner Verwirklichung durch die Vereinten Nationen, Jahrbuch für Internationales Recht, Bd. 13, 1967, S. 154 mit Nachweisen.

[13] Der Allgemeinen Erklärung der Menschenrechte dürfte allerdings keine formelle Rechtsqualität zukommen; sie kann somit wohl auch keine Rechtspflichten der UN-Mitgliedstaaten begründen; vgl. statt vieler G. *Dahm*, Völkerrecht, Bd. I, 1958, S. 429 f.

[14] Die Konventionen werden für die beigetretenen Staaten erst verbindlich, wenn sie von 35 Staaten (beim Protokoll: 10 Staaten) ratifiziert sind. Nach dem Stand vom 1. 12. 1973 haben 24 Staaten diese beiden Konventionen (9 Staaten das Protokoll) ratifiziert. Am 17. 12. 1973 hat auch die Bundesrepublik Deutschland die Ratifikationsurkunden über die beiden Menschenrechtspakte hinterlegt (siehe den Nachweis in: Vereinte Nationen, 22. Jg., 1974, S. 24 - 27.

[15] Ihr Inkrafttreten vorausgesetzt! Siehe die vorhergehende Anm.

[16] Gemäß Art. 55 (c) besteht eines der Ziele der Vereinten Nationen darin, "(to) promote ... universal respect for, and observance of, human rights and fundamental freedoms for all without distinction as to race, sex, language, or religion" (vgl. auch den nahezu gleichlautenden Art. 1 (3) UN-Charta); Art. 56 bestimmt: "All members pledge themselves to take joint and separate action in cooperation with the organization for the achievement of the purposes set forth in Art. 55."

dürfte auch heute noch nicht endgültig feststehen, wenngleich die neuere Völkerrechtsliteratur mehr und mehr einer solchen Annahme zuneigt[17].

Selbst wenn Art. 56 in Verbindung mit Art. 55 (c) UN-Charta den UN-Mitgliedstaaten keine aktuelle Rechtspflicht zur Verwirklichung der Menschenrechte auferlegen sollte, so dürften doch wenigstens die elementaren Rechte des Mindeststandards, um die es hier allein geht, für alle Staaten rechtsverbindlich geworden sein. In Übereinstimmung mit G. Dahm[18] kann nämlich davon ausgegangen werden, daß ein „gewisser, allgemein anerkannter Mindeststandard" bei der Behandlung eines jeden Menschen zu den „general principles of law recognized by civilized nations" gemäß Art. 38 (1) (c) des Statuts des Internationalen Gerichtshofes zu rechnen ist[19]. Diese Auffassung wird durch die Feststellungen des Internationalen Gerichtshofes gestützt, der in seinem Urteil im „Corfu Channel Case" vom 9. April 1949 die „elementary considerations of humanity" als „general and well recognized" bezeichnet[20] und in seinem Rechtsgutachten über das Völkermord-Abkommen vom 28. Mai 1951 bekräftigt hat, daß „the principles underlying the

---

[17] So z. B. *Dahm*, Völkerrecht, Bd. I, S. 443; *H. Guradze*, Der Stand der Menschenrechte im Völkerrecht, 1956, S. 109 f.; *D. Schindler*, Gleichberechtigung von Individuen als Problem des Völkerrechts, 1957, S. 138 ff.; *S. Glaser*, Der einzelne vor dem Völkerrecht, Österr. ZöR, Bd. XVI (N.F.), 1966, S. 120; *H. Petzold*, Der Schutz der Menschenrechte nach traditionellem Völkerrecht und nach der Europäischen Menschenrechts-Konvention, in: Internationales Colloquium über Menschenrechte, Berlin, 3. - 8. Oktober 1966, 1968, S. 69; *W. Schaumann*, Völkerrechtlicher Schutz, S. 146 ff.; *P. C. Jessup*, A Modern Law of Nations, 1968, S. 91; *H. Lauterpacht*, International Law and Human Rights, 1950, S. 34, 148; *Oppenheim / Lauterpacht*, Bd. I, S. 739 f.; *R. Cassin*, La déclaration universelle et la mise en oeuvre des droits de l'homme, Recueil des Cours, 1951-II, Bd. 79, S. 118 f., 128; *J. P. Humphrey*, The UN-Charter and the Universal Declaration of Human Rights, in: The International Protection of Human Rights (hrsg. v. E. Luard), 1967, S. 42; *G. Ezejiofor*, Protection of Human Rights under the Law, 1964, S. 60; *R. St. Clark*, A United Nations High Commissioner for Human Rights, 1972, S. 126. — *E. Schwelb* (Die Menschenrechtsbestimmungen der Charta der Vereinten Nationen und die Allgemeine Erklärung der Menschenrechte, in: Vereinte Nationen, 21. Jg., 1973, S. 180 f.) ist unter Hinweis auf das Rechtsgutachten des Internationalen Gerichtshofs in der Namibia-Frage vom 21. 6. 1971 (I.C.J. Reports 1971, Abs. 131 und 133, S. 57 f.) neuerdings der Ansicht, daß damit die Frage, „ob die Menschenrechtsklauseln der Charta rechtliche Verpflichtungen der Mitgliedstaaten begründet haben, ... autoritativ klargestellt" ist. Anderer Ansicht ist insbesondere *H. Kelsen* (The Law of the United Nations, 1951, S. 29 ff., 99 f.), der Art. 56 für juristisch bedeutungslos und überflüssig hält; ebenso z. B. *L. M. Goodrich*, The United Nations, 1960, S. 254.

[18] Völkerrecht, Bd. I, S. 443.

[19] Ebenso z. B. auch *K. Doehring*, Die allgemeinen Regeln des völkerrechtlichen Fremdenrechts und das deutsche Verfassungsrecht, Beiträge zum ausländischen öffentlichen Recht und Völkerrecht, Bd. 39, 1963, S. 78; *H. Meyer-Lindenberg*, Die Menschenrechte im Völkerrecht, Berichte der Deutschen Gesellschaft für Völkerrecht, Heft 4, 1961, S. 88 f.

[20] Siehe I.C.J. Reports 1949, S. 22.

convention are principles which are recognized by civilized nations as binding on states, even without any conventional obligation"[21].

Die Zugehörigkeit des Mindeststandards zu den allgemeinen Grundsätzen des Völkerrechts wird auch schon dadurch indiziert, daß jedenfalls ein Mindestbestand an Menschenrechten in wohl allen nationalen Rechtsordnungen zivilisierter Staaten rechtssatzmäßig garantiert wird, auch wenn die Rechtswirklichkeit in manchen Staaten anders aussieht[22].

Nimmt man die ausdrücklichen Bekenntnisse zu den allgemeinen Menschenrechten in den zahlreichen internationalen Konventionen und Deklarationen nach dem 2. Weltkrieg hinzu, so dürfte es kaum noch zweifelhaft sein, daß die Staaten heute völkerrechtlich verpflichtet sind, zumindest die Regeln des humanitären Mindeststandards zu beachten.

Wenngleich dieser Pflicht in der Praxis noch lange nicht alle Staaten nachkommen, so leugnet doch kaum ein Staat seine rechtliche Bindung an die elementarsten Grundrechte, schon um sein internationales Prestige nicht zu verlieren; viel eher wird er entweder die ihm zur Last gelegte Verletzung des Mindeststandards abstreiten oder sein pflichtwidriges Verhalten vor unbequemen und peinlichen Untersuchungen durch ein internationales Organ dadurch abzuschirmen versuchen, daß er unter dem Vorwand der Wahrung seiner nationalen Interessen jede Intervention von außen als unzulässige Einmischung in seine inneren Angelegenheiten ablehnt. Ob und inwieweit ihm dieser Einwand heute rechtlich abgeschnitten ist, wird im folgenden zu prüfen sein.

3. Konsequenzen im Hinblick auf das Interventionsverbot

Aus der Erkenntnis, daß die Staaten völkerrechtlich zur Beachtung der Regeln des humanitären Mindeststandards verpflichtet sind, könnte gleichsam automatisch folgen, daß die Einhaltung dieses Mindeststandards heute nicht mehr zu den „matters ... essentially within the domestic jurisdiction" der Staaten im Sinne des Art. 2 (7) UN-Charta zu rechnen, sondern zu einer Angelegenheit von „international concern" geworden ist.

Tatsächlich wird diese Annahme durch die Praxis der Vereinten Nationen zumindest insoweit bestätigt, als sich deren Organe durch das Interventionsverbot des Art. 2 (7) UN-Charta nicht gehindert sehen, in Fällen von „gross violations" oder „consistent patterns of violations" der Menschenrechte allgemein und der Rechte auf rassische Nichtdiskriminierung und Selbstbestimmung im besonderen zu intervenieren[23]. Zu erinnern ist hier nur etwa an die auf Beschluß der Menschen-

---
[21] Siehe I.C.J. Reports 1951, S. 23.
[22] In diesem Sinne auch *Doehring*, S. 77.

rechtskommission eingesetzten „Ad Hoc Working Groups of Experts", die nicht nur mit der Untersuchung der Rassendiskriminierungspraktiken in Südafrika, Südwestafrika (Namibia), Südrhodesien und den portugiesischen Kolonien in Afrika, sondern auch mit der Aufklärung von angeblichen Verletzungen der Genfer Konventionen durch Israel in den von ihm besetzten arabischen Gebieten beauftragt gewesen sind[24].

Aktionen zur Durchsetzung des humanitären Mindeststandards können also zumindest dann nicht mit dem Interventionsverbot in Konflikt geraten, wenn es sich nicht nur um einen vereinzelten Angriff auf diesen Mindeststandard, sondern um eine unbestimmte oder nur schwer bestimmbare Anzahl durch Tatsachen glaubhaft belegter Verletzungen dieses Standards von einer gewissen Dauer und Intensität handelt[25]. Dies gilt unabhängig davon, ob die humanitäre Aktion eines Staates, eines Organs der Vereinten Nationen oder des IKRK in Frage steht und ob diese Aktion der etablierten Regierung des Konfliktsstaats oder der gegnerischen Partei zugute kommt[26].

Da in der vorliegenden Untersuchung im wesentlichen nur Fälle von „gross violations" des Mindeststandards zur Debatte stehen werden, kommt der Frage, ob die humanitären Aktionen der verschiedenen Subjekte mit dem Interventionsverbot zu vereinbaren sind, im Rahmen der Zulässigkeitsprüfung kaum Bedeutung zu.

Was die Durchsetzung einer humanitären Aktion gegenüber den Konfliktsparteien in der Praxis betrifft, so wird das faktische Gewicht des — wenn auch unberechtigten — Einwands der „domestic jurisdiction" allerdings starke Beachtung finden müssen; wie noch zu zeigen sein wird, können nämlich einige Typen der humanitären Aktion nur mit Zustimmung der Konfliktsparteien praktiziert werden.

---

[23] Zu diesem Ergebnis kommt auch *F. Ermacora* (Human Rights and Domestic Jurisdiction [Article 2, § 7, of the Charter], Recueil des Cours, 1968-II, Bd. 124, S. 401 ff., 435 ff., 442 f.) nach einer eingehenden Analyse der Praxis der Vereinten Nationen, auf die hier Bezug genommen werden kann. Vgl. zur Menschenrechtsschutzpraxis der Vereinten Nationen auch *L. B. Sohn / T. Buergenthal*, International Protection of Human Rights, 1973, S. 505 ff., mit zahlreichen Nachweisen.
[24] Siehe hierzu die Nachweise bei *Ermacora*, Human Rights, S. 416 ff., sowie *E. Schwelb*, The International Court of Justice and the Human Rights Clauses of the Charter, AJIL, Bd. 66, 1972, S. 341 ff., bes. S. 343 f., und *J.-P. L. Fonteyne*, Forcible Self-Help by States to Protect Human Rights: Recent Views from the United Nations, in: R. B. Lillich (Editor), Humanitarian Intervention and the United Nations, 1973, S. 206 ff. — Vgl. auch unten II. Teil, 2. Kap., 2. Abschnitt, II 3.
[25] Siehe zur Auslegung der Begriffe „gross violations" und „consistent patterns of violations" wiederum *Ermacora*, Human Rights, S. 407 f.
[26] Zu diesem Ergebnis gelangt auch *Schindler*, Principe, S. 92 f., in seinem „Avant-Projet de Résolution", Z. 5 e), 9 und 10: „Des secours ou d'autres formes d'assistance purement humanitaire en faveur des victimes d'un conflit sont toujours licites."

Zweites Kapitel

„nicht-internationale Konflikte"

In der Einleitung sind schon die Gründe aufgezeigt worden, die eine Beschränkung dieser Untersuchung auf „nicht-internationale Konflikte" sinnvoll erscheinen lassen. Es bedarf hier daher nur noch einer genauen Bestimmung und Abgrenzung des Begriffs der „nicht-internationalen Konflikte", um den Untersuchungsgegenstand vollends zu umreißen.

Zwei Typen der nicht-internationalen Konflikte sollen hier unterschieden werden:

(1) nicht-internationale (interne) bewaffnete Konflikte
(2) innere Unruhen

1. Abschnitt: Interne bewaffnete Konflikte

Der „interne bewaffnete Konflikt", der in Art. 3 (1) GK nur negativ als „conflit armé ne présentant pas un caractère international" definiert wird, ist zum einen gegenüber dem „internationalen bewaffneten Konflikt", zum anderen aber auch gegenüber den „inneren Unruhen" abzugrenzen, wenn man den Anwendungsbereich dieses Konfliktstyps ermitteln will.

Eine Abgrenzung des „internen bewaffneten Konflikts" gegenüber dem „internationalen bewaffneten Konflikt" ist schon deshalb unerläßlich, weil das gegenwärtige Völkerrecht zwischen diesen beiden Konfliktstypen scharf trennt. Der interne bewaffnete Konflikt gilt völkerrechtlich solange als interne Angelegenheit des Staates, auf dessen Territorium er stattfindet, als die Aufständischen von der Regierung nicht als Kriegführende anerkannt worden sind[1]. Die beiden völkerrechtlich wohl bedeutsamsten Unterschiede zwischen beiden Konfliktstypen liegen darin, daß das Gewaltverbot des Art. 2 (4) UN-Charta[2] und

---

[1] Zu einer Anerkennung der Aufständischen als „Kriegführende" kommt es in der Praxis nur sehr selten! Vgl. hierzu *A. Randelzhofer*, Der Bürgerkrieg, Zeitschrift für Politik, 18. Jg., 1971, S. 245 ff.

[2] Vgl. zur Problematik der Geltung des Gewaltverbots in internen bewaffneten Konflikten z. B. *D. Rauschning*, Die Geltung des völkerrechtlichen Gewaltverbots in Bürgerkriegssituationen, in: W. Schaumann, Völkerrechtliches Gewaltverbot und Friedenssicherung, 1971, S. 75 ff.

28   I. 2. Kap.: „nicht-internationale Konflikte"

das „ius in bello", vor allem also das humanitäre Kriegsrecht[3], nur bei internationalen, nicht aber bei internen bewaffneten Konflikten zur Anwendung kommen.

Andererseits ist wegen Art. 3 GK, der für den Fall eines internen bewaffneten Konflikts immerhin einige humanitäre Minimalregeln vorsieht, auch eine Festlegung der „unteren Grenze" dieses Konfliktstyps durch dessen Abgrenzung gegenüber den „inneren Unruhen" notwendig.

I. Abgrenzung gegenüber „internationalen bewaffneten Konflikten"

1. Regelfall

Sieht man zunächst von einigen Sonderfällen des internen bewaffneten Konflikts[4] ab, so unterscheidet sich dieser Konfliktstyp vom „internationalen bewaffneten Konflikt" nach der Beschreibung von *E. Castrén* wie folgt:

"The main difference between civil war and international war is that in international war the parties to the hostilities are subjects of international law, possessing complete legal capacity: in fact, sovereign States. In civil war, on the other hand, a condition of inequality prevails, since only one of the hostile parties has the status of an independent State, or, if we are to be more precise, the status of an organ representative of such a judicial entity, i.e., a Government[5]."

Diese Definition bedarf insofern einer Korrektur, als die legale Regierung nicht notwendigerweise zu den am Konflikt beteiligten Parteien gehören muß. Richtiger ist es daher, wenn *A. Randelzhofer* den Bürgerkrieg (oder exakter: den internen bewaffneten Konflikt) als einen „Zustand bewaffneter Gewaltanwendung *in* einem Staat, und zwar entweder zwischen einer oder mehreren organisierten Gruppen der Bevölkerung dieses Staates und der legalen Regierung oder zwischen solchen Gruppen" bezeichnet[6].

---
[3] Mit Ausnahme des Art. 3 GK.
[4] Statt dieses Begriffs wird vielfach auch der Begriff des „Bürgerkriegs" verwendet, der jedoch juristisch weniger prägnant ist. Sofern man — wie z. B. *Randelzhofer*, S. 238 f. — unter „Bürgerkrieg" auch andere Erscheinungsformen physischer Gewaltanwendung im Inneren eines Staates, wie etwa bewaffnete Aufstände und Revolutionen, versteht, deckt sich dieser Begriff im wesentlichen mit dem des „internen bewaffneten Konflikts".
[5] *E. Castrén*, Civil War, 1966, S. 31.
[6] S. 238; siehe auch *Schindler* (Principe, S. 7), der von Konflikten spricht, „dans lesquels l'une des parties n'est pas le gouvernement d'un Etat souverain", bzw. von „conflits non inter-étatiques". Im übrigen kennzeichnet *Schindler* die Regierung als mögliche Konfliktpartei richtigerweise nicht als „legal", sondern als „etabliert", um auch De facto-Regierungen einzubeziehen (siehe S. 11).

2. Sonderfälle

Bei der Abgrenzung des internen bewaffneten Konflikts gegenüber dem internationalen bewaffneten Konflikt ist die Einordnung der beiden folgenden Sonderfälle problematisch: einmal der bewaffnete Kampf der gesamten oder eines Teils der Bevölkerung gegen ein Kolonialregime bzw. gegen ein Regime der Rassendiskriminierung, zum anderen der bewaffnete Konflikt zwischen staatlichen Gebilden, die über längere Zeit hinweg durch eine Demarkationslinie geteilt sind.

a) Die sog. Befreiungskriege

Schon seit längerem zeichnet sich vor allem in der Resolutionspraxis der UN-Generalversammlung die Tendenz ab, bewaffnete Kämpfe eines Volkes gegen die koloniale oder rassische Unterdrückung durch seine Regierung — was das „ius in bello" und insbesondere das „ius ad bellum" betrifft — den internationalen Kriegen gleichzustellen[7].

Entgegen einer verbreiteten Meinung in der neueren Völkerrechtsliteratur[8] kann aber heute wohl noch nicht davon gesprochen werden, daß sich diese Postulate der zahlreichen Resolutionen der Generalversammlung bereits zu Völkergewohnheitsrecht verdichtet haben[9]. Die antikolonialen und antirassistischen Befreiungskämpfe sind also auch unter dem hier allein interessierenden Aspekt des humanitären Kriegsrechts derzeit noch als „interne bewaffnete Konflikte" zu qualifizieren[10]; sie werden deshalb auch in diese Untersuchung mit einbezogen.

---

[7] Nachweise für diese Praxis siehe wiederum bei *Schindler*, Principe, S. 3 ff.

[8] Siehe etwa *R. Higgins*, The development of International Law through the Political Organs of the United Nations, 1963, S. 103 f., und *R. Pinto*, Les règles du droit international concernant la guerre civile, Recueil des Cours, 1965-I, Bd. 114, S. 494. Nach einer eingehenden Analyse der einschlägigen Resolutionen der UN-Generalversammlung und der Staatenpraxis hat zuletzt auch *A. V. Lombardi* (Die Anwendbarkeit des Völkerrechts in Bürgerkriegen, Baseler Diss., 1973, S. 187 ff., bes. 325 ff.) die Kämpfe der von den Vereinten Nationen anerkannten Befreiungsbewegungen gegen koloniale und rassistische Unterdrückung hinsichtlich des ius in bello den internationalen Konflikten zugeordnet.

[9] Wie hier z. B. *Rauschning*, S. 83; *W. Kewenig*, Gewaltverbot und noch zulässige Machteinwirkung und Interventionsmittel, in: Schaumann, Völkerrechtliches Gewaltverbot, S. 208 f.; sowie *Schindler* (Principe, S. 5) unter Bezugnahme auf den Bericht des UN-Generalsekretärs „Respect for Human Rights in Armed Conflicts" vom 18. 9. 1970 (Doc. A/8052, §§ 207, 208), wo ausdrücklich festgestellt wird, daß bei „Befreiungskriegen" nur Art. 3 GK Anwendung findet.

[10] Anzufügen ist noch, daß sich auch die diplomatische Konferenz von Genf im Frühjahr 1974 mit dieser Frage befaßt hat. Die Mehrheit der Kommission I sprach sich nach heftigen Debatten dafür aus, daß das geplante Zusatzprotokoll für internationale bewaffnete Konflikte auch bei solchen bewaffneten Auseinandersetzungen gelten solle, „in denen Völker in Ausübung ihres Selbstbestimmungsrechts gegen koloniale und fremde

b) Konflikte zwischen „geteilten Staaten"

Demgegenüber bleiben bewaffnete Konflikte zwischen Staatsgebilden, die über längere Zeit hinweg durch eine Demarkationslinie geteilt sind, hier außer Betracht, weil sie in Übereinstimmung mit der Literatur[11] und der Praxis der Vereinten Nationen[12] rechtlich in jeder Hinsicht als „internationale bewaffnete Konflikte" zu behandeln sind, was in rechtspolitischer Sicht begrüßt werden muß.

c) Der sog. internationale Bürgerkrieg

Als „internationalen Bürgerkrieg" bezeichnet D. *Schindler*[13] einen nicht-internationalen bewaffneten Konflikt, in dem ein oder mehrere auswärtige Staaten entweder die etablierte Regierung oder die Aufständischen militärisch unterstützen.

Für die Zwecke dieser Untersuchung und für die Anwendung der Genfer Konventionen allgemein interessiert nicht die Frage, ob die militärische Intervention dritter Staaten zugunsten der einen oder anderen Bürgerkriegspartei nach heutigem Völkerrecht noch als zulässig gelten kann[14]; vielmehr soll hier nur nach den Auswirkungen gefragt werden, die eine solche Intervention Dritter auf die Klassifizierung des betreffenden Konflikts als „international" oder „intern" haben kann. Dabei kann an dieser Stelle auf die Feststellungen *Schindlers* Bezug genommen werden, die auch heute noch Gültigkeit haben dürften[15]. Danach sind vier verschiedene Rechtsverhältnisse zu unterscheiden:

(1) Im Verhältnis zwischen den beiden Bürgerkriegsparteien liegt grundsätzlich ein interner Konflikt im Sinne des Art. 3 GK vor.

Besetzung sowie gegen rassistische Regime kämpfen" (nach einer Mitteilung in der NZZ vom 31. 3. 1974, S. 1). Damit setzte sich die Auffassung der Staaten der Dritten Welt (mit Unterstützung der kommunistischen Staaten) gegen den Widerstand der westlichen Staaten durch (70 Staaten stimmten dafür, 22 dagegen, 12 enthielten sich der Stimme; laut NZZ vom 31. 3. 1974, S. 2). Zu einer Abstimmung im Plenum der Konferenz ist es in dieser Frage nicht mehr gekommen; die Problematik der Befreiungskriege wird also in der nächsten Konferenzphase im Frühjahr 1975 von neuem aufgerollt werden müssen.

[11] Siehe z. B. wiederum *Rauschning*, S. 77 ff., und *Schindler*, Principe, S. 7 ff.

[12] Siehe etwa die Resolution 2625/XXV der UN-Generalversammlung vom 24. 10. 1970.

[13] Die Anwendung der Genfer Rotkreuzabkommen seit 1949, Schweizerisches Jahrbuch für internationales Recht, Bd. XXII, 1965, S. 93.

[14] Vgl. zu dieser Problematik *I. Brownlie*, International Law and the Use of Force by States, 1963, S. 327, und neuerdings *Schindler*, Principe, der die Intervention eines Staates zugunsten *beider* Bürgerkriegsparteien, also auch zugunsten der etablierten Regierung, grundsätzlich für unzulässig hält, jedoch bei der humanitären Hilfeleistung eines außenstehenden Staates hiervon eine Ausnahme macht (siehe bes. sein „Avant-Projet de Résolution", S. 91 ff.).

[15] Anwendung, S. 94 f.

(2) Im Verhältnis zwischen den Staaten, die jeweils eine andere Bürgerkriegspartei militärisch unterstützen, besteht ein internationaler Konflikt im Sinne des Art. 2 GK.

(3) Ein internationaler Konflikt gemäß Art. 2 GK liegt auch im Verhältnis zwischen einem Staat, der zugunsten der Aufständischen interveniert, und der etablierten Regierung des Konfliktsstaats vor.

(4) Fraglich ist, was im Verhältnis zwischen einem Staat, der die etablierte Regierung unterstützt, und den Aufständischen gilt. Beide Seiten sind wohl nur zur Beachtung des Art. 3 GK verpflichtet, wenn sich auch gewichtige Gründe für den gegenteiligen Standpunkt finden lassen.

Trotz einer militärischen Intervention eines oder mehrerer außenstehender Staaten behält also der betreffende Konflikt jedenfalls im Verhältnis der Bürgerkriegsparteien seinen nicht-internationalen Charakter. Auch der sog. internationale Bürgerkrieg ist damit Gegenstand dieser Untersuchung.

II. Abgrenzung gegenüber den „inneren Unruhen"

Art. 3 (1) GK gibt keinen Aufschluß über die objektiven Mindestvoraussetzungen eines internen bewaffneten Konflikts. Zahlreiche Definitionsversuche seit dem Inkrafttreten der Genfer Konventionen sind daher durch das Bemühen gekennzeichnet, die untere Schwelle dieses Konfliktstyps zu ermitteln.

So ist etwa nach der Auffassung einer vom IKRK im Jahre 1962 nach Genf eingeladenen Expertenkommission die Existenz eines internen bewaffneten Konflikts im Sinne des Art. 3 (1) GK dann nicht zu leugnen, wenn die gegen die legale Regierung gerichtete feindliche Aktion einen kollektiven Charakter und ein Mindestmaß an Organisation aufweist. Als weitere Indizien für das Vorliegen eines solchen Konflikts sind damals genannt worden: die Dauer des Konflikts, die Anzahl und Zusammensetzung der Aufständischen, deren Einrichtungen und Aktionen auf einem Teil des Staatsgebiets, der Grad an konfliktsbedingter Unsicherheit, die Zahl der Konfliktsopfer und die von der legalen Regierung zur Wiederherstellung der Ordnung eingesetzten Mittel[16].

Über eine Definition des „internen bewaffneten Konflikts" ist auch auf den beiden 1971 und 1972 nach Genf einberufenen Regierungsexperten-Konferenzen beraten worden[17], deren Erkenntnisse das IKRK in Art. 1 des Entwurfs für ein Zusatzprotokoll zu den Genfer

---

[16] Siehe „L'Aide humanitaire aux victimes des conflits internes", Réunion d'une Commission d'Experts à Genève, Rev. Int. C-R, 45. Jg., 1963, S. 79 f.

I. 2. Kap.: „nicht-internationale Konflikte"

Konventionen von 1949 bezüglich des Schutzes der Opfer nicht-internationaler bewaffneter Konflikte zu folgendem Definitionsvorschlag verarbeitet und der im Frühjahr 1974 nach Genf einberufenen diplomatischen Konferenz vorgelegt hat:

„1. Le présent Protocole s'appliquera à tous les conflits armés qui ne sont pas couverts par l'article 2 commun aux Conventions de Genève du 12 août 1949 et se déroulent entre des forces armées ou groupes armés organisés, dirigés par un commandement responsable.

2. Le présent Protocole ne s'applique pas aux situations de troubles intérieurs et de tensions internes, notamment aux émeutes, aux actes isolés et sporadiques de violence et autres actes analogues[18]."

Diese Definition des internen bewaffneten Konflikts und seine Abgrenzung gegenüber den inneren Unruhen dürften in etwa die heutige allgemeine Rechtsauffassung wiedergeben, auch wenn dieser Art. 1 des IKRK-Entwurfs für ein Zusatzprotokoll noch kein geltendes Recht ist[19].

Der interne bewaffnete Konflikt im Sinne des Art. 3 (1) GK setzt also einen Tatbestand der Gewaltanwendung zwischen opponierenden bewaffneten Gruppen voraus, die ein Mindestmaß an Organisation aufweisen und unter einer verantwortlichen Leitung stehen. Weitere Voraussetzung ist, daß die bewaffneten Auseinandersetzungen ein gewisses Ausmaß und einen bestimmten Intensitätsgrad erreichen; dabei braucht es nicht zu großangelegten militärischen Konfrontationen zwischen den Parteien zu kommen, es genügt vielmehr auch eine gewisse Anzahl planmäßiger Einzelaktionen der einen Seite und entsprechender Gegenaktionen der anderen Seite (wie z. B. zwischen den katholischen und protestantischen Extremisten in Nordirland).

Ohne Bedeutung für die Klassifizierung eines Konflikts ist die Kampfesweise der Parteien; so liegt ein interner bewaffneter Konflikt etwa auch dann vor, wenn der Kampf gegen die etablierte Regierung mit modernen Guerilla-Taktiken geführt wird, sofern die Guerilla-

---

[17] Siehe: *CICR*, Conférence d'experts gouvernementaux sur la réaffirmation et le développement du droit international humanitaire applicable dans les conflits armés, Genève, 24 mai - 12 juin 1971, Rapport sur les travaux de la Conférence, 1971, S. 42 ff., sowie: *CICR*, Conférence d'experts gouvernementaux sur la réaffirmation et le développement du droit international humanitaire applicable dans les conflits armés, Seconde Session, 3 mai - 3 juin 1972, Rapport sur les travaux de la Conférence, Bd. I, 1972, S. 69 ff.

[18] *CICR*, Projets additionnels aux Conventions de Genève du 12 août 1949, 1973, S. 33.

[19] Siehe z. B. *Knitel*, Rôle de la Croix-Rouge, S. 32, mit zahlreichen Nachweisen, sowie *D. Fleck*, Neue Ansätze für den völkerrechtlichen Schutz des Menschen in bewaffneten Konflikten, JIR, 16. Bd., 1973, S. 121 ff.

Aktionen erkennbar von einer organisierten und verantwortlich geführten Gruppierung ausgehen[20].

2. Abschnitt: Innere Unruhen

Nachdem die Kriterien des internen bewaffneten Konflikts im Sinne des Art. 3 (1) GK aufgezeigt worden sind, läßt sich der Konfliktstyp der „inneren Unruhen" negativ wie folgt definieren:

Unter „inneren Unruhen" sind Konfliktssituationen innerhalb eines Staates zu verstehen, bei denen sich zwei oder mehrere Parteien feindlich gegenüberstehen, ohne daß es zwischen ihnen zu Gewaltanwendungen größeren Stils kommt und bzw. oder keine der Konfliktsparteien außer der etablierten Regierung die Mindestvoraussetzungen einer Bürgerkriegspartei, also die Merkmale der Organisiertheit und der Lenkung durch ein verantwortliches Kommando, erfüllt.

In die Kategorie der „inneren Unruhen" gehören demnach etwa Aufstände, Revolutionen oder Staatsstreiche, die durch eine kurze militärische Aktion ohne größeres Blutvergießen ihr Ziel erreichen oder niedergeschlagen werden, jedoch die Verfolgung und Verhaftung der politischen Gegner, oft sogar ganzer Bevölkerungsschichten, nach sich ziehen. Zu denken ist aber auch an Situationen, in denen diktatorische Regierungen (auch europäischer Staaten!) durch brutalen Polizeiterror und willkürliche Verhaftungen von vornherein jede bewaffnete Erhebung verhindern oder zumindest im Keime ersticken.

Schwierig, wenn nicht unmöglich ist es, irgendwelche Mindestvoraussetzungen des Konfliktstyps der „inneren Unruhen" festzulegen. Aus dem Kreise der hier zu untersuchenden Krisenlagen innerhalb eines Staates scheiden jedenfalls solche aus, die nicht „man made" sind, also unverschuldete Notsituationen etwa bei Naturkatastrophen, Epidemien und Hungersnöten, sofern sie nicht Folge eines bewaffneten Konflikts sind (wie z. B. in Nigeria). Außer Betracht bleiben aber auch solche „man made"-Konflikte, denen das Maß an Erheblichkeit fehlt, welches den Gedanken an eine internationale humanitäre Aktion aufkommen lassen könnte. Sporadische Studentenunruhen[21], denen durch einfache

---

[20] So auch die Auffassung eines IKRK-Experten bei den Beratungen der II. Kommission auf der Zweiten Regierungsexpertenkonferenz (siehe den Konferenz-Bericht, Rapport 1972, Bd. I, S. 106). Vgl. auch H. *Meyrowitz*, La guérilla et le droit de la guerre, Revue belge de droit international, 1971, S. 56, und M. *Veuthey*, Règles et principes de droit international humanitaire applicables dans la guérilla, Revue belge de droit international, 1971, S. 506, 537.
[21] Siehe zur völkerrechtlichen Problematik politischer (Studenten-)Demonstrationen H.-W. *Bayer*, Staatsbesuch und politische Demonstration, DÖV, 21. Jg., 1968, S. 710 ff.

Polizeimaßnahmen begegnet wird, interessieren hier ebensowenig wie einzelne kriminelle Akte kleinerer (auch politischer) Gruppen, sofern sie nicht einen Intensitätsgrad erreichen, der den betreffenden Staat in seiner Existenz bedroht erscheinen läßt.

Nachdem im 1. Teil dieser Arbeit verdeutlicht worden ist, was unter „humanitären Aktionen zur Gewährleistung des Mindeststandards" verstanden und für welche Konfliktsbereiche solche Aktionen untersucht werden sollen, kann im 2. Teil mit der Prüfung begonnen werden, ob die Staaten, die Vereinten Nationen und das IKRK *de lege lata* als Träger humanitärer Aktionen in nicht-internationalen Konflikten in Frage kommen können.

Zweiter Teil

Die humanitären Aktionen in nicht-internationalen Konflikten — de lege lata —

Erstes Kapitel

Die humanitären Aktionen der Staaten

In diesem Kapitel sollen zwei verschiedene Erscheinungsformen der *militärischen*[1] humanitären Aktion eines Staates behandelt werden:

(1) die militärischen Schutzmaßnahmen eines Staates zugunsten seiner auf dem Territorium des Konfliktsstaats befindlichen Bürger;

(2) die sog. klassische humanitäre Intervention.

Diese beiden Rechtsinstitute unterscheiden sich insbesondere hinsichtlich ihrer Schutzobjekte:

Die militärischen Schutzmaßnahmen des Heimatstaats zielen darauf ab, Angriffe auf den Mindeststandard der eigenen Staatsangehörigen im Aufenthaltsstaat abzuwehren. Dabei verfolgt der Heimatstaat letztlich eigene Staatsinteressen, da er sich mit seiner Schutzaktion in einen Souveränitätskonflikt mit dem Aufenthaltsstaat einläßt, um seine Personalhoheit gegenüber dessen Territorialhoheit durchzusetzen.

Demgegenüber dient die sog. klassische humanitäre Intervention dem Schutze fremder, von ihrem eigenen Staat angriffener Bürger; der tragende Interventionsgrund ist hier der Gedanke der Menschlichkeit, dem der intervenierende Staat durch seine Aktion zugunsten von Bürgern, denen der Schutz des eigenen Staates versagt bleibt, Geltung verschaffen will.

---

[1] *Nicht*militärische humanitäre Aktionen eines Staates zugunsten der Konfliktspartei(en) werden aus der Untersuchung ausgeklammert. Auf eine Erörterung solcher staatlicher Aktionen soll verzichtet werden, weil sie entweder rechtlich unproblematisch sind (z. B. Hilfsaktionen auf Ersuchen der Regierung) oder praktisch undurchführbar sind (z. B. Hilfsaktionen zugunsten der Aufständischen, wenn diese von der Regierung — wenn auch vielleicht zu Unrecht — nicht genehmigt werden).

Dieses grundsätzlichen Unterschieds wegen sind die militärischen Schutzmaßnahmen des Heimatstaats und die eigentliche humanitäre Intervention streng auseinanderzuhalten; beiden Rechtsinstituten soll daher auch jeweils ein eigener Abschnitt gewidmet werden.

1. Abschnitt: Die militärischen Schutzmaßnahmen des Heimatstaats zugunsten seiner auf dem Territorium des Konfliktstaats angegriffenen Bürger

Zur Einführung in die Problematik dieses Rechtsinstituts mag ein besonders illustrativer Beispielsfall aus der jüngeren Vergangenheit dienen: die belgisch-amerikanische Fallschirmjäger-Aktion von 1964 zur Rettung der von kongolesischen Rebellen in Stanleyville und Paulis als Geiseln festgehaltenen Personen[2].

Im Verlauf des kongolesischen Bürgerkriegs wurden die Regierungstruppen im August 1964 von den Rebellen aus Stanleyville vertrieben. Dabei fielen etwa 1600 Ausländer aus 18 verschiedenen Staaten, darunter mehr als 800 Belgier und rund 60 Amerikaner, in die Hände der Rebellen. Als die Regierungstruppen im Oktober 1964 eine Offensive gegen Stanleyville begannen, benutzten die Rebellen die festgenommenen Belgier und Amerikaner als Geiseln und verlangten von deren Regierungen, die kongolesische Regierung zur Aufgabe ihrer Offensive gegen Stanleyville zu bewegen.

Der Aufforderung des IKRK zur Übergabe der Geiseln kamen die Rebellen nicht nach. Ende November gab der kongolesische Ministerpräsident Tschombe sein Einverständnis mit einer belgisch-amerikanischen Rettungs- und Evakuierungsaktion bekannt.

Als die Lage der Geiseln wegen der unmittelbar bevorstehenden Einnahme von Stanleyville äußerst bedrohlich geworden war, sprangen am 24. November 1964 belgische Fallschirmjäger, die mit Transportmaschinen der Vereinigten Staaten herangeflogen worden waren, auf dem Flugplatz von Stanleyville ab und befreiten insgesamt 1300 Personen[3], die anschließend mit amerikanischen Transportmaschinen aus-

---

[2] Bei der Darstellung dieser Rettungsaktion wird im wesentlichen auf *H. G. Franzke*, Die militärische Abwehr von Angriffen auf Staatsangehörige im Ausland — insbesondere ihre Zulässigkeit nach der Satzung der Vereinten Nationen, Österr. ZöR, Bd. XVI (N.F.), 1966, S. 166 - 168, Bezug genommen.

[3] Nach den Ausagen der Vertreter Belgiens und der Vereinigten Staaten während der Kongo-Debatte vor dem UN-Sicherheitsrat befanden sich unter den Geretteten dieser Aktion auch kongolesische Staatsangehörige (siehe Y.U.N. 1964, S. 98); unterstellt man diese Aussagen als richtig, so hat die Rettungsaktion insofern den Charakter einer klassischen humanitären Intervention gehabt. — Im übrigen sind die Fakten der Kongo-Operation, insbesondere auch hinsichtlich der Zahl der befreiten Geiseln, im einzelnen

geflogen wurden; etwa 60 der festgehaltenen Personen wurden im Verlaufe dieser Aktion von den Rebellen getötet.

Zwei Tage später befreiten die belgischen Fallschirmjäger auf die gleiche Weise in Paulis etwa 400 Ausländer aus den Händen der Rebellen. Am Tage darauf verließen die belgischen Soldaten an Bord von US-Transportmaschinen wieder den Kongo.

Diese Rettungsaktion von Stanleyville und Paulis weist sämtliche Merkmale einer militärischen Schutzaktion von Heimatstaaten zugunsten ihrer Bürger im Ausland auf: Belgien und die Vereinigten Staaten haben im kongolesischen Bürgerkrieg militärisch interveniert, um hauptsächlich[4] ihre eigenen Landsleute, die von den Rebellen in ihren elementarsten Menschenrechten verletzt wurden und sich in höchster Lebensgefahr befanden, zu befreien und zu evakuieren.

Eine Besonderheit weist dieser Beispielsfall allerdings insofern auf, als die Rettungsaktion mit Zustimmung der kongolesischen Regierung durchgeführt worden ist[5].

Die im folgenden interessierende Frage ist nun, ob solche Schutzaktionen der Heimatstaaten zugunsten ihrer auf dem Territorium des Konfliktsstaats in ihrem Mindesstandard angegriffenen Bürger unabhängig von der Zustimmung der dortigen Regierung nach heutigem Völkerrecht zulässig sind.

Zur Beantwortung dieser Frage ist es notwendig, zunächst die Zulässigkeit solcher Aktionen in den vergangenen Völkerrechtsepochen, also vor dem 1. Weltkrieg und zwischen den beiden Weltkriegen, zu prüfen, da hiervon möglicherweise auch ihre Vereinbarkeit mit dem derzeit geltenden Völkerrecht abhängt.

---

noch immer streitig; vgl. etwa *T. M. Franck / S. R. Rodley*, After Bangladesh: The Law of Humanitarian Intervention by Military Force, AJIL, Bd. 67, 1973, S. 287 ff.

[4] Durch den Umstand, daß durch diese Aktion nicht nur Belgier und Amerikaner, sondern auch andere Ausländer befreit worden sind, dürften kaum zusätzliche Rechtsprobleme entstehen. Falls man die militärische Schutzaktion des Heimatstaats für völkerrechtlich zulässig hält, läßt sich die Erstreckung dieser Aktion auch auf andere Ausländer wohl damit rechtfertigen, daß der intervenierende Staat mit ausdrücklicher oder stillschweigender Einwilligung der Heimatstaaten dieser Personen deren eigenes Notwehrrecht ausübt (so z. B. *Franzke*, Schutzaktionen zugunsten der Staatsangehörigen im Ausland als Ausfluß des Rechts auf Selbstverteidigung der Staaten, 1965, S. 103 f., mit Nachweisen). —

Soweit die Rettungsaktion auch kongolesische Staatsangehörige betroffen hat, richtet sich ihre Zulässigkeit nach den Voraussetzungen der klassischen humanitären Intervention (siehe 2. Abschnitt).

[5] Ob die Zustimmung der Regierung des Konfliktsstaats eine solche Aktion zu rechtfertigen vermag, wird noch zu prüfen sein; siehe unten III, 2. b) cc).

I. Die Zulässigkeit der militärischen Schutzmaßnahmen des Heimatstaats im klassischen Völkerrecht

In der Völkerrechtspraxis vor dem 1. Weltkrieg haben die Staaten in zahlreichen Fällen zum Schutz des Lebens, der Freiheit und des Eigentums ihrer im Ausland befindlichen Bürger Waffengewalt angewandt[6]. Diese Staatenpraxis kann aber nur dann Völkergewohnheitsrecht erzeugt haben, wenn sie von einer entsprechenden allgemeinen Rechtsüberzeugung der Staaten getragen war[7].

1. Die Pflicht des Aufenthaltsstaats zur Beachtung des internationalen Mindeststandards

Die militärischen Schutzaktionen des Heimatstaats können nach klassischem Völkerrecht zunächst einmal nur dann zulässig gewesen sein, wenn der Aufenthaltsstaat damals zum Schutz der auf seinem Territorium befindlichen Ausländer völkerrechtlich verpflichtet gewesen ist.

Daß vor 1918 eine dahingehende Rechtsüberzeugung der Staaten bestanden hat, zeigt sich darin, daß in der damaligen Staatenpraxis (und in der Völkerrechtsliteratur) der Gedanke des sog. internationalen Mindeststandards allgemein Anerkennung gefunden hat. Danach gehört die Behandlung der Ausländer nicht zum ausschließlichen Zuständigkeitsbereich des Aufenthaltsstaats, sondern ist völkerrechtlichen Regeln unterworfen, die jedem Staat die Verpflichtung auferlegen, die auf seinem Staatsgebiet befindlichen Ausländer dem internationalen Mindeststandard entsprechend zu behandeln, d. h. zumindest deren Leben, Freiheit und Eigentum zu schützen. Dieser völkerrechtlichen Pflicht des Aufenthaltsstaats entspricht das Recht des Heimatstaats der Ausländer, über die Einhaltung dieser Schutzpflicht zu wachen[8].

Eine solche Pflicht zur Einhaltung des internationalen Mindeststandards trifft den Aufenthaltsstaat (damals wie heute) in Friedenszeiten, also auch und gerade in den hier interessierenden Fällen eines internen bewaffneten Konflikts und von inneren Unruhen[9].

---

[6] Vgl. z. B. die zahlreichen Beispielsfälle bei *A. Verdross*, Völkerrecht, 5. Aufl., 1964, S. 430.

[7] Zu den Voraussetzungen für die Entstehung von Völkergewohnheitsrecht siehe z. B. *F. Berber*, Lehrbuch des Völkerrechts, Bd. I, 1960, S. 43.

[8] Zur Frage des sog. internationalen Mindeststandards siehe *Doehring*, S. 70 ff. — Nachweise aus der damaligen Staatenpraxis und Literatur finden sich bei *Franzke*, Militärische Abwehr, S. 129 ff.; *ders.*, Schutzaktionen, S. 69 f.

[9] Wenn sich der Aufenthaltsstaat dagegen mit einem dritten Staat im Kriegszustand befindet oder in einem Bürgerkrieg die Aufständischen als Kriegführende anerkannt worden sind, geht das kriegerische Schädigungsrecht des Aufenthaltsstaats seiner Pflicht zur Gewährleistung des Mindeststandards vor; in diesem Falle dürfte der Heimatstaat nur eingreifen, wenn

2. Die Reaktionen des Heimatstaats auf eine Verletzung des Mindeststandards durch den Aufenthaltsstaat

Da das Völkerrecht vor dem 1. Weltkrieg kein Kriegsverbot statuiert hat, konnte der Heimatstaat damals eine völkerrechtswidrige Behandlung seiner Bürger zum Anlaß für einen Krieg gegen den Aufenthaltsstaat nehmen[10]. Anstatt einen regelrechten Krieg zu führen, konnte er sich jedoch auch auf Maßnahmen „short of war" gegen den Aufenthaltsstaat beschränken, d. h. eine zeitlich und vom Ziel her allein auf den Schutz seiner Bürger begrenzte Militäraktion gegen diesen durchführen. Daß diese Praxis in der klassischen Völkerrechtsepoche von der für die Entstehung von Völkergewohnheitsrecht notwendigen allgemeinen Rechtsüberzeugung der Staaten getragen und auch in der damaligen Völkerrechtsliteratur überwiegend gebilligt wurde[11], kann angesichts der zu jener Zeit geltenden allgemeinen Kriegsführungsfreiheit nicht verwundern.

3. Die dogmatische Einordnung der militärischen Schutzmaßnahmen des Heimatstaats

Wenngleich damals das Recht des Heimatstaats zur militärischen Abwehr von Angriffen auf seine Bürger im Ausland völkergewohnheitsrechtlich anerkannt gewesen ist, so macht doch die dogmatische Einordnung dieses Abwehrrechts (damals wie heute) einige Schwierigkeiten.

Insbesondere im anglo-amerikanischen Rechtskreis sind die militärischen Schutzmaßnahmen des Heimatstaats mit sehr unterschiedlichen Konstruktionen gerechtfertigt worden. So ist die Gewaltanwendung zum Schutz von Staatsangehörigen im Ausland teils dem Bereich des völkerrechtlichen Notstands („necessity") zugeordnet[12], teils als Ausübung des Rechts der „self-preservation"[13] oder der „self-defence"[14]

---

der Aufenthaltsstaat gegen das ius in bello verstößt (siehe hierzu im einzelnen wiederum *Franzke*, Schutzaktionen, S. 69, 107 f. mit Nachweisen).

[10] Über die Nichtexistenz eines Kriegsverbots vor dem 1. Weltkrieg besteht in Staatenpraxis und Literatur Einigkeit; Nachweise hierzu siehe bei *Franzke*, Schutzaktionen, S. 186, Anm. 82.

[11] So im Ergebnis auch *D. W. Bowett*, Self-Defence in International Law, 1958, S. 87 ff.; *ders.*, The Use of Force in the Protection of Nationals, The Grotius Society, Bd. 43, 1957, S. 111; *Jessup*, S. 169; *Oppenheim / Lauterpacht*, Bd. I, S. 309; *Franzke*, Militärische Abwehr, S. 132, und *ders.*, Schutzaktionen, S. 83 ff. mit vielen Nachweisen aus der Staatenpraxis.

[12] Siehe z. B. *B. C. Rodick*, The Doctrine of Necessity in International Law, 1928, S. 49 f.

[13] Siehe z. B. *W. E. Hall / A. P. Higgins*, A Treatise on International Law, 8. Aufl., 1924, S. 331.

[14] Siehe z. B. *J. Westlake*, International Law, Teil I, 1910, S. 173.

begriffen und teils auch als eine Form der gerechtfertigten Intervention[15] betrachtet worden. In der heutigen Völkerrechtsliteratur werden die militärischen Schutzmaßnahmen ganz überwiegend als Ausfluß des militärischen Selbstverteidigungsrechts der Staaten verstanden[16], das schon im klassischen Völkerrecht gewohnheitsrechtlich anerkannt war[17]. Dieses staatliche Selbstverteidigungsrecht ist aber in seinem Inhalt und Umfang nur schwer zu bestimmen, da es sich in seiner rechtlichen Substanz kaum gegenüber den amorphen Rechtfertigungsgründen der „necessity" und der „self-preservation" abhebt[18].

4. Grenzen des militärischen Schutzrechts

Schon in der Staatenpraxis des klassischen Völkerrechts war die Ausübung des staatlichen Selbstverteidigungsrechts und damit auch des militärischen Schutzrechts durch die Heimatstaaten Beschränkungen unterworfen, indem eine „... necessity of self-defence, instant, overwhelming, leaving no choice of means, and no moment for deliberation"[19] vorausgesetzt wurde. Militärische Schutzaktionen des Heimatstaats waren danach nur gestattet, wenn ein Angriff[20] des Aufenthaltsstaats auf den Mindeststandard der Bürger des Heimatstaats entweder unmittelbar bevorstand oder gegenwärtig war und zu einer irreparablen Rechtsverletzung zu führen drohte. Die militärische Aktion mußte sich auf die Verhinderung bzw. Beseitigung dieses Angriffs beschränken und sich im Rahmen des unbedingt Erforderlichen halten; sie war also damals schon nur als ultimum remedium zulässig[21].

---

[15] Siehe *Oppenheim / Lauterpacht*, Bd. I, S. 309.

[16] Siehe z. B. *Bowett*, Self-Defence, S. 91 ff.; ders., Use of Force, S. 116; *Franzke*, Schutzaktionen, S. 99 f., mit weiteren Nachweisen aus der Literatur.

[17] Von der Existenz eines Selbstverteidigungsrechts der Staaten sind die Vereinigten Staaten und Großbritannien schon 1841/42 anläßlich des Caroline-Falls ausgegangen. Seitdem ist dieses Recht in Literatur und Staatenpraxis allgemein anerkannt worden. Vgl. hierzu wieder die Nachweise bei *Franzke*, Militärische Abwehr, S. 136, und ders., Schutzaktionen, S. 96, 190, Anm. 112, 113.

[18] In diesem Sinne äußert sich etwa auch *Brownlie*, International Law, S. 299; ders., Thoughts on Kind-Hearted Gunmen, in: Lillich, Humanitarian Intervention, S. 141 f.

[19] So der amerikanische Außenminister *Webster* im Briefwechsel mit dem britischen Diplomaten Lord *Ashburton* anläßlich des Caroline-Falls; siehe British and Foreign State Papers, Bd. 30, S. 193.

[20] Ein solcher Angriff setzt nicht unbedingt ein schuldhaftes, sondern lediglich ein objektiv rechtswidriges Verhalten der Organe des Aufenthaltsstaats in der Form positiven Tuns oder Unterlassens voraus; vgl. *Franzke*, Militärische Abwehr, S. 140.

[21] Einzelheiten hierzu siehe wiederum bei *Franzke*, Militärische Abwehr, S. 140 f.

II. Die Zulässigkeit der militärischen Schutzmaßnahmen des Heimatstaats in der Zeit zwischen den beiden Weltkriegen

1. Die Auswirkungen der Völkerbundssatzung und des Kellogg-Paktes

Art. 11 (1), 12 (1), 13 (4), 15 (6), 16 der Völkerbundssatzung von 1919 haben nur verfahrensrechtliche Beschränkungen, aber kein vollständiges Verbot des Krieges statuiert; dieses Verbot hat zudem wohl die militärischen Maßnahmen „short of war" gar nicht betroffen[22].

In Art. I des fast von allen Staaten — wenn auch zum Teil mit weitreichenden Vorbehalten — ratifizierten Kellogg-Paktes von 1928 ist zwar ein allgemeines völkerrechtliches Kriegsverbot aufgestellt worden, das aber insofern beschränkt geblieben ist, als die Unterzeichnerstaaten des Paktes auf den Krieg nur als Mittel nationaler Politik verzichtet haben, ein Krieg in Ausübung des Selbstverteidigungsrechts der Staaten durch den Kellogg-Pakt also nicht ausgeschlossen worden ist[23].

Trotz vielfältiger Bemühungen hat sich die Staatengemeinschaft bis zum 2. Weltkrieg nicht mehr darauf einigen können, das Kriegsverbot auch auf Fälle militärischer Gewaltanwendung außerhalb eines Krieges auszudehnen[24].

Die Zulässigkeit der militärischen Schutzmaßnahmen des Heimatstaats ist also weder durch die Völkerbundssatzung noch durch den Kellogg-Pakt berührt worden[25].

2. Weitere Begrenzungen des militärischen Schutzrechts

Wenn auch das völkergewohnheitsrechtliche militärische Schutzrecht des Heimatstaats durch die Völkerbundssatzung und den Kellogg-Pakt nicht eingeschränkt worden ist, so hat es doch in der Völkerrechtsliteratur dieser Zeit Stimmen gegeben, die dem Heimatstaat bei der Ausübung dieses Schutzrechts größere Beschränkungen als bisher auferlegen wollten, um eine Ausuferung dieser Schutzpraxis zu verhindern.

So ist etwa gefordert worden, die Schutzaktion des Heimatstaats müsse sich auf eine Evakuierung der bedrohten Bürger beschränken, da nur noch das Leben und die Freiheit, nicht aber das Eigentum der

---
[22] Siehe *H. Wehberg*, Kriegsverbot, in: K. Strupp / H.-J. Schlochauer, Wörterbuch des Völkerrechts, 2. Bd., 1961, S. 371; *H. Steinberger*, Gewaltverbot, in: Staatslexikon, 10. Bd., 2. Erg.Bd., 6. Aufl., 1970, S. 145; *M. Bothe*, Das Gewaltverbot im allgemeinen, in: Schaumann, Völkerrechtliches Gewaltverbot, S. 13 f.
[23] Siehe wiederum *Wehberg*, Kriegsverbot, S. 371; *Steinberger*, Gewaltverbot, S. 145; sowie *J. L. Kunz*, Kriegsbegriff, in: Strupp / Schlochauer, S. 331.
[24] Siehe zu diesen Bestrebungen wiederum *Wehberg*, Kriegsverbot, S. 371.
[25] So im Ergebnis auch *Franzke*, Militärische Abwehr, S. 143.

Bürger im Ausland als notwehrfähig gelten könnten[26]. Eine solche Modifizierung des militärischen Schutzrechts des Heimatstaats dürfte aber vor dem 2. Weltkrieg noch nicht geltendes Völkerrecht geworden sein.

III. Die Zulässigkeit der militärischen Schutzmaßnahmen des Heimatstaats seit dem Inkrafttreten der UN-Charta

Bei der Prüfung der Zulässigkeit der militärischen Schutzmaßnahmen des Heimatstaats unter Geltung der UN-Charta stellt sich die zentrale Frage, ob solche Maßnahmen mit dem Gewaltverbot des Art. 2 (4) UN-Charta zu vereinbaren sind. Falls dies verneint werden muß, ist weiter zu prüfen, ob die Schutzmaßnahmen nach heutigem Völkerrecht vom Gewaltverbot des Art. 2 (4) UN-Charta ausgenommen sind. Dabei kann als Rechtfertigungsgrund innerhalb der UN-Charta nur das in Art. 51 UN-Charta normierte Selbstverteidigungsrecht der Staaten in Betracht kommen[27]. Sollte diese Vorschrift hier nicht eingreifen, so wird abschließend zu untersuchen sein, ob sich außerhalb der Charta, also im allgemeinen Völkerrecht, ein heute noch gültiger Rechtfertigungsgrund für die militärischen Schutzmaßnahmen des Heimatstaats finden läßt[28].

1. Die Vereinbarkeit der militärischen Schutzmaßnahmen des Heimatstaats mit dem Gewaltverbot des Art. 2 (4) UN-Charta

Für die Beantwortung der Frage, ob die militärischen Schutzmaßnahmen des Heimatstaats mit Art. 2 (4) UN-Charta zu vereinbaren sind, kommt es entscheidend darauf an, ob diese Schutzmaßnahmen einen „threat or use of force against the *territorial integrity* or *political independence*" des Aufenthaltsstaats darstellen oder „in any other manner *inconsistent with the Purposes of the United Nations*" sind.

---

[26] Siehe z. B. *L. Keller*, Die nichtkriegerische militärische Gewaltmaßnahme, 1934, S. 113 f., 117.

[27] Die Ausnahme-Tatbestände der Art. 39 ff. (siehe hierzu 2. Kap., 1. Abschnitt), 53 (1), 106 und 107 UN-Charta kommen in diesem Zusammenhang nicht in Betracht.

[28] Der folgenden Untersuchung liegt die Annahme zugrunde, daß zwischen Art. 2 (4) UN-Charta einerseits und Art. 51 UN-Charta sowie eventuellen Rechtfertigungsgründen außerhalb der UN-Charta andererseits ein Regel-Ausnahme-Verhältnis besteht; soweit mit dem Begriff des „Rechtfertigungsgrundes" ein strafrechtlicher Terminus übernommen wird, ist dieser „untechnisch" zu verstehen (ebenso *Kewenig*, S. 178, Anm. 7). — Das genannte Regel-Ausnahme-Prinzip wird auch sonst in der Völkerrechtsliteratur überwiegend vertreten (vgl. etwa *G. Dahm*, Das Verbot der Gewaltanwendung nach Art. 2 (4) UNO-Charta und die Selbsthilfe gegenüber Völkerrechtsverletzungen, die keinen bewaffneten Angriff enthalten, Festschrift für R. Laun, JIR, Bd. XI, 1962, S. 51; *Berber*, Lehrbuch des Völkerrechts, II. Bd., 2. Aufl., 1969, S. 48; *Brownlie*, International Law, S. 298; *Oppenheim / Lauterpacht*, International Law, Bd. II, 7. Aufl., 1952, S. 154).

1. Abschn.: Militärische Schutzmaßnahmen des Heimatstaats

Von diesen Wendungen abgesehen, bietet die Auslegung des Art. 2 (4), soweit sie unsere Frage betrifft, kaum Schwierigkeiten. Vorweg kann daher folgendes festgestellt werden:

Das Gewaltverbot des Art. 2 (4) UN-Charta ist über den Kreis der UN-Mitgliedstaaten hinaus auch für die Nichtmitgliedstaaten verbindlich, da es nach heute nahezu unstreitiger Auffassung Bestandteil des Völkergewohnheitsrechts geworden ist[29].

Das Gewaltverbot gilt für die Staaten „in their international relations", findet also in dem hier interessierenden Verhältnis zwischen dem Heimat- und Aufenthaltsstaat zweifellos Anwendung[30].

Einigkeit besteht schließlich auch darüber, daß Art. 2 (4) UN-Charta jedenfalls die Anwendung *militärischer* Gewalt betrifft[31].

a) Die Vereinbarkeit der Schutzmaßnahmen des Heimatstaats mit der ersten Klausel des Art. 2 (4)

aa) Die Beeinträchtigung der „political independence" des Aufenthaltsstaats

Mit Sicherheit zu verneinen ist die Frage, ob die militärischen Schutzmaßnahmen des Heimatstaats die „politische Unabhängigkeit" des Aufenthaltsstaats beeinträchtigen.

Unter dem Begriff der politischen Unabhängigkeit ist die Fähigkeit eines Staates zu verstehen, über seine Angelegenheiten selbständig zu entscheiden[32]. Ein Recht auf souveräne Entscheidung ist demnach einem Staat nur insoweit zuzuerkennen, als Angelegenheiten in Frage stehen, die nicht völkerrechtlichen Regeln unterliegen. Wie schon weiter oben festgestellt wurde[33], ist der Aufenthaltsstaat aber völkerrechtlich zur Gewährleistung des internationalen Mindeststandards verpflichtet. Kommt der Aufenthaltsstaat seiner Völkerrechtsverpflichtung nicht nach und tritt daraufhin der Heimatstaat dieser Rechtsverletzung

---

[29] Vgl. statt aller *Kewenig*, S. 176 f. mit zahlreichen Literaturnachweisen.

[30] Art. 2 (4) hindert also die Staaten nicht, innerhalb der eigenen Grenzen — etwa zur Bekämpfung von Aufständischen in einem Bürgerkrieg — Gewalt anzuwenden (so die heute wohl noch herrschende Auffassung in der Literatur; siehe z. B. *Rauschning*, S. 76, mit Nachweisen).

[31] Nach herrschender Lehre ist Gegenstand des Verbots in Art. 2 (4) ausschließlich die militärische Gewalt; vgl. hierzu etwa *R. M. Derpa*, Das Gewaltverbot der Satzung der Vereinten Nationen und die Anwendung nichtmilitärischer Gewalt, 1970, S. 136.

[32] Siehe zum Begriff der „politischen Unabhängigkeit" z. B. *Derpa*, Gewaltverbot, S. 31, mit weiteren Nachweisen. — Nach der Auffassung des Ständigen Internationalen Gerichtshofes in seinem Rechtsgutachten über das „Régime douanier entre l'Allemagne et l'Autriche" vom 19. 3. 1931 besteht die politische Unabhängigkeit eines Staates darin, daß dieser „... seul maître de ses décisions ..." ist (siehe CPJI 1931, A/B, Nr. 41, S. 45).

[33] Siehe oben I 1. dieses Abschnitts.

militärisch entgegen, so beeinträchtigt dieser nicht die Entscheidungsfreiheit des Aufenthaltsstaats in dessen eigenen Angelegenheiten und damit auch nicht dessen politische Unabhängigkeit[34].

bb) *Die Beeinträchtigung der "territorial integrity" des Aufenthaltsstaats*

Problematischer und deshalb auch umstrittener ist die Frage, ob der Heimatstaat mit einer militärischen Schutzaktion zugunsten seiner auf dem Territorium des Konfliktsstaats angegriffenen Bürger dessen „territorial integrity" beeinträchtigt.

Was die Auslegung des Begriffs der „territorial integrity" betrifft, so stellt sich angesichts der fast schon unübersehbar gewordenen Literatur, die sich zum Teil mit wohl kaum mehr zu übertreffender wissenschaftlicher Akribie um die Klärung dieses Begriffs in Art. 2 (4) UN-Charta bemüht hat, mit *T. Oppermann*[35] die Frage, ob wirklich noch neue weiterführende Erkenntnisse „etwa aus allgemeinen dogmatisch-definitorischen Bemühungen" für diese Auslegungsfrage — wie überhaupt für Art. 2 (4) — gewonnen werden können.

Es soll hier daher genügen, den Stand der Meinungen kurz zu skizzieren und das Für und Wider der beiden gegensätzlichen Auffassungen abzuwägen.

Nach der einen Meinung in der Literatur schützt Art. 2 (4) UN-Charta nur die territoriale *Unversehrtheit*, nicht dagegen die territoriale *Unverletzlichkeit* der Staaten vor der Androhung oder Anwendung von Gewalt. Vom Verbot erfaßt sollen also nach dieser Ansicht nicht schon bloße Besitzstörungen, d. h. vorübergehende Besetzungen fremden Staatsgebiets ohne Aneignungsabsicht, sondern nur solche Eingriffe sein, die zu einem tatsächlichen Substanzverlust an Staatsgebiet, etwa durch vollständige oder teilweise Annexion, führen[36].

Demgegenüber ist nach der wohl überwiegenden Auffassung in der Literatur „territoriale Integrität" in Art. 2 (4) UN-Charta gleichbedeutend mit „territorialer Unverletzlichkeit gegen jede faktische Beeinträchtigung der Staatsgrenzen"[37].

---

[34] So im Ergebnis auch *Franzke*, Militärische Abwehr, S. 149; *Bowett*, Self-Defence, S. 152, 185 f.; *Jessup*, S. 169; *Verdross*, Idées directrices de l'Organisation des Nations Unies, Recueil des Cours, 1953-II, Bd. 83, S. 14.

[35] Das Verbot der Gewaltanwendung, in: Schaumann, Völkerrechtliches Gewaltverbot, S. 121.

[36] Siehe z. B. *Franzke*, Militärische Abwehr, S. 148; *Bowett*, Self-Defence, S. 31, 152; ders., Use of Force, S. 113; *J. Stone*, Aggression and World Order, 1958, S. 43.

[37] *Derpa*, Gewaltverbot, S. 31. Zu den Vertretern dieser Auffassung gehören z. B. auch: *Berber*, II. Bd., S. 42 f.; *Dahm*, Verbot der Gewaltanwendung, S. 50; *Wehberg*, Krieg und Eroberung im Wandel des Völkerrechts, in:

1. Abschn.: Militärische Schutzmaßnahmen des Heimatstaats

Die letztere Auffassung ist der ersteren vorzuziehen.

Ein Rückgriff auf die Entstehungsgeschichte des Art. 2 (4) UN-Charta[38] zeigt, daß der nachträglich in Art. 2 (4) eingefügte Zusatz „... against the territorial integrity ..." die Tragweite des Gewaltverbots in seiner ursprünglich vorgesehenen Fassung nicht einengen, sondern lediglich den kleinen Staaten auf deren Drängen eine zusätzliche Garantie verleihen sollte[39].

Die Auffassung, welche „territoriale Integrität" und „territoriale Unverletzlichkeit" nicht als Kontrast-, sondern als synonyme Begriffe versteht, bietet den für die Praxis wichtigen Vorteil, eine militärische Aktion auf fremdem Staatsgebiet nicht nach ihrem nur schwer berechenbaren Ziel und Zweck, sondern allein nach ihrem faktischen Gewicht zu beurteilen, wenn es um ihre Vereinbarkeit mit dem Gewaltverbot geht.

Andererseits dürfte nicht schon jede unwesentliche Gebietsverletzung (z. B. bei kleineren Grenzzwischenfällen), sondern nur eine „Gewaltanwendung größeren Stils" dem Gewaltverbot unterliegen[40]. Darunter sind militärische Aktionen eines Staates zu verstehen, die nach Umfang und Art ihrer Durchführung fremdes Staatsgebiet *erheblich* verletzen. Wenn ein solcher Beeinträchtigungsgrad etwa durch die kampflose Besetzung fremden Staatsgebiets, die militärische Unterstützung von Aufständischen z. B. durch die Entsendung von Freiwilligen-Korps, aber auch schon durch die Mobilisierung oder Zusammenziehung von Truppen an der Staatsgrenze, durch die Verhängung einer Blockade, durch Flottendemonstrationen und unerlaubtes Überfliegen fremden Territoriums durch Militärflugzeuge erreicht sein soll[41], dann muß dies jedenfalls auch für die militärischen Schutzmaßnahmen des Heimatstaats gelten. Der Einsatz von Fallschirm- oder Bodentruppen, von Kriegsschiffen oder Militärflugzeugen wird immer eine erhebliche faktische Gewalteinwirkung auf das Territorium des Aufenthaltsstaats

---

Völkerrecht und Politik, Bd. 1, 1953, S. 77 f.; *Brownlie*, International Law, S. 267 f.; *Oppenheim / Lauterpacht*, Bd. II, S. 154; *C. H. M. Waldock*, The Control of the Use of Force by States in International Law, Recueil des Cours, 1952-II, Bd. 81, S. 493. So zuletzt insbesondere auch *Kewenig*, S. 183 f.

[38] Ein solcher Rückgriff ist zulässig, weil der Wortlaut des Zusatzes „against the territorial integrity ..." Zweifel hinsichtlich seiner Interpretation offen läßt (wie hier: *Kewenig*, S. 183, und [ausführlich] *Brownlie*, International Law, S. 266 ff.).

[39] Siehe z. B. *Brownlie*, International Law, S. 266 ff.

[40] *Dahm*, Verbot der Gewaltanwendung, S. 50; vgl. auch *L. Wildhaber*, Gewaltverbot und Selbstverteidigung, in: Schaumann, Völkerrechtliches Gewaltverbot, S. 156. — *Kewenig* (S. 184) will sogar bewaffnete Repressalien ohne Rücksicht auf deren Intensitätsgrad und vergleichbare Gewaltakte begrenzter Art unter das Gewaltverbot bringen.

[41] Siehe *Dahm*, Völkerrecht, Bd. I, S. 199.

II. 1. Kap.: Humanitäre Aktionen der Staaten

darstellen; er verletzt dessen „territorial integrity" im Sinne des Art. 2 (4) UN-Charta auch dann, wenn er ausschließlich dem Schutz der eigenen Bürger des Heimatstaats dient[42].

b) Die Vereinbarkeit der Schutzmaßnahmen des Heimatstaats mit der zweiten Klausel des Art. 2 (4)

Die militärischen Schutzmaßnahmen des Heimatstaats sind möglicherweise nicht nur — wie sich soeben erwiesen hat — mit der ersten Gewaltverbotsklausel, sondern auch mit der zweiten Klausel in Art. 2 (4) UN-Charta unvereinbar.

Die mit dem letzten Halbsatz in Art. 2 (4) eingefügte Generalklausel, der innerhalb des Gewaltverbots eine Lückenschließungsfunktion zukommt[43], nimmt auf die in Art. 1 (1), (3) und in der Präambel der Charta niedergelegten Ziele der Vereinten Nationen Bezug („... inconsistent with the Purposes of the United Nations").

Vor allem *Jessup*[44] hält die militärischen Schutzmaßnahmen des Heimatstaats für nicht vereinbar mit den Zielen der Vereinten Nationen in Art. 1 (1) UN-Charta: „to maintain international peace and security, and to that end to take effective collective measures..." und darüber hinaus sogar für einen „breach of the peace" oder „threat to the peace". Seiner Auffassung nach erteilt Art. 1 (1) den Auftrag, die individuellen Schutzmaßnahmen des Heimatstaats durch kollektive Maßnahmen des UN-Sicherheitsrats zu ersetzen[45]. *Verdross*[46] glaubt, dem Passus „that armed forces shall not be used, save in the common interest" der Präambel der UN-Charta ein Verbot jeglicher Gewaltanwendung, die von der Charta nicht ausdrücklich gestattet wird, entnehmen zu können; eine solche Gestattung fehle aber für die militärischen Schutzmaßnahmen des Heimatstaats[47]. *Franzke* betrachtet dagegen das gewaltsame Eingreifen des Heimatstaats „geradezu als eine

---

[42] So im Ergebnis auch *Dahm*, Verbot der Gewaltanwendung, S. 55; *Bothe*, in: Scholsem, Application, S. 44; *W. Wengler*, Das völkerrechtliche Gewaltverbot, 1967, S. 14, 15, Anm. 24. — Daß dieses Ergebnis auch im Einklang mit der Praxis der Vereinten Nationen steht, wird noch zu zeigen sein; siehe unten 1. c).

[43] Vgl. z. B. *Berber*, II. Bd., S. 43, und *Dahm*, Verbot der Gewaltanwendung, S. 50 f.

[44] S. 169 f.

[45] Ebenso *H. Kelsen*, Principles of International Law, 1952, S. 45, und ihm folgend *Berber*, II. Bd., S. 43. — *Jessups* Auffassung findet auch Zustimmung bei *Wehberg*, Krieg und Eroberung, S. 71 f., Ablehnung dagegen bei *Franzke*, Militärische Abwehr, S. 150 ff.; *Stone*, Aggression, S. 94, und *Bowett*, Self-Defence, S. 186.

[46] Idées directrices, S. 14; vgl. auch *Wehberg*, Krieg und Eroberung, S. 70, und *Berber*, II. Bd., S. 43.

[47] Auch insoweit ablehnend *Franzke*, Militärische Abwehr, S. 149 f.

1. Abschn.: Militärische Schutzmaßnahmen des Heimatstaats

Erfüllung des in Art. 1 § 3 niedergelegten Zieles"[48], nämlich „to achieve international cooperation in solving international problems of ... humanitarian character, and in promoting and encouraging respect for human rights and fundamental freedoms for all without distinction as to race, sex, language, or religion".

Sicher erscheint zunächst, daß das militärische Vorgehen des Heimatstaats zum Schutze seiner Bürger keinen Akt der „international cooperation" darstellt[49], da es sich eher hemmend als fördernd auf das Bestreben nach weltweiter Zusammenarbeit bei der Schaffung eines umfassenden Menschenrechtsschutzes auswirken dürfte, wenn jeder Staat — im Vertrauen auf seine militärische Stärke — den Schutz seiner im Ausland bedrohten Bürger selbst in die Hand nimmt. Wegen ihrer Beschränkung hinsichtlich des geschützten Personenkreises auf die eigenen Staatsbürger tendieren die Schutzaktionen der Heimatstaaten vielmehr zu einer Nationalisierung des Menschenrechtsschutzes und widersprechen somit gerade dem Postulat des Art. 1 (3) Un-Charta.

Schon aus diesen Gründen müssen die militärischen Schutzmaßnahmen des Heimatstaats für unvereinbar mit den in der Generalklausel von Art. 2 (4) angesprochenen Zielen der Vereinten Nationen gehalten werden. Selbst wenn man mit *Jessup*[50] annehmen wollte, daß die militärischen Schutzmaßnahmen nicht unter die erste Gewaltverbotsklausel fallen, würden diese zumindest also von der Generalklausel der Gewaltverbotsnorm erfaßt[51].

c) Das Gewaltverbot in der Praxis der Vereinten Nationen

Das Gewaltverbot ist nicht als isolierter Rechtssatz konzipiert worden, sondern muß auf dem Hintergrund des im VII. Kapitel der UN-Charta vorgesehenen kollektiven Sicherheitssystems gesehen werden. Angesichts des Nichtfunktionierens von Kapitel VII in der Praxis wird gegen eine strikte Geltung des Gewaltverbots von mancher Seite Front gemacht[52]. Schon deshalb muß die bisher nur aus theoretischen Überlegungen gewonnene Erkenntnis, daß jede erhebliche faktische Be-

---

[48] Ebd., S. 154, unter Hinweis auf *Bowett*, Use of Force, S. 114.
[49] Dies gibt auch *Franzke* zu (Militärische Abwehr, S. 153).
[50] S. 169.
[51] So außer den schon oben, Anm. 45, zitierten Autoren auch *Brownlie*, International Law, S. 268, und *Dahm*, Verbot der Gewaltanwendung, S. 50 f.; letzterer betont mit Recht, daß die Generalklausel um so weiter auszulegen ist, je enger der Umfang der Beschränkung in der ersten Verbotsklausel gefaßt wird. — Auf eine nähere Auseinandersetzung mit der gegenteiligen Literaturmeinung soll hier verzichtet werden, da die militärischen Schutzmaßnahmen des Heimatstaats nach der hier vertretenen Ansicht jedenfalls unter die erste Gewaltverbotsklausel fallen.
[52] Ohne der weiteren Untersuchung hier vorgreifen zu wollen, kann festgestellt werden, daß das in der Charta konzipierte kollektive Sicherheits-

II. 1. Kap.: Humanitäre Aktionen der Staaten

einträchtigung fremden Staatsgebiets durch die militärische Aktion eines Staates unter das Gewaltverbot des Art. 2 (4) UN-Charta fällt, daraufhin überprüft werden, ob sie mit der Rechtswirklichkeit, die sich insbesondere in der Praxis der Vereinten Nationen widerspiegelt, in Einklang steht.

Aus den Stellungnahmen der Staatenvertreter im Rechtsausschuß (6th Committee)[53], im Special Committee on Aggression[54] und im Special Committee on Friendly Relations[55], sowie aus der Entschließungspraxis der Generalversammlung[56] und des Sicherheitsrats[57] läßt sich eine deutliche Tendenz dafür ablesen, daß das Gewaltverbot in der Praxis der Vereinten Nationen strikt gehandhabt wird[58].

Eine andere Frage ist es, ob der Forderung, das Gewaltverbot angesichts des bislang kaum wirksam gewordenen kollektiven Sicherheitssystems im VII. Kapitel der UN-Charta nachgiebiger auszulegen, bei der Bestimmung der Ausnahmen vom Gewaltverbot Rechnung zu tragen ist, was gerade bei den hier in Frage stehenden militärischen Schutzmaßnahmen des Heimatstaats schwierige Rechtsfragen aufwerfen wird[59]. Die Gewaltverbotsnorm des Art. 2 (4) selbst ist jedenfalls in Übereinstimmung mit der Praxis der Vereinten Nationen strikt auszulegen.

---

system zumindest bisher in der Praxis kaum wirksam geworden ist. Näheres über die Gründe hierfür siehe unten 2. Kap., 1. Abschnitt, I 3.

Zu den Vertretern, die wegen des Versagens des VII. Kapitels der UN-Charta eine restriktive Auslegung des Gewaltverbots befürworten, gehört z. B. *Franzke*, Militärische Abwehr, S. 154. Vgl. zu dieser Frage auch *Kewenig*, S. 201 f., der das Problem zutreffend dahin präzisiert: „Steht das rigide Gewaltverbot des Art. 2 Nr. 4 nicht geradezu unter dem Vorbehalt des Funktionierens von Kapitel VII, so daß in dem Fall, in dem es nicht funktioniert, ein Rückgriff auf den gewohnheitsrechtlichen Zustand der Zeit vor 1945 zulässig ist?"

[53] *Fonteyne* (S. 214 ff.) hat die Haltung der Staatenvertreter im 6th Committee zu dieser Frage sehr eingehend untersucht; auf das Ergebnis seiner Analyse wird Bezug genommen.

[54] Siehe auch hierzu wiederum die Nachweise bei *Fonteyne*, a.a.O. — Am 12. 4. 1974 hat sich das Special Committee auf den Text einer „Draft Definition of Aggression" geeinigt, aus dem sich insgesamt eine Tendenz zur strikten Auslegung des Art. 2 (4) ablesen läßt; vgl. vor allem Art. 3 dieser Draft Definition (siehe deren Text in U.N. Press Release L/166 vom 18. 4. 1974).

[55] Das Special Committee on Friendly Relations hat sich bei seinen Diskussionen über die bewaffneten Repressalien einhellig für eine umfassende Geltung des Gewaltverbots ausgesprochen (einzelne Nachweise hierzu gibt *Kewenig*, S. 183 f.).

[56] Vgl. die Resolution Nr. 2131 (XX) vom 21. 12. 1965, Ziff. 1 und 2 (siehe den Text in: Vereinte Nationen, 14. Jg., 1966, S. 69).

[57] Vgl. die Resolution Nr. 188 (1964), in: Y.U.N. 1964, S. 185 f., zur Frage der Zulässigkeit von Repressalien.

[58] In diesem Sinne würdigen auch *Kewenig* (S. 202), *Bothe* (Gewaltverbot, S. 23) und *Fonteyne* (S. 214 ff.) die Praxis der Vereinten Nationen.

[59] Siehe hierzu unten III 2. b) bb) dieses Abschnitts.

Im Ergebnis verstoßen also die militärischen Schutzmaßnahmen des Heimatstaats (und somit auch die belgisch-amerikanische Rettungsaktion von Stanleyville) gegen Art. 2 (4) UN-Charta.

2. Rechtfertigungsgründe für die militärischen Schutzmaßnahmen des Heimatstaats

a) Rechtfertigungsgrund innerhalb der UN-Charta: Art. 51

Nachdem festgestellt worden ist, daß die militärischen Schutzmaßnahmen des Heimatstaats unter das Verbot des Art. 2 (4) UN-Charta fallen, können diese heute nur noch dann als völkerrechtlich zulässig gelten, wenn sie durch einen besonderen Rechtfertigungsgrund vom Gewaltverbot ausgenommen sind. Als einziger Rechtfertigungsgrund innerhalb der UN-Charta kommt — wie schon erwähnt — das Selbstverteidigungsrecht der Staaten gemäß Art. 51 in Betracht.

Nach Art. 51 UN-Charta wären die Schutzmaßnahmen des Heimatstaats dann gerechtfertigt, wenn der Aufenthaltsstaat mit der Nichteinhaltung des internationalen Mindeststandards gegenüber den auf seinem Territorium befindlichen Ausländern gleichzeitig einen „bewaffneten Angriff" („armed attack") gegenüber deren Heimatstaat beginge.

Die Nichtbeachtung des Mindeststandards kann aus verschiedenartigen Verhaltensweisen des Aufenthaltsstaats resultieren: eine akute Bedrohung der Ausländer an Leib oder Leben kann sich einmal aus unbewaffneten Gewaltakten der Organe des Aufenthaltsstaats, zum anderen aber auch daraus ergeben, daß es die Organe des Aufenthaltsstaats unterlassen, bewaffnete oder unbewaffnete Angriffe von Privatpersonen auf die Ausländer zu verhindern bzw. zu unterbinden. In beiden Fällen liegt sicher kein bewaffneter Angriff gegen den Heimatstaat der betroffenen Ausländer vor[60].

Aber auch dann, wenn die Organe des Aufenthaltsstaats (z. B. Polizei- oder Militäreinheiten) mit Waffengewalt gegen die Ausländer vorgehen, kann nicht von einem bewaffneten Angriff im Sinne des Art. 51 UN-Charta gesprochen werden. Entgegen *Franzke*[61] und *Kipp*[62] ist es nämlich mit der herrschenden Ansicht in der Völkerrechtsliteratur zur Annahme eines bewaffneten Angriffs nach Art. 51 unerläßlich, daß der

---

[60] Im ersten Fall ebenso *Dahm*, Verbot der Gewaltanwendung, S. 55. Im zweiten Fall wie hier auch *Franzke*, Schutzaktionen, S. 132, und *Dahm*, Völkerrecht, Bd. II, 1961, S. 442 f.; a. A.: *H. Kipp*, Zum Problem der gewaltsamen Intervention in der derzeitigen Entwicklungsphase des Völkerrechts, in: Gedächtnisschrift *Hans Peters*, 1967, S. 428.
[61] Schutzaktionen, S. 134; ders., Militärische Abwehr, S. 146.
[62] S. 428.

„Angreifer" seine militärische Aktion über die Grenze des „angegriffenen" Staates hinweg auf dessen Territorium erstreckt[63].

Nur diese Auffassung wird — entsprechend dem Grundsatz „exceptiones sunt strictissimae interpretationis" — dem Charakter des Art. 51 als Ausnahmetatbestand gegenüber Art. 2 (4) gerecht[64] und vermeidet, worauf es entscheidend ankommt, eine Aushöhlung des Gewaltverbots, welche zwangsläufig einträte, wenn man — wie *Franzke* es jedenfalls im praktischen Ergebnis tut — in jeder militärischen Gewaltanwendung gleichzeitig auch einen bewaffneten Angriff gemäß Art. 51 erblicken wollte. Aus gutem Grund wird in Art. 51 nicht bloß ein militärischer Gewaltakt, sondern ein bewaffneter Angriff als besonders qualifizierte Erscheinungsform der militärischen Gewaltanwendung verlangt, um den entsprechenden Gegenschlag führen zu dürfen.

Nach allem stellt die Nichtbeachtung des internationalen Mindeststandards durch den Aufenthaltsstaat in keinem Fall einen bewaffneten Angriff gegen den Heimatstaat nach Art. 51 UN-Charta dar[65]. Das in Art. 51 normierte individuelle Selbstverteidigungsrecht vermag also die militärischen Schutzmaßnahmen des Heimatstaats nicht zu rechtfertigen.

b) Rechtfertigungsgründe außerhalb der UN-Charta

Nachdem sich für die in Frage stehenden Schutzmaßnahmen des Heimatstaats kein Rechtfertigungsgrund in der UN-Charta hat finden lassen, fragt es sich weiter, ob ein solcher im derzeitigen allgemeinen Völkerrecht anerkannt wird.

aa) *Das völkergewohnheitsrechtliche*
Selbstverteidigungsrecht der Staaten

Als Rechtfertigungsgrund außerhalb der UN-Charta könnte das völkergewohnheitsrechtliche Selbstverteidigungsrecht in Betracht kommen, welches in der Zeit bis 1945 nach überwiegender Auffassung als Rechtsgrundlage für die militärischen Schutzmaßnahmen des Heimatstaats gegolten hat[66].

Problematisch und dementsprechend heftig umstritten ist nun allerdings die Frage, ob dieses traditionelle Selbstverteidigungsrecht auch

---

[63] So z. B. *Dahm*, Verbot der Gewaltanwendung, S. 51; ders., Völkerrecht, Bd. II, S. 413 f., 442 f.; *Wengler*, Gewaltverbot, S. 7; ders., Völkerrecht, Bd. II, Teil 3, 1964, S. 1057 f.; *J. E. S. Fawcett*, Intervention in International Law, Recueil des Cours, 1961-II, Bd. 103, S. 404.

[64] Siehe *Berber*, II. Bd., S. 48; vgl. auch *Brownlie*, International Law, S. 271 f.

[65] So z. B. ausdrücklich *Dahm*, Verbot der Gewaltanwendung, S. 51; *Wengler*, Gewaltverbot, S. 7; *Kewenig*, S. 205; *H. Kelsen*, The Law of the United Nations, 1951, S. 792 f.; *R. Higgins*, S. 220.

[66] Vgl. die Ausführungen oben I 3. dieses Abschnitts.

heute noch *neben* dem in Art. 51 UN-Charta normierten Selbstverteidigungsrecht in den Fällen in Anspruch genommen werden kann, in denen die Staaten nicht zur Abwehr eines bewaffneten Angriffs im Sinne des Art. 51, sondern zur Begegnung von Gewaltakten ohne Angriffsqualität militärische Aktionen durchführen.

α) Stand der Meinungen in der Literatur

Im Auslegungsstreit um Art. 51 gibt es zwei grundverschiedene Auffassungen in der Literatur.

Nach der wohl überwiegenden Meinung[67] ist Art. 51 *strikt* im Sinne einer ausschließlichen Begrenzung des Selbstverteidigungsrechts auf den Fall eines bewaffneten Angriffs auszulegen. Gestützt auf den Grundsatz des „effet utile" geht die strikte Auslegung davon aus, daß das Selbstverteidigungsrecht der Staaten, obwohl es in Art. 51 als „inherent" bzw. „naturel" bezeichnet wird, heute nicht mehr beansprucht werden darf, wenn die Voraussetzungen eines bewaffneten Angriffs objektiv nicht (oder noch nicht) vorliegen, da sonst das Gewaltverbot des Art. 2 (4) unterlaufen würde.

Nach der in der Literatur ebenfalls vielfach vertretenen[68] *weiten* Auslegung des Art. 51 schränkt diese Vorschrift das traditionelle Selbstverteidigungsrecht in keiner Weise ein, da es als Naturrecht („inherent right") von der Charta nicht angetastet worden sei; wenn Art. 51 auf einen bewaffneten Angriff Bezug nehme, so könne das nicht bedeuten, daß die Selbstverteidigung heute nur noch im Falle eines solchen Angriffs zulässig sei.

β) Stellungnahme

Wie schon bei Art. 2 (4) UN-Charta dürfte es auch bei der Auslegung der Norm des Art. 51 UN-Charta als solcher kaum noch neue wissen-

---

[67] Siehe z. B. *Dahm*, Völkerrecht, Bd. II, S. 413; ders., Verbot der Gewaltanwendung, S. 52 f.; *Wengler*, Gewaltverbot, S. 7, 13 f., 17 f.; *Derpa*, S. 96 ff.; *I. Seidl-Hohenveldern*, Völkerrecht, 2. Aufl., 1969, Rdnr. 1296; *Wehberg*, Krieg und Eroberung, S. 71; *Verdross*, Idées directrices, S. 59; *Brownlie*, International Law, S. 269 ff., 298 ff.; *Jessup*, S. 165 ff.; *Kelsen*, Law of the United Nations, S. 269, 791 f.; *Oppenheim / Lauterpacht*, Bd. II, S. 156; *Nasim Hasan Shah*, Discovery by Intervention: The Right of a State to seize Evidence located within the Territory of the Respondent State, in: AJIL, Bd. 53, 1959, S. 612; *Q. Wright*, United States Intervention in the Lebanon, AJIL, Bd. 53, 1959, S. 116 f.; ders., Legal Aspects of the Viet-nam Situation, AJIL, Bd. 60, 1966, S. 764 f. — Ebenso auch *Wildhaber*, S. 153, mit weiteren Nachweisen für diese Auffassung (S. 150, Anm. 11).

[68] Siehe z. B. *Franzke*, Militärische Abwehr, S. 145 ff.; ders., Armed Rescue Operations according to Modern International Law, Rev. Int. des Services de Santé, 1967, S. 507; *Bowett*, Self-Defence, S. 188; ders., Use of Force, S. 115 f.; *Stone*, Legal Controls of International Conflict, 2nd impr., 1959, S. 244; *Waldock*, S. 496 f.; *A. L. Goodhart*, The North Atlantic Treaty of 1949, Recueil des Cours, 1951-II, Bd. 79, S. 231 f.; *G. Fitzmaurice*, The General Principles of International Law, Recueil des Cours, 1957-II, Bd. 92, S. 171. — Weitere Nachweise siehe bei *Wildhaber*, S. 151, Anm. 12.

schaftlich-theoretische Erkenntnisse geben, die den Auslegungsstreit in der einen oder anderen Richtung entscheiden könnten[69].

Wer — wie hier[70] — Art. 2 (4) als umfassenden Regeltatbestand und Art. 51 als Ausnahmetatbestand hierzu begreift, wird konsequenterweise dazu neigen, Art. 51 in Übereinstimmung mit der überwiegenden Auffassung in der Literatur nach dem Grundsatz „exceptiones sunt strictissimae interpretationis" strikt auszulegen. Da Art. 51 aber nach seinem Wortlaut eine extensive Auslegung im Sinne der Mindermeinung in der Literatur jedenfalls nicht ausschließt, hängt die Entscheidung darüber, ob sich die Heimatstaaten bei ihren militärischen Schutzaktionen zugunsten ihrer Bürger im Ausland auch heute noch auf ihr völkergewohnheitsrechtliches Selbstverteidigungsrecht berufen dürfen, letztlich davon ab, welche dieser beiden Auffassungen der heutigen Rechtswirklichkeit eher entspricht.

Da die Gewaltverbotsnorm selbst restriktiv auszulegen ist, fragt sich nur noch, ob nicht wegen des Nichtfunktionierens von Kapitel VII der UN-Charta weitgehende Ausnahmen von Art. 2 (4) zugelassen werden müssen. Tatsächlich wird denn auch die Auffassung, wonach die Staaten heute neben dem in Art. 51 normierten Recht weiterhin auch ihr traditionelles Selbstverteidigungsrecht ausüben dürfen, vielfach mit dem Hinweis auf das Versagen des kollektiven Sicherheitssystems gerechtfertigt, das nach dem Willen der Satzungsgeber der Absage an die individuelle Gewaltanwendung in Art. 2 (4) korrespondieren sollte[71].

Den Versuchen, entweder durch eine enge Auslegung des Regeltatbestands des Art. 2 (4) oder durch eine weite Auslegung des Ausnahmetatbestands des Art. 51 die Tragweite des Gewaltverbots — entsprechend dem Gedanken der clausula rebus sic stantibus — der heutigen Rechtswirklichkeit anzupassen[72], ist zunächst schon deshalb entgegenzutreten, weil die Schwächen des kollektiven Sicherheitssystems der UN-Charta nicht auf eine wesentliche Veränderung der Umstände seit dem Inkrafttreten der Charta zurückzuführen sind, sondern diesem Sicherheitssystem von vornherein immanent gewesen sind.

In Übereinstimmung mit *Dahm*[73] ist nämlich davon auszugehen, daß schon bei der Verabschiedung der UN-Charta kaum jemand der Illusion erlegen sein dürfte, daß man im VII. Kapitel der Charta ein Sicherheits-

---
[69] Darauf macht *Oppermann* (S. 120 f.) mit Recht aufmerksam.
[70] Siehe Anm. 28 unter diesem Kapitel.
[71] Siehe hierfür z. B. G. *Schwarzenberger*, The Fundamental Principles of International Law, Recueil des Cours, 1955-I, Bd. 87, S. 339.
[72] Vgl. hierzu die Ausführungen von *Dahm*, Verbot der Gewaltanwendung, S. 52 f.; *Wengler*, Gewaltverbot, S. 26; *Bothe*, Gewaltverbot, S. 25.
[73] S. 52 f.

system eingerichtet habe, das in Zukunft reibungslos funktionieren und eigene militärische Selbstverteidigungsmaßnahmen der Staaten in jedem Falle erübrigen werde; vielmehr ist das Selbstverteidigungsrecht der Staaten in den Grenzen des Art. 51 gerade deshalb in die Charta aufgenommen worden, weil man sich von Anfang an der Schwächen des kollektiven Sicherheitssystems bewußt gewesen ist. Mit Recht stellt *Dahm* weiter fest, daß niemand damals ernsthaft glauben konnte, der Sicherheitsrat werde künftig etwa militärische Zwangsmaßnahmen gegen jeden Staat beschließen, der auf seinem Territorium Gewaltakte gegen Ausländer begehe. Wenn trotz dieser Erkenntnis auf der Konferenz von San Francisco das Selbstverteidigungsrecht der Staaten durch Art. 51 auf „bewaffnete Angriffe" beschränkt worden sei, so habe man damit dem bisherigen Gewohnheitsrecht insoweit bewußt ein Ende gesetzt und eine Interventionslücke in Kauf genommen[74].

Ähnlich argumentiert auch *Brownlie*[75], der ebenfalls keine Anzeichen für eine Veränderung der Weltsituation sieht, die eine Lockerung des Gewaltverbots gebieten könnten. In diesem Zusammenhang weist er einmal darauf hin, „that all rules are aspirations and performance naturally falls below the normative goal", zum anderen betont er, daß die Institution des Veto, welche die Hauptursache für die mangelnde Funktionsfähigkeit des Sicherheitssystems im VII. Kapitel der Charta bildet, „... was a part of the Charter and not a subsequent fault in performance"[76].

Nach allem kann festgestellt werden, daß die Ursachen für das weitgehende Versagen des Systems der kollektiven Sicherheit schon bei der Normgebung selbst gesetzt worden sind, die heutige Rechtswirklichkeit also lediglich die systemimmanenten Schwächen inzwischen deutlich aufgedeckt hat. Es fehlt also an einer wesentlichen Veränderung der Umstände und damit an den Voraussetzungen für eine Anpassung des Gewaltverbots mittels einer extensiven Auslegung des Art. 51.

Aber selbst dann, wenn man dieser Argumentation nicht folgen und eine für das Eingreifen der clausula rebus sic stantibus notwendige wesentliche Veränderung der Umstände annehmen will[77], gelangt man mit Hilfe dieser clausula allenfalls zu einem Anspruch der UN-Mitgliedstaaten auf eine Revision der Charta im gegenseitigen Einvernehmen, nicht jedoch zu einem Recht der Staaten, sich einseitig von der vertraglichen Bindung loszusagen[78].

---

[74] Siehe a.a.O.
[75] Thoughts, S. 145 f.
[76] Ebd., S. 145.
[77] So z. B. *Wengler*, Gewaltverbot, S. 26.
[78] Wie hier *Dahm*, Verbot der Gewaltanwendung, S. 53, und *Bothe*, Gewaltverbot, S. 25.

Ein solches Revisionsbedürfnis der Staaten, das auf eine *generelle* Lockerung des Gewaltverbots durch die Ausdehnung der Selbstverteidigungsbefugnis über die Grenzen des Art. 51 hinaus gerichtet wäre, läßt sich aber nicht nachweisen. In der Praxis der Vereinten Nationen gibt es eher Anzeichen für die Tendenz, grundsätzlich auf strikte Einhaltung des Gewaltverbots zu achten und die Ausnahmen hiervon auf die in der Charta normierten Fälle zu beschränken, unabhängig davon, ob der Sicherheitsrat von seinen Zwangsbefugnissen nach dem VII. Kapitel der Charta wirksam Gebrauch zu machen vermag[79].

Gegen eine großzügige Verleihung der individuellen Selbstverteidigungsbefugnis an die Staaten sprechen auch erhebliche rechtspolitische Bedenken. Damit würde nämlich der unheilvolle Rechtszustand der Zeit vor 1945 wiederhergestellt, als es den Staaten praktisch unbenommen war, unterhalb der Schwelle eines regelrechten Krieges sich zur Durchsetzung ihrer Rechtsansprüche notfalls auch militärischer Gewalt zu bedienen, wodurch — wie *Wengler* zu Recht befürchtet[80] — das Rad der Völkerrechtsgeschichte wieder zurückgedreht würde. Diese Befürchtung ist um so mehr berechtigt, als mit der generellen Übernahme des traditionellen Selbstverteidigungsrechts in das moderne Völkerrecht eine Institution übernommen würde, die auf Grund ihres nur schwer bestimmbaren Umfangs zu einer gefährlichen Rechtsunsicherheit im Bereich des Gewaltverbots führen würde[81].

Nach allem erscheint der Weg einer *generellen* Ausdehnung des Selbstverteidigungsrechts der Staaten über die durch Art. 51 UN-Charta mit dem Erfordernis des „bewaffneten Angriffs" gesteckten Grenzen hinaus mit Rücksicht auf die gegenläufige Praxis der Vereinten Nationen und auch aus gewichtigen rechtspolitischen Gründen nicht gangbar, um zur Zulässigkeit der militärischen Schutzmaßnahmen des Heimatstaats im derzeit geltenden Völkerrecht zu gelangen.

bb) *Der Schutz der eigenen Staatsangehörigen*
   im Ausland als eigenständiger Rechtfertigungsgrund

α) Theoretischer Ansatz

Nachdem die bisherige Untersuchung ergeben hat, daß das völkergewohnheitsrechtliche Selbstverteidigungsrecht der Staaten durch

---

[79] Was die Praxis der Vereinten Nationen zur Frage der Auslegung des Art. 51 UN-Charta allgemein betrifft, kann hier der Nachweis im einzelnen nicht geführt werden. Es darf daher auf die ausführlichen Analysen der einschlägigen UN-Praxis bei *Higgins*, S. 197 ff., und *Fonteyne*, S. 211 ff. verwiesen werden. Auch *Dahm* (Verbot der Gewaltanwendung, S. 53) und *Wildhaber* (S. 151 ff.) würdigen die Praxis der Vereinten Nationen in diesem Sinne.
[80] Gewaltverbot, S. 26.
[81] Vgl. hierzu die oben, I 3., getroffenen Feststellungen.

Art. 51 UN-Charta jedenfalls nicht in seiner Komplexität und Generalität in das heutige Völkerrecht transformiert worden ist, soll im folgenden geprüft werden, ob der Schutz der eigenen Staatsangehörigen im Ausland, gleichsam also nur ein bestimmter Ausschnitt der staatlichen Selbstverteidigung, in der heutigen Staatenpraxis als eigenständiger Rechtfertigungsgrund für ein militärisches Vorgehen des Heimatstaats anerkannt wird.

Dieser pragmatische Ansatz folgt methodisch dem Vorschlag *Kewenigs*[82], nämlich „unter bewußtem Verzicht auf verallgemeinernde Schlußfolgerungen die Praxis nach 1945 daraufhin durchzusehen, auf welche vor diesem Zeitpunkt mehr oder minder als Rechtfertigungsgründe anerkannte konkrete Ausnahmeregeln sich die Staaten bei einem gegen das Gewaltverbot verstoßenden Vorgehen berufen haben, und ob die Reaktion der übrigen Staatenwelt — vor allem innerhalb der Vereinten Nationen — den Schluß zuläßt, daß diese Regeln auch heute noch als ausreichende Rechtfertigung empfunden werden".

β) Die Beurteilung der militärischen Schutzmaßnahmen des Heimatstaats innerhalb der Vereinten Nationen

Ohne hierfür den Nachweis im einzelnen führen zu können, darf zunächst festgestellt werden, daß sich in der Staatenpraxis nach 1945 viele Beispiele dafür finden, daß Staaten ihre militärischen Aktionen auf fremdem Territorium mit dem Schutz ihrer dort befindlichen Bürger gerechtfertigt haben[83]. Aus dieser wiederholten Berufung einer Vielzahl gerade auch der potenten Staaten[84] auf ein solches militärisches Schutzinteresse läßt sich wohl schließen, daß die Schutzmaßnahmen der Heimatstaaten auch heute noch einer allgemeinen Staatenübung entsprechen. Zweifelhaft erscheint aber, ob sich die erforderliche allgemeine Rechtsüberzeugung der Staaten allein schon aus der Summe der jeweiligen Rechtfertigungsversuche der intervenierenden Heimatstaaten beweiskräftig herleiten läßt[85]. Die tatsächliche Berufung auf einen Rechtfertigungsgrund ergibt nämlich noch nicht ohne weiteres dessen Existenz. Entscheidend für den Nachweis der Rechtmäßigkeit solcher Schutzmaßnahmen kann daher nur die rechtliche Beurteilung dieser Aktionen der Heimatstaaten durch die übrigen unbeteiligten Staaten sein, die insbesondere in der Praxis der Vereinten Nationen

---
[82] S. 203 f.
[83] Siehe die zahlreichen Beispielsfälle bei *Franzke*, Militärische Abwehr, S. 157 - 169.
[84] Dazu gehören etwa die Vereinigten Staaten, Frankreich, Großbritannien, Belgien und selbst die Sowjetunion, die sich beim Einmarsch in Ungarn im Jahre 1956 auf den Schutz ihrer angeblich bedrohten Bürger berufen hat (siehe die Nachweise bei *Franzke*, Militärische Abwehr, S. 157 ff.).
[85] Hierauf beschränkt sich im wesentlichen die Analyse der Staatenpraxis bei *Franzke*, a.a.O., was ihre Beweiskraft erheblich mindert.

II. 1. Kap.: Humanitäre Aktionen der Staaten

zum Ausdruck kommt. Deshalb sollen im folgenden die Reaktionen der Staatenvertreter in den Gremien der Vereinten Nationen und der UN-Organe selbst daraufhin überprüft werden, ob sie den Schluß zulassen, daß die militärischen Schutzmaßnahmen des Heimatstaats auch nach heutigem Völkerrecht noch als gerechtfertigt gelten können.

Im Rahmen dieser Arbeit können nicht alle Fälle, in denen Staaten ihre militärischen Aktionen mit dem Schutz ihrer Bürger im Ausland gerechtfertigt haben, daraufhin untersucht werden, welche Reaktionen sie innerhalb der Vereinten Nationen ausgelöst haben. Es muß hier daher genügen, die zwei wohl wichtigsten Beispielsfälle der jüngsten Vergangenheit[86] etwas näher zu betrachten, ohne sie allerdings in allen Einzelheiten analysieren zu können: die militärischen Aktionen Belgiens von 1960 im Kongo, soweit sie von der belgischen Regierung mit dem Schutz der dort befindlichen Staatsangehörigen gerechtfertigt worden sind[87], und die schon geschilderte belgisch-amerikanische Rettungsaktion von Stanleyville und Paulis im Jahre 1964.

Das militärische Eingreifen Belgiens zum Schutz seiner im Kongo an Leib und Leben bedrohten Bürger im Jahre 1960[88] ist in den Debatten des Sicherheitsrats der Vereinten Nationen sehr unterschiedlich beurteilt worden.

Während die sowjetische Delegation die Verurteilung Belgiens als Aggressor durchzusetzen versuchte[89] und z. B. die Vertreter Polens[90] und Tunesiens[91] das militärische Vorgehen Belgiens zum Schutz seiner

---

[86] Eine Untersuchung der militärischen Intervention der Vereinigten Staaten in der Dominikanischen Republik von 1965 dürfte schon deshalb entbehrlich sein, weil die geschichtlichen Fakten diese Intervention zu wenig als eine Schutzaktion zugunsten der eigenen Bürger im Ausland ausweisen, um aus ihr verläßliche Schlüsse für unsere Frage ziehen zu können. Vgl. die jüngste Darstellung und Würdigung dieser Intervention von Y. H. *Ferguson*, The Dominican Intervention of 1965: Recent Interpretations, in: International Organization, Bd. 27, 1973, S. 517 - 548; zu ihrer Behandlung in den Vereinten Nationen siehe Y.U.N. 1965, S. 140 ff.

[87] Zu den Fakten dieser militärischen Schutzaktionen Belgiens siehe Y.U.N. 1960, S. 52 ff.

[88] Siehe die Ausführungen des belgischen Delegierten über die Ausschreitungen kongolesischer Truppen gegenüber den Belgiern und anderen Ausländern in: UN/SCOR 1960, 877th meeting, §§ 68 ff.

[89] Siehe UN/SCOR 1960, 873rd meeting, § 105, sowie die sowjetische Draft Resolution S/4402 in: UN/SCOR 1960, 877th meeting, § 176.

[90] "... We always defended strongly the principle that danger to life or property of foreign residents — even if it was real — cannot constitute any justification for military aggression from outside." (UN/SCOR 1960, 878th meeting, § 89).

[91] "...we fully understood the feelings expressed ... by the Belgian Minister for Foreign Affairs, which ... motivated the troops' intervention. But between understanding those feelings and considering them to be sufficient legal justification for that intervention, there is a dividing-line which we cannot, in all honesty and reason, cross." (UN/SCOR 1960, 878th meeting, § 4, sowie § 23).

1. Abschn.: Militärische Schutzmaßnahmen des Heimatstaats 57

Landsleute ausdrücklich für rechtlich unzulässig erklärten, hielten andererseits z. B. die Vertreter Argentiniens[92], Italiens[93], Großbritanniens[94] und Frankreichs[95] die belgischen Aktionen für gerechtfertigt. Bezeichnend für die Haltung einiger anderer Staaten ist die Erklärung des Vertreters von Ekuador, der zwar die tiefe Sorge Belgiens wegen des Verlusts von Menschenleben teilte, sich gleichzeitig aber auf den Grundsatz berief, „... that foreign troops should not be in a State's territory without the active consent of that State's Government"[96].

Angesichts dieser unterschiedlichen rechtlichen Bewertung der belgischen Schutzaktion in den Debatten kann es nicht verwundern, daß sich der Sicherheitsrat in seiner Entschließung vom 13. Juli 1960 lediglich darauf einigte, Belgien zum Abzug seiner Truppen aus dem Gebiet der Kongolesischen Republik aufzufordern[97]. Aus der vorsichtigen Formulierung dieser Resolution läßt sich zwar nicht ohne weiteres auf eine rechtliche Mißbilligung, jedenfalls aber auch nicht auf eine Rechtfertigung der belgischen Militäraktionen durch den Rat schließen.

Ähnlich zwiespältig war die Haltung der Staatenvertreter in den Debatten des Sicherheitsrats über die belgisch-amerikanische Befreiungsaktion im Kongo von 1964.

Außer den Delegierten der an dieser Aktion beteiligten Staaten Belgien, Vereinigte Staaten und Großbritannien[98] rechtfertigten auch die Vertreter Chinas[99], Boliviens[100] und Brasiliens[101] diesen Fallschirmjägereinsatz, wobei sie teilweise[102] allerdings ebenso wie die Repräsentanten der Vereinigten Staaten[103] und Nigerias[104] den eigentlichen Rechtfertigungsgrund für diese Aktion wohl in der Zustimmung der

---

[92] UN/SCOR 1960, 878th meeting, § 118: "... we are convinced that the protection of the life and honour of individuals is a sacred duty to which all other considerations must yield ... Any other State would have done the same."
[93] Siehe UN/SCOR 1960, 873rd meeting, §§ 120, 121; 879th meeting, § 12.
[94] Siehe UN/SCOR 1960, 873rd meeting, § 130.
[95] Der französische Delegierte berief sich u. a. auf „... un principe reconnu de droit international: l'intervention d'humanité" (!); UN/SCOR 1960, 873rd meeting, § 144; vgl. auch a.a.O., 879th meeting, § 55.
[96] UN/SCOR, 1960, 879th meeting, §§ 80, 81.
[97] Entschließung (S/4387); siehe deren Text in: Y.U.N. 1960, S. 97.
[98] Die britische Regierung gestattete im Rahmen dieser Kongo-Aktion die Stationierung der amerikanischen Transportmaschinen auf der britischen Insel Ascension; vgl. die Angaben bei *Franzke*, Militärische Abwehr, S. 166.
[99] Siehe UN/SCOR 1964, 1177th meeting, §§ 122, 123.
[100] Siehe UN/SCOR 1964, 1183rd meeting, § 71.
[101] Siehe UN/SCOR 1964, 1177th meeting, §§ 89, 91.
[102] So die Vertreter Chinas und Boliviens; siehe a.a.O.
[103] Siehe UN/SCOR 1964, 1174th meeting, § 57.
[104] Siehe UN/SCOR 1964, 1176th meeting, §§ 8, 11 - 13.

kongolesischen Regierung sahen. Deshalb sind diese Stimmen für die Beantwortung der hier interessierenden Frage, ob die Geiselbefreiung allein mit dem Schutz der eigenen Bürger im Ausland gerechtfertigt werden kann, wenn überhaupt, dann nur sehr bedingt beweiskräftig[105].

Nimmt man die Stimmen derjenigen Staatenvertreter hinzu, welche die humanitären Gründe der Rettungsaktion von Stanleyville nur als Vorwand betrachtet (so z. B. die Delegierten der UdSSR[106] und einiger afrikanischer und asiatischer Staaten[107]) oder diese Aktion ausdrücklich für völkerrechtswidrig erklärt haben (so z. B. die Vertreter Nigerias[108], der Vereinigten Arabischen Republik[109] und Ghanas[110]), so dürften die Ratsdebatten über die belgisch-amerikanische Aktion von 1964 im Kongo insgesamt jedenfalls nicht den Schluß zulassen, daß der Schutz der eigenen Staatsangehörigen im Ausland von den Staaten heute noch allgemein als Rechtfertigungsgrund für die militärische Aktion eines Staates auf fremdem Territorium betrachtet wird[111].

Eine solche Annahme läßt sich auch nicht aus der Resolution Nr. 199 (1964) des Sicherheitsrats vom 30. Dezember 1964 ableiten, wenn dort —wiederum unter Vermeidung einer ausdrücklichen Verurteilung der an der Aktion beteiligten Staaten — alle Staaten aufgefordert werden, „... to refrain or desist from intervening in the domestic affairs of the Congo"[112].

Zwar dürfen aus der Analyse dieser beiden Kongo-Aktionen von 1960 und 1964 keine zu weitreichenden Schlüsse gezogen werden; sie dürfte aber immerhin gezeigt haben, daß sich die Staaten in der rechtlichen Beurteilung der militärischen Schutzmaßnahmen des Heimatstaats heute jedenfalls nicht einig sind. Der Schutz der eigenen Bürger im Ausland kann aber wohl nur dann als Rechtfertigungsgrund gelten, wenn er in der Staatenpraxis ganz überwiegend anerkannt wird. Wie die Untersuchung erwiesen hat, kann davon jedenfalls nicht die Rede sein. Die Annahme, mit Rücksicht auf die Staatenpraxis müsse auch

---

[105] In diesem Sinne auch *Brownlie*, Thoughts, S. 144.

[106] Siehe UN/SCOR 1964, 1178th meeting, § 94.

[107] So z. B. der Delegierte von Congo Brazzaville (UN/SCOR 1964, 1170th meeting, §§ 91, 92).

[108] Siehe UN/SCOR 1964, 1176th meeting, § 17.

[109] Siehe UN/SCOR 1964, 1174th meeting, § 3.

[110] Siehe UN/SCOR 1964, 1170th meeting, § 131.

[111] Zum entgegengesetzten Ergebnis gelangt H. L. *Weisberg* (The Congo Crisis 1964: A Case Study in Humanitarian Intervention, Virginia Journal of Int. Law, Bd. 12, 1972, S. 274 ff.)in seiner Untersuchung der Kongo-Debatten von 1964. Seine Analyse leidet aber entscheidend darunter, daß er zwischen der sog. klassischen humanitären Intervention und den militärischen Schutzmaßnahmen des Heimatstaats nicht differenziert und damit nur wenig zur Klärung der hier interessierenden Frage beiträgt.

[112] Y.U.N. 1964, S. 100 f.

1. Abschn.: Militärische Schutzmaßnahmen des Heimatstaats

heute noch von der Zulässigkeit der Schutzmaßnahmen des Heimatstaats ausgegangen werden, ist nach allem also keineswegs zwingend[113].

Es soll hier nicht geleugnet werden, daß es einem Staat dann, wenn sich seine Bürger im Ausland in akuter Lebensgefahr befinden und anderweitige Hilfe etwa durch die Vereinten Nationen oder das IKRK nicht rechtzeitig erreichbar ist, nur schwer zuzumuten ist, sich einer militärischen Schutzaktion zu enthalten. Mit Rücksicht auf solche extremen Notsituationen erachtet es denn auch *Kewenig* für wünschenswert, daß ein Staat, der in einer Zwangssituation „aus dem System der Satzung ausbricht", „nicht in den Zustand völliger — rechtloser — Freiheit entlassen wird", sondern sichergestellt wird, „daß ein Netz ihn auffängt", und zwar „ein Netz von Regeln des Gewohnheitsrechts, die ihm auch dann nur ganz bestimmte Maßnahmen gestatten und andere verbieten"[114]. Dabei umschreibt er die Funktion des Gewohnheitsrechts in diesem Zusammenhang mit „second order legality"[115].

Wie die Untersuchung der beiden Kongo-Debatten gezeigt hat, dürfte eine Regel des Gewohnheitsrechts, die dem Heimatstaat im Notfall militärische Schutzmaßnahmen gestatten würde, in der heutigen Staatenpraxis zumindest nicht mehr allgemein als existent empfunden werden. Gegen die Einführung des Begriffs der „Rechtmäßigkeit zweiter Klasse", der in die Nähe des strafrechtlichen Terminus des „Schuldausschließungsgrundes" gerät[116], spricht, daß damit nicht nur einige Unsicherheit in die Völkerrechtsdogmatik hineingetragen, sondern auch die strikte Geltung des Gewaltverbots in einem Bereich unterlaufen würde[117], in dem die Gefahr des Rechtsmißbrauchs auf Grund der Erfahrungen in der Vergangenheit besonders ernst genommen werden muß[118]. Deshalb muß dem Versuch, den militärischen Schutzmaßnahmen des Heimatstaats heute eine „second order legality" zuzubilligen, entgegengetreten werden.

---

[113] So im Ergebnis wohl auch *Brownlie*, Thoughts, S. 143 ff. Anders insoweit *Kewenig* (S. 204 ff.), ohne die Praxis der Vereinten Nationen allerdings im einzelnen zu analysieren.
[114] *Kewenig*, S. 203.
[115] Diesen Begriff verwendet *Kewenig* (ebd.) in Anlehnung an *R. A. Falk*, The Beirut Raid and the International Law of Retaliation, AJIL, Bd. 63, 1969, S. 431.
[116] Eine Parallele läßt sich vielleicht zum „Notstand" im Sinne des § 54 StGB ziehen.
[117] Gerade dies will *Kewenig* (S. 205) aber eigentlich vermeiden.
[118] Zum Problem des Rechtsmißbrauchs siehe z. B. *Brownlie*, International Law, S. 301. Zahlreiche Beispiele für die mißbräuchliche Ausübung des militärischen Schutzrechts in der Staatenpraxis gibt *Franzke* (Schutzaktionen, S. 79 ff.), der jedoch mit Recht betont, daß der Mißbrauch eines Rechts allein noch nicht zu dessen Leugnung führen darf (Militärische Abwehr, S. 131 f.).

Da sich für die Schutzmaßnahmen des Heimatstaats zugunsten seiner im Ausland angegriffenen Bürger weder in der UN-Charta noch im allgemeinen Völkerrecht ein Rechtfertigungsgrund hat nachweisen lassen, müssen diese heute als unzulässig gelten, auch wenn in extremen Notsituationen ein militärisches Vorgehen des Heimatstaats gegen den Aufenthaltsstaat als ultimum remedium moralisch gerechtfertigt sein mag.

Ließen sich die Maßstäbe und die Terminologie des Strafrechts auf das Völkerrecht übertragen, so würde dem Heimatstaat, der aus einer anders nicht abwendbaren Zwangssituation heraus eine Schutzaktion unternimmt, unter Umständen ein Schuld- oder Strafausschließungsgrund zugebilligt werden. Solche Denkkategorien sind jedoch dem heutigen Völkerrecht fremd, wenngleich die Sicherheitsratsdebatten über die Kongo-Aktionen von 1960 und 1964 gezeigt haben, daß der in einer echten Notlage handelnde Heimatstaat heute zwar nicht mehr damit rechnen darf, daß seine militärische Schutzaktion von den Staaten übereinstimmend für völkerrechtsgemäß erklärt werden, daß er aber andererseits wegen einer solchen Aktion auch nicht unbedingt seine Verurteilung als Aggressor oder gar Sanktionen durch die Staatengemeinschaft zu befürchten braucht. Solange die Vereinten Nationen oder eine andere internationale Organisation nicht anstelle der Heimatstaaten deren Bürger im Ausland wirksam zu schützen vermögen, kann nicht damit gerechnet werden, daß solche Schutzaktionen aus der Staatenpraxis verschwinden; diese Erwartung künftigen Staatenverhaltens liefert aber noch keinen ausreichenden Grund zur völkerrechtlichen Sanktionierung solcher Schutzpraktiken[119].

Nach allem darf das überragende Interesse der Staatengemeinschaft an einer umfassenden Geltung des Gewaltverbots nicht geopfert werden, nur um ein satzungswidriges Staatenverhalten, welches derzeit durch andere humanitäre Schutzmechanismen noch nicht wirksam genug ersetzt werden kann, völkerrechtlich doch noch abzudecken.

*cc) Die Zustimmung der Regierung
des Aufenthaltsstaats als Rechtfertigungsgrund*

Die Frage der Zulässigkeit militärischer Schutzmaßnahmen des Heimatstaats interessiert im Rahmen dieser Arbeit nur in Fällen, in denen der Aufenthaltsstaat von einem internen bewaffneten Konflikt oder von inneren Unruhen heimgesucht wird. Die Frage, ob die Zustimmung der Regierung des Aufenthaltsstaats zu einer militärischen

---

[119] Eine Parallele zum Strafrecht zieht z. B. auch *Brownlie* (Thoughts, S. 146), der zu ähnlichen Schlußfolgerungen wie hier gelangt. Denselben Gedankengang verfolgt auch *T. M. Franck* (in: Lillich, Humanitarian Intervention, S. 89); ihm widerspricht allerdings *T. J. Farer*, Humanitarian Intervention. The View from Charlottesville, in: Lillich, S. 158 ff.

Schutzaktion des Heimatstaats diese zu rechtfertigen vermag, ist also auf dem Hintergrund des Kampfverhältnisses zwischen der etablierten Regierung und den Aufständischen zu sehen.

Da in der Literatur die Meinung im Vordringen ist, daß die militärische Intervention eines außenstehenden Staates sowohl zugunsten der Aufständischen als auch zugunsten der etablierten Regierung völkerrechtswidrig ist[120], kann die Zustimmung der Regierung des Aufenthaltsstaats nur insoweit als Rechtfertigungsgrund für eine militärische Aktion des Heimatstaats anerkannt werden, als diese Aktion sich streng auf den Schutz der eigenen Staatsangehörigen beschränkt und in keiner Weise die Regierung in ihrem Kampf gegen die Aufständischen militärisch unterstützt[121].

Diese Auffassung dürfte auch in der heutigen Staatenpraxis vorherrschen. Als Beweis dafür mag die Tatsache genügen, daß beispielsweise bei der Behandlung der belgisch-amerikanischen Kongo-Aktion von 1964 vor dem Sicherheitsrat die Zustimmung der kongolesischen Regierung von vielen Staaten — wie schon erwähnt — als der entscheidende Rechtfertigungsgrund für diese Aktion betrachtet wurde.

Als *Ergebnis* des 1. Abschnittes des 1. Kapitels kann demnach festgehalten werden, daß die militärischen Schutzmaßnahmen des Heimatstaats zugunsten seiner auf dem Territorium des Aufenthalts-(Konflikts-)Staats befindlichen Bürger heute nur noch dann völkerrechtlich zulässig sind, wenn die Regierung des Aufenthaltsstaats diesen Maßnahmen zustimmt.

2. Abschnitt: Die sog. klassische humanitäre Intervention

Mit der sog. klassischen humanitären Intervention sorgt ein Staat — im Gegensatz zu den militärischen Schutzmaßnahmen des Heimatstaats — nicht für den Schutz seiner eigenen Bürger vor den Angriffen eines fremden Staates, sondern für den Schutz fremder Bürger vor den Angriffen ihres eigenen Staates. Dieser Institution ist bis vor kurzem in der modernen Völkerrechtsliteratur nur wenig Beachtung geschenkt worden. Da sich in der jüngeren Staatenpraxis keine Beispielsfälle für die klassische humanitäre Intervention finden lassen, werden in der Literatur meist die wiederholten Militäraktionen einiger europäischer Staaten zum Schutze der christlichen Minderheiten in der

---
[120] Siehe z. B. *Schindler*, Principe, S. 91 ff.
[121] Im Ergebnis ebenso z. B. *J. Carey*, UN Protection of Civil and Political Rights, 1970, S. 22, Anm. 1, und *Brownlie*, Thoughts, S. 144, — jeweils in bezug auf die Kongo-Aktion von 1964.

II. 1. Kap.: Humanitäre Aktionen der Staaten

Türkeit aus dem 19. Jahrhundert als Beispiel für diese Institution zitiert[122].

Neuerdings hat nun der Krieg zwischen Indien und Pakistan vom 4. - 18. Dezember 1971, der sich an den pakistanischen Bürgerkrieg anschloß, vor allem in amerikanischen Gelehrtenkreisen die Diskussion über die Zulässigkeit der klassischen humanitären Intervention im heutigen Völkerrecht neu belebt[123].

Im Verlaufe des pakistanischen Bürgerkriegs hatte sich eine Flut von ostbengalischen Flüchtlingen nach Indien ergossen. Angesichts des schier unlösbaren Flüchtlingsproblems entschloß sich die indische Regierung zur militärischen Unterstützung der aufständischen Ostbengalen; mit dem Anwachsen dieser militärischen Hilfe kam es schließlich auch zur direkten Konfrontation zwischen indischen und pakistanischen Truppen. Einen Luftangriff der Pakistani erwiderten die Inder mit einem massiven Angriff auf dem Lande, der die pakistanischen Streitkräfte in Ostpakistan zur Kapitulation zwang[124].

Zwar hat die indische Regierung den Angriff ihrer Truppen auf Pakistan selbst gar nicht als humanitäre Intervention zu rechtfertigen versucht[125]; vielmehr hat die Internationale Juristenkommission nachträglich in einer Studie über die Ereignisse in Ostpakistan die These vertreten, daß „India could ... have justified the invasion on the grounds of humanitarian intervention, in view of the failure of the United Nations to deal with the massive violations of human rights in East Pakistan which were causing a continuing and intolerable refugee burden to India"[126].

Tatsächlich hat es in jüngster Vergangenheit einige Fälle gegeben (man denke außer an den pakistanischen Bürgerkrieg etwa auch an den biafranischen Befreiungskampf von 1968), in denen ganze Völkerstämme oder Bevölkerungsgruppen ausgerottet zu werden drohten, ohne daß ihnen die Vereinten Nationen oder die humanitären Organisationen ausreichend Schutz und Hilfe hätten bringen können. Angesichts solcher Situationen, die häufig gerade durch Bürgerkriege heraufbeschworen werden, ist es nur zu begreiflich, daß die obige These

---

[122] Vgl. z. B. *Berber*, I. Bd., S. 190, und *Verdross*, Völkerrecht, S. 562.

[123] Als Beispiel hierfür mag genügen, daß die humanitäre Intervention zum Thema einer Konferenz amerikanischer Völkerrechtsgelehrter in Charlottesville, Virginia, vom 11. - 12. 3. 1972 erhoben worden ist; vgl. den Konferenzbericht in: Lillich, Humanitarian Intervention, S. 3 - 135.

[124] Hinsichtlich der Fakten wird auf die Studie „The Events in East Pakistan, 1971" der *Internationalen Juristenkommission* von 1972, S. 24 ff., Bezug genommen.

[125] Indien hat den Einfall seiner Truppen in Pakistan mit dem Selbstverteidigungsrecht zu legitimieren versucht (siehe die Studie der IJK, S. 89).

[126] Ebd., S. 98.

der Internationalen Juristenkommission zahlreiche Befürworter gefunden hat[127]. Mit den Argumenten der jüngsten Verfechter der klassischen Intervention gilt es sich im folgenden auseinanderzusetzen. Dabei ist zunächst nach der Zulässigkeit dieser Institution im klasschen Völkerrecht zu fragen, da sich hieraus eventuell Rückschlüsse auf deren Vereinbarkeit mit dem heutigen Völkerrecht ziehen lassen.

I. Die Zulässigkeit der humanitären Intervention im klassischen Völkerrecht

1. Die Auffassung der Völkerrechtsliteratur

Da die klassische Völkerrechtsepoche kein Kriegsverbot kannte, kann es nicht wundernehmen, daß den Staaten damals in der Völkerrechtsliteratur überwiegend ein Recht zur humanitären Intervention zugestanden wurde[128].

2. Die Staatenpraxis

Trotz ihrer Befürwortung in der Literatur kann die klassische humanitäre Intervention in der klassischen Völkerrechtsepoche nur dann völkergewohnheitsrechtlichen Rang erlangt haben, wenn sich für die damalige Zeit eine entsprechende Staatenpraxis nachweisen läßt.

Eine Überprüfung der Staatenpraxis dieser Epoche ergibt, daß die Staaten ein Recht zur humanitären Intervention meist nur als Vorwand benützt oder als zusätzliche Rechtfertigung für militärische Aktionen in Anspruch genommen haben, die in Wirklichkeit ganz anderen politischen Zielen dienten. *Brownlie*[129] gelangt sogar zu dem Ergebnis, daß die Besetzung Syriens durch französische Truppen von 1860/61 zur Verhinderung weiterer Massaker an maronitischen Christen wohl das einzige echte Beispiel aus der älteren Staatenpraxis für die klassische humanitäre Intervention darstellt. Auch *Oppenheim/Lauter-*

---

[127] Siehe z. B. *Lillich*, Intervention to Protect Human Rights, Mc Gill Law Journal, Bd. 15, 1969, S. 205 ff., und *M. Reisman / M. S. Mc Dougal*, Humanitarian Intervention to Protect the Ibos, in: Lillich, Humanitarian Intervention, S. 167 ff.

[128] Siehe z. B. *A. Rougier*, La théorie de l'intervention d'humanité, Revue générale du droit international public, 1910, Bd. 17, S. 472; *P. B. Potter*, L'intervention en droit international moderne, Recueil des Cours, 1930-II, Bd. 32, S. 652; *M. E. C. Stowell*, La théorie et la pratique de l'intervention, Recueil des Cours, 1932-II, Bd. 40, S. 141; vgl. auch *H. Mosler*, Die Intervention im Völkerrecht, 1937, S. 63, und *Brownlie*, International Law, S. 338, mit weiteren Nachweisen. — Die frühen Befürworter der humanitären Intervention sind meist — ohne nähere Begründung — auch davon ausgegangen, daß die Staaten völkerrechtlich verpflichtet sind, die Grundsätze der Menschlichkeit auch gegenüber den eigenen Bürgern einzuhalten (siehe hierfür die eben zitierten Autoren).

[129] International Law, S. 339 f.

pacht[130], *Dahm*[131] und *Franck/Rodley*[132] würdigen die damalige Praxis in diesem Sinne. Ohne hier eigene Untersuchungen anstellen zu müssen, kann also davon ausgegangen werden, daß die Staaten in der damaligen Zeit humanitäre Interventionen allenfalls sporadisch praktiziert und es somit versäumt haben, diese Institution mit völkergewohnheitsrechtlichem Rang auszustatten[133].

II. Die Zulässigkeit der humanitären Intervention im modernen Völkerrecht

Zunächst wird zu fragen sein, ob die klassische humanitäre Intervention mit dem Gewaltverbot des Kellogg-Paktes und der UN-Charta zu vereinbaren ist; widrigenfalls ist zu prüfen, ob die humanitäre Intervention nach dem Recht der Charta oder nach heutigem Völkergewohnheitsrecht noch als gerechtfertigt gelten kann.

1. Die Vereinbarkeit der humanitären Intervention mit dem Gewaltverbot

Da die Staaten nach heute geltendem Völkerrecht zumindest zur Einhaltung des humanitären Mindeststandards gegenüber ihren eigenen Bürgern rechtlich verpflichtet sein dürften[134], können aus dem Interventionsverbot kaum Bedenken gegen die Zulässigkeit der klassischen humanitären Intervention hergeleitet werden[135]; die entscheidende Problematik liegt vielmehr in der Frage der Vereinbarkeit dieser Institution mit dem Gewaltverbot in Art. I des Kellogg-Paktes und in Art. 2 (4) der UN-Charta[136].

Wie schon bei der Untersuchung der militärischen Schutzmaßnahmen des Heimatstaats dargelegt worden ist, unterliegt die militärische Aktion eines Staates dann dem Gewaltverbot, wenn sie zu einer erheblichen faktischen Beeinträchtigung fremden Staatsgebietes führt; nach dieser strikten Auslegung des Art. 2 (4) UN-Charta ist damit auch die

---

[130] Bd. I, S. 313 („relative infrequency").
[131] Nach *Dahm* (Völkerrecht, Bd. I, S. 443) bilden humanitäre Interventionen Ausnahmefälle, die zudem noch meist zweifelhaft sind.
fälle, die zudem noch meist zweifelhaft sind.
[132] S. 277 ff.
[133] Siehe *Meyer-Lindenberg*, S. 88; ebenso im Ergebnis auch *Potter*, S. 653; *H. Lauterpacht*, International Law and Human Rights, S. 32 f. und *Brownlie*, International Law, S. 340 f.
[134] Näheres hierzu oben I. Teil, 1. Kap., 2. Abschnitt, II 2.
[135] Vgl. im einzelnen oben I. Teil, 1. Kap., 2. Abschnitt, II 3.
[136] Beide Gewaltverbotsnormen werden im folgenden gemeinsam behandelt.

humanitäre Intervention — trotz ihrer Zielrichtung — mit dem Gewaltverbot nicht vereinbar[137].

Demgegenüber verfechten die jüngsten Befürworter der humanitären Intervention eine sehr nachgiebige Auslegung des Gewaltverbots[138]. Da ihre Argumentation jedoch nicht neu und teilweise nur wenig substantiiert ist, besteht kaum Anlaß, sich mit ihr noch einmal im einzelnen auseinanderzusetzen[139]. Kritisch ist allerdings anzumerken, daß die amerikanischen Gelehrten ihre Rechtsargumente allzusehr an idealistischen Zielvorstellungen ausrichten und außer acht zu lassen scheinen, daß in großen Teilen der Völkerrechtsliteratur außerhalb der angloamerikanischen Sphäre und — was noch schwerer wiegt — auch in der Praxis der Vereinten Nationen eine deutliche Tendenz zur strikten Auslegung des Gewaltverbots besteht, weshalb die Frage der Zulässigkeit der humanitären Intervention heute meist nicht einmal mehr diskutiert wird[140].

Da die klassische humanitäre Intervention nach allem mit dem Gewaltverbot nicht zu vereinbaren ist, könnte sie heute nur dann noch als zulässig gelten, wenn sie unter eine der Ausnahmen vom Gewaltverbot fiele.

2. Die humanitäre Intervention als Ausnahmetatbestand zum Gewaltverbot

Da sich innerhalb der UN-Charta kein Rechtfertigungsgrund für die humanitäre Intervention eines Staates finden läßt, fragt es sich allenfalls, ob diese Institution im heutigen Völkergewohnheitsrecht als Ausnahmetatbestand zum Gewaltverbot anerkannt wird.

Eine solche Annahme verbietet sich aber schon deshalb, weil die humanitäre Intervention — nachdem sie schon in der klassischen Völkerrechtsepoche keine gewohnheitsrechtliche Anerkennung gefunden hatte — aus der modernen Staatenpraxis ganz verschwunden ist[141].

---

[137] So im Ergebnis sämtliche Vertreter einer strikten Auslegung des Gewaltverbots; vgl. statt vieler *Berber*, II. Bd., S. 234.

[138] Siehe stellvertretend für diese Auffassung *Reisman / Mc Dougal*, S. 177: "Since a humanitarian intervention seeks neither a territorial change nor a challenge to the political independence of the State involved and is not only not inconsistent with the most fundamental peremptory norms of the Charter, it is distortion to argue that it is precluded by Article 2 (4)."

[139] Vgl. statt dessen oben 1. Abschnitt, III 1. a) bb) dieses Kap.

[140] In dieselbe Richtung geht auch die Kritik *Brownlies* (Thoughts, S. 144 f.) gegenüber den Befürwortern der humanitären Intervention anläßlich der Konferenz von Charlottesville.

[141] Diese Feststellung treffen z. B. auch *Brownlie*, International Law, S. 340, und *Kewenig*, S. 206 f. — Die Tatsache des Nichtgebrauchs der humanitären Intervention in der heutigen Staatenpraxis als Argument gegen deren völkergewohnheitsrechtliche Geltung darf auch nicht dadurch überspielt werden, daß militärische Aktionen, die (ganz überwiegend) den

II. 1. Kap.: Humanitäre Aktionen der Staaten

Die These der Internationalen Juristenkommission, daß Indien sein militärisches Vorgehen gegen Pakistan von 1971 als humanitäre Intervention hätte rechtfertigen können, steht also im Widerspruch zur heutigen Staatenpraxis, in der diese Institution obsolet geworden ist. Diese rechtspolitisch begrüßenswerte Haltung der Staaten[142] könnte umschlagen, wenn den Staaten neuerdings von einem Teil der Völkerrechtslehre wieder die Berufung auf humanitäre Gründe zur Rechtfertigung militärischer Aktionen nahegelegt wird. Diesen Versuchen, welche die Gefahr einer weitgehenden Durchbrechung des Gewaltverbots in sich bergen, ist daher entschieden entgegenzutreten. Auch wenn die Beispiele von Biafra und Ostpakistan eindringlich gezeigt haben, welche Konsequenzen das Fehlen eines wirksamen internationalen Menschenrechtsschutzes für die Konfliktsopfer haben kann, ist daran festzuhalten, daß die klassische humanitäre Intervention nicht als Ausweg aus diesem Dilemma in Betracht kommen kann[143].

Gesamtergebnis des 1. Kapitels

Die bisherige Untersuchung hat ergeben, daß sowohl die militärischen Schutzmaßnahmen des Heimatstaats (sofern der Aufenthaltsstaat ihnen nicht zustimmt) als auch die klassische humanitäre Intervention heute völkerrechtlich nicht mehr zulässig sind.

Durch dieses völkerrechtliche Verbot jeglicher militärischer humanitärer Aktion eines Staates ist hinsichtlich des humanitären Schutzes für die Opfer nicht-internationaler Konflikte eine „Interventionslücke" entstanden, die anderweitig ausgefüllt werden muß. In den beiden folgenden Kapiteln wird daher zu prüfen sein, ob die Organe der Vereinten Nationen und (oder) das IKRK anstelle der Staaten einen ausreichenden Konfliktsopferschutz nach dem derzeit geltenden Völkerrecht gewährleisten können.

Rechtscharakter militärischer Schutzaktionen eines Heimatstaats tragen, der klassischen humanitären Intervention zugerechnet werden (so z. B. aber *Reisman / Mc Dougal*, S. 185 ff., hinsichtlich der Kongo-Aktion von 1964 und der Intervention in der Dominikanischen Republik von 1965); zwischen diesen beiden Insitutionen ist vielmehr auch weiterhin scharf zu unterscheiden.

[142] Daß auch gegen die humanitäre Intervention wegen der Gefahr ihrer rechtsmißbräuchlichen Ausübung gewichtige rechtspolitische Bedenken bestehen, bedarf angesichts der zahlreichen Beispiele hierfür aus der Vergangenheit (vgl. nur etwa die bei *Brownlie*, International Law, S. 339 f., angeführten Fälle) keiner weiteren Darlegung.

[143] So im Ergebnis auch die überwiegende Auffassung in der heutigen Literatur; siehe z. B. *Berber*, I. Bd., S. 190; *Dahm*, Völkerrecht, Bd. I, S. 199; *Seidl-Hohenveldern*, Völkerrecht, Rdnr. 1295; *Kewenig*, S. 206 f. — Anderer Auffassung sind (neben den schon zitierten jüngsten Stimmen) z. B. *Oppenheim / Lauterpacht*, Bd. I, S. 312; *E. Aroneanu*, La guerre internationale d'intervention pour cause d'humanité, Revue internationale de droit pénal, Bd. 19, 1948, S. 173 ff.; *Bowett*, Self-Defence, S. 95.

Zweites Kapitel

Die humanitären Aktionen der Organe der Vereinten Nationen

Bei der Frage, ob die Organe der Vereinten Nationen durch humanitäre Aktionen zur Gewährleistung des Mindeststandards für die Opfer nicht-internationaler Konflikte[1] beizutragen vermögen, lassen sich zwei Kategorien der humanitären Aktion unterscheiden: solche, die dem Konfliktsstaat militärisch aufgezwungen, und solche, die mit Zustimmung dieses Staates durchgeführt werden.

Zur ersten Kategorie zählen militärische Zwangsmaßnahmen, die auf Beschluß des Sicherheitsrats oder auf Initiative der Generalversammlung gegen einen Staat verhängt werden. Voraussetzung ist allerdings, daß solche Zwangsmaßnahmen überhaupt zur Gewährleistung des humanitären Mindeststandards ergriffen werden dürfen.

Der zweiten Kategorie sind etwa die friedenserhaltenden Aktionen von UN-Truppen, die Tätigkeit von Untersuchungskommissionen[2] und die humanitären Hilfsaktionen von UN-Organen zuzurechnen.

Ob und inwieweit diese verschiedenen Aktionstypen der Gewährleistung des Mindeststandards in nicht-internationalen Konflikten fruchtbar gemacht werden können, soll im folgenden geklärt werden.

---
[1] Die beiden Konfliktstypen des „internen bewaffneten Konflikts" und der „inneren Unruhen" können auch hier einheitlich untersucht werden.

[2] Auch die friedenserhaltenden Aktionen und die Tätigkeit von Untersuchungskommissionen interessieren hier nur, soweit sie der Durchsetzung des Mindeststandards dienstbar gemacht werden können. Die (humanitären) Aktivitäten von UN-Beobachtern, der Sonderbeauftragten des UN-Generalsekretärs (z. B. die humanitäre Mission der Sonderbeauftragten Gussing und Khan in Nigeria von 1968/1969; siehe Y.U.N. 1969, S. 152 f.) und des UN-Hochkommissars für Flüchtlinge (z. B. dessen Tätigkeit als „focal point" des gesamten UN-Hilfsprogramms anläßlich des pakistanischen Bürgerkriegs und des nachfolgenden indisch-pakistanischen Konflikts von 1971 sowie bei der Repatriierung der pakistanischen Flüchtlinge; vgl. hierzu *G. A. G. Gottlieb*, International Assistance to Civilian Populations in Armed Conflicts, in: New York University Journal of International Law & Politics, Bd. 4, 1971, S. 428 f., und *E. Gerwin*, Milliardenhilfe für Bangladesch, in: Vereinte Nationen, 21. Jg., 1973, S. 83 ff.) bedürften wegen der Modalitäten im Einzelfall einer jeweils gesonderten Untersuchung; sie können daher im Rahmen dieser Arbeit nicht behandelt werden. So viel sei hier aber bemerkt, daß auch die Betätigung dieser UN-Organe eine entsprechende Einigung zwischen den Vereinten Nationen und dem betreffenden Aufenthaltsstaat voraussetzt (vgl. hierzu Näheres bei *Carey*, S. 78 ff.).

II. 2. Kap.: Humanitäre Aktionen der Vereinten Nationen

1. Abschnitt: Humanitäre Aktionen in Form von militärischen Zwangsmaßnahmen gegen den Konfliktsstaat

Militärische Zwangsmaßnahmen können entweder auf Beschluß des UN-Sicherheitsrats gemäß Art. 39, 42 UN-Charta oder auf Initiative der UN-Generalversammlung nach der „Uniting for Peace"-Resolution gegen einen Staat verhängt werden[3]. Entscheidend wird dabei die Frage sein, ob diese beiden UN-Organe die Verletzung des humanitären Mindeststandards in nicht-internationalen Konflikten zum Anlaß für militärische Zwangsmaßnahmen gegen den betreffenden Konfliktsstaat nehmen können.

I. Die militärischen Zwangsmaßnahmen auf Beschluß des UN-Sicherheitsrats gemäß Art. 39, 42 UN-Charta

1. Die Verletzung des humanitären Mindeststandards als Weltfriedensbedrohung im Sinne des Art. 39 UN-Charta

Nach Art. 39 UN-Charta kann der Sicherheitsrat die Entsendung von Truppen in das Gebiet eines Staates erst dann beschließen, wenn er zuvor festgestellt hat, daß der betreffende Staat durch sein Verhalten einen „threat to the peace, breach of the peace, or act of aggression" heraufbeschworen hat. Die Nichteinhaltung des humanitären Mindeststandards durch die Organe des Aufenthaltsstaats[4] müßte also zumindest den Tatbestand einer „Bedrohung des Weltfriedens" erfüllen, damit der Sicherheitsrat nach Art. 42 UN-Charta Zwangsmaßnahmen gegen den Konfliktsstaat beschließen kann.

Da das kollektive Sicherheitssystem des VII. Kapitels der UN-Charta der Aufrechterhaltung oder Wiederherstellung des internationalen Friedens dient, bedarf es in jedem Falle des Nachweises, daß durch die Mißachtung der elementarsten Menschenrechte nicht nur der innere Frieden des Konfliktsstaats, sondern auch der Frieden in den Beziehungen der Staaten untereinander bedroht ist[5].

Daß zwischen der Wahrung der elementarsten Gebote der Menschlichkeit im nationalen Bereich jedes einzelnen Staates und der Aufrechterhaltung des Weltfriedens ein Zusammenhang besteht, geht schon

---

[3] Daß der UN-Generalsekretär keine unmittelbare Befugnis zur Ergreifung solcher Zwangsmaßnahmen hat, wird noch zu zeigen sein; siehe unten III dieses Abschnitts.

[4] Verletzungen des Mindeststandards sind dem Aufenthaltsstaat völkerrechtlich auch dann zuzurechnen, wenn sie nicht von Organen der etablierten Regierung, sondern von Angehörigen der oppositionellen Partei begangen werden.

[5] Zum Begriff des „international peace" siehe z. B. *Kelsen*, Law of the United Nations, S. 19.

aus Art. 55 UN-Charta hervor, wenn es dort heißt: "With a view to the creation of conditions of stability and well-being which are necessary for peaceful and friendly relations among nations ... the United Nations shall promote: ... c. universal respect for, and observance of, human rights and fundamental freedoms for all without distinction as to race, sex, language, or religion."

M. Benoit[6] sieht in Art. 55 UN-Charta sogar ein Bekenntnis der Satzungsgeber zu der Auffassung, daß die Beachtung der Menschenrechte eine conditio sine qua non für die Wahrung des Weltfriedens darstellt. Umgekehrt hat die Internationale Konferenz der Vereinten Nationen für Menschenrechte von Teheran im Jahre 1968 in ihrer XXII. Resolution über den Schutz der Menschenrechte in bewaffneten Konflikten festgestellt, „that peace is the underlying condition for the full observance of human rights and war is their negation"[7], demnach also den Frieden als Voraussetzung für die Einhaltung der Menschenrechte betrachtet.

Nach allem dürfte kaum zu leugnen sein, daß zwischen der Respektierung der grundlegenden Menschenrechte und dem internationalen Frieden insofern ein wechselseitiges Abhängigkeitsverhältnis besteht, als die friedliche Koexistenz der Staaten untereinander zumindest erschwert wird, wenn sich die Staaten schon im nationalen Bereich nicht an die Menschenrechtsgrundsätze halten[8].

Dennoch nehmen Menschenrechtsverletzungen, die auf das Territorium des Verletzerstaats begrenzt bleiben, nicht generell und automatisch, sondern nur dann den Charakter einer Weltfriedensbedrohung an, wenn sie im konkreten Fall nicht bloß eine potentielle, sondern eine ernste, unmittelbare Gefahr für den internationalen Frieden bedeuten[9].

Eine solche Gefahr dürfte von den einen internen (bewaffneten) Konflikt begleitenden Menschenrechtsverletzungen nur dann ausgehen, wenn sie durch ihr Ausmaß, ihre Intensität und die Gefahr ihrer Ausbreitung über die Grenzen des Konfliktsstaats hinaus auch die Belange anderer Staaten berühren. Nicht nur die unmittelbaren Nachbarstaaten, sondern auch andere am Schicksal der bedrohten Menschen interessierte Staaten — wie etwa die Heimatstaaten der dort befindlichen Auslän-

---

[6] Les nouvelles tendances du droit international médical, ADIM, Nr. 19, 1969, S. 44.

[7] Siehe den Text dieser Resolution in: International Protection of Human Rights, S. 115.

[8] So etwa auch C. *de Visscher*, Annuaire de l'Institut de Droit International, Session des Lausanne (1947), 41. Jg., 1947, S. 155; *Lauterpacht*, International Law and Human Rights, S. 186; *Verdross*, Idées directrices, S. 23; *H. Golsong*, Implementation of International Protection of Human Rights, Recueil des Cours, 1963-III, Bd. 110, S. 9; *Petzold*, S. 69.

[9] So etwa auch *Dahm*, Völkerrecht, Bd. I, S. 222.

der — könnten versucht sein, die Menschenrechtsverletzungen zum Anlaß für eine militärische Intervention gegen den Verletzerstaat zu nehmen: dies hätte zur Folge, daß sich der bis dahin begrenzte Konflikt zu einem internationalen Konflikt ausweitet und damit der internationale Friede unmittelbar und ernsthaft gefährdet würde[10]. Damit dürfte feststehen, daß die Verletzung des humanitären Mindeststandards im Gefolge eines nicht-internationalen Konflikts im Einzelfall als Weltfriedensbedrohung im Sinne des Art. 39 UN-Charta qualifiziert werden kann[11].

2. Die Handhabung der Art. 39, 42 UN-Charta in der Praxis des Sicherheitsrats

Die Feststellung einer Weltfriedensbedrohung obliegt dem Sicherheitsrat in Form einer Ermessensentscheidung, die viel Spielraum für politische Überlegungen läßt[12].

Ein Blick in die Praxis zeigt, daß der UN-Sicherheitsrat in den ersten 15 Jahren seit dem Inkrafttreten der UN-Charta nur zweimal, seit 1961 hingegen häufiger eine „Friedensbedrohung" oder eine „Friedensstörung" in seinen Entschließungen festgestellt hat, ohne daß der Begriff der „Friedensstörung" im VI. oder VII. Kapitel der Charta selbst auftaucht. Nur im Falle der Qualifizierung der Apartheid-Politik in Südafrika als „seriously disturbing international peace and security"[13] hat dem Sicherheitsrat allerdings eine „Friedensstörung" vorgelegen, die ihre Ursache in Menschenrechtsverletzungen gehabt hat[14].

Bisher hat der Sicherheitsrat jedoch noch in keinem einzigen Fall aus der Feststellung einer Friedensbedrohung oder Friedensstörung die Konsequenz gezogen, zur Aufrechterhaltung des Friedens militärische Zwangsmaßnahmen gemäß Art. 42 UN-Charta gegen einen Staat zu

---

[10] Ob ein interner bewaffneter Konflikt auch dann, wenn bei den Auseinandersetzungen die Regeln des humanitären Mindeststandards beachtet werden, wegen der ihm immanenten Neigung zur Internationalisierung den internationalen Frieden bedrohen kann, braucht hier nicht untersucht zu werden. Vgl. zu dieser Frage etwa *M. S. Rajan*, United Nations and Domestic Jurisdiction, 2. Aufl., 1961, S. 62.
[11] Im Ergebnis ebenso z. B. *Petzold*, S. 68 f.; *Schindler*, Gleichberechtigung, S. 138; *Seidl-Hohenveldern*, in: Compte Rendu de la Ve Session de la Commission Médico-Juridique (1966), ADIM, Nr. 15, 1966, S. 62; *G. I. A. D. Draper*, The Geneva Conventions of 1949, Recueil des Cours, 1965-I, Bd. 114, S. 99; *Kewenig*, S. 207; *Wengler*, Gewaltverbot, S. 22 f.
[12] Vgl. hierzu *L. M. Goodrich / E. Hambro / A. P. Simons*, The Charter of the United Nations, 3. Aufl., 1969, S. 293.
[13] Siehe die Resolutionen Nr. 181 (1963) vom 7. 8. 1963 und Nr. 191 (1964) vom 18. 6. 1964.
[14] Einen guten Überblick über die Praxis des Sicherheitsrats bei der Handhabung des Art. 39 UN-Charta gibt *W. Pfeifenberger*, Die Vereinten Nationen, 1971, S. 554 ff.; siehe auch *Goodrich / Hambro / Simons*, S. 295 ff.

beschließen[15]. Zwar haben die Vereinten Nationen schon einige Male Streitkräfte in Krisengebiete entsandt; in keinem dieser Fälle hat jedoch deren Einsatz auf einer Anwendung des VII. Kapitels der UN-Charta beruht. So geht die gemeinsame Militäraktion einiger Staaten in Korea zwischen 1950 und 1953 lediglich auf eine Empfehlung des Sicherheitsrats in der Resolution Nr. 83 (S/1511) vom 27. Juni 1950 zurück[16], die in Abwesenheit des sowjetischen Delegierten verabschiedet wurde[17], während der Einsatz von UN-Streitkräften anläßlich der Suez-Krise im Jahre 1956, im Kongo zwischen 1960 und 1964 und in Zypern von 1964 bis heute nicht in Form einer Zwangsmaßnahme gegen die betreffenden Konfliktsstaaten nach Art. 39, 42 UN-Charta angeordnet worden, sondern jeweils im Einvernehmen mit diesen Staaten erfolgt ist[18]. Nachdem nicht einmal diese gravierenden militärischen Konflikte den Sicherheitsrat veranlaßt haben, militärische Zwangsmaßnahmen gegen die betreffenden Staaten zu beschließen, kann es nicht weiter verwundern, daß der Sicherheitsrat bisher auch noch nie wegen einer Verletzung des humanitären Mindeststandards eine militärische Aktion nach Art. 42 UN-Charta gegen einen Staat eingeleitet hat.

3. Die Ursachen für den Nichtgebrauch militärischer Zwangsmaßnahmen in der Praxis des Sicherheitsrats

Die Ursachen dafür, daß der Sicherheitsrat in seiner bisherigen Praxis keinen Gebrauch von seinem Recht gemacht hat, nach Art. 42 UN-Charta militärische Zwangsmaßnahmen gegen einen den Weltfrieden bedrohenden Staat zu beschließen, liegen vor allem darin, daß die im Sicherheitsrat ständig vertretenen Weltmächte, also die UdSSR, die Vereinigten Staaten und neuerdings auch die Volksrepublik China, in diesem Gremium ihre politischen Machtkämpfe ausfechten und dabei durch die Ausübung ihres Veto-Rechts jede ihnen politisch unliebsame Ratsentscheidung blockieren[19]. Durch den häufigen Gebrauch des Veto-

---

[15] Selbst nichtmilitärische Zwangsmaßnahmen nach Art. 41 UN-Charta hat der Sicherheitsrat bisher nur in zwei Fällen beschlossen, während er sich ansonsten auf entsprechende Sanktionsempfehlungen beschränkt hat; siehe hierzu die Nachweise bei *Pfeifenberger*, S. 557 f.

[16] Soweit der Sicherheitsrat für diese Aktion überhaupt verantwortlich gewesen ist; siehe unten II 1. dieses Abschnitts.

[17] Vgl. zur Frage der Rechtsgrundlage der Korea-Aktion auch *A. Emilianides*, United Nations Forces Function in International Conflicts and Civil Strifes, in: Mélanges Marcel Bridel, 1968, S. 151 f., 154; *Seidl-Hohenveldern*, Völkerrecht, Rdnr. 1300; *Goodrich / Hambro / Simons*, S. 315. Zur Gesamtproblematik der Militäraktion im Koreakrieg siehe *Taekhoan Kim*, Die Vereinten Nationen und ihre kollektiven Sicherheitsmaßnahmen, 1968.

[18] Näheres zu diesem Aktionstyp siehe unten 2. Abschnitt, I dieses Kap.

[19] Wie *Pfeifenberger* (S. 552 ff.) nachgewiesen hat, sind schon allein zwischen 1961 und 1970 im Sicherheitsrat 16 Vetos bei der Behandlung von Sicherheitsfragen eingelegt worden.

Rechts als politische Waffe ist der Sicherheitsrat in seiner Beschluß- und Handlungsfähigkeit bisher weitgehend paralysiert gewesen; gleichzeitig ist damit auch das kollektive Sicherheitssystem des VII. Kapitels der UN-Charta bis heute nur wenig wirksam geworden.

Ob der Sicherheitsrat der ihm im VII. Kapitel der Charta zugedachten Friedenssicherungsfunktion in Zukunft eher gerecht werden kann, muß zumindest bezweifelt werden. Die in den letzten Jahren sichtbar gewordene Neigung des Rates, Krisensituationen zwar häufig als friedensbedrohend oder — praeter legem — als friedensstörend zu qualifizieren, ohne daraus aber jemals die scharfe Konsequenz einer Anwendung des Art. 42 UN-Charta zu ziehen, gibt wenig Anlaß zu der Hoffnung, daß das kollektive Sicherheitssystem des VII. Kapitels in Zukunft wieder funktionsfähiger wird; es besteht wohl im Gegenteil die Gefahr, daß der Sicherheitsrat an politischem Respekt und Ansehen eher noch verlieren wird, wenn er Staaten weiterhin nur einer Friedens*störung* bezichtigt und sich damit freiwillig seiner Sanktionsbefugnis gemäß Art. 39 ff. UN-Charta begibt[20].

Andererseits könnte sich die zwischen der UdSSR und den Vereinigten Staaten angebahnte Entspannung unter Umständen positiv auf die Handlungsfähigkeit des Sicherheitsrats auswirken. Auch die Tatsache, daß die etablierten Staaten einschließlich der Großmächte schon heute den Sicherheitsrat der Generalversammlung als Gremium für die Behandlung von Fragen der internationalen Sicherheit vorziehen, weil in der Versammlung die Mehrheitsverhältnisse durch die Präsenz sehr vieler kleiner Staaten insbesondere der Dritten Welt heute unsicher geworden sind[21], läßt für die Zukunft vielleicht eine vermehrte Kompromißbereitschaft und einen stärkeren Einigungswillen der Ratsmitglieder erhoffen.

Dennoch ergibt sich für die hier interessierende Frage, ob der Sicherheitsrat durch militärische Zwangsmaßnahmen nach Art. 39, 42 UN-Charta zur Gewährleistung des Mindeststandards in nicht-internationalen Konflikten beizutragen vermag, insgesamt kein sehr günstiges Bild: Es erscheint nämlich derzeit wenig wahrscheinlich, daß sich das meist durch ein Veto blockierte kollektive Sicherheitssystem des VII. Kapitels der Charta künftig ausgerechnet in der Frage der Durchsetzung elementarer Menschenrechte in Bürgerkriegen oder inneren Unruhen bewähren wird. Es drängt sich daher die Frage auf, ob nicht anstelle des Sicherheitsrats ein anderes UN-Organ zu diesem Zwecke militärische Zwangsmaßnahmen veranlassen könnte.

---
[20] Hierauf weist auch *Pfeifenberger* (S. 556) hin.
[21] Vgl. z. B. *F. Münch*, Tätigkeit der Vereinten Nationen in völkerrechtlichen Fragen, ArchVR, 15. Bd., 1971/1972, S. 426 f. — Auch *Pfeifenberger* (S. 548 ff.) zeichnet von der gegenwärtigen Verfassung der Generalversammlung insgesamt ein düsteres Bild.

II. Militärische Zwangsmaßnahmen auf Grund der „Uniting for Peace"-Resolution der UN-Generalversammlung

1. Die Korea-Aktion

Schon zu Beginn des Korea-Krieges, im August 1950, wurde die anfängliche Initiative des UN-Sicherheitsrats durch ein sowjetisches Veto gestoppt und weitere Schritte des Rats blockiert. Diese Handlungsunfähigkeit des Sicherheitsrats hat die Generalversammlung veranlaßt, selbst initiativ zu werden. Am 3. November 1950 nahm sie die sog. „Uniting for Peace"-Resolution Nr. 377 (V) an, in deren Teil A folgendes bestimmt ist: „.... if the Security Council, because of lack of unanimity of the permanent members, fails to exercise its primary responsibility for the maintenance of international peace and security in any case where there appears to be a threat to the peace, breach of the peace, or act of aggression, the General Assembly shall consider the matter immediately with a view to making appropriate recommendations to Members for collective measures, including in the case of a breach of the peace or act of aggression the use of armed forces when necessary, to maintain or restore international peace and security[22]."

Nachdem sich die Generalversammlung schon in ihrer Resolution vom 7. Oktober 1950 die Empfehlung des Sicherheitsrats an die UN-Mitglieder zum Beistand für Südkorea zu eigen gemacht hatte, dürfte die Uniting for Peace-Resolution in Verbindung mit Art. 10 und 11 der UN-Charta die eigentliche Rechtsgrundlage für die damalige Militäraktion gewesen sein[23].

2. Die Uniting for Peace-Resolution als Rechtfertigungsgrund für militärische humanitäre Aktionen

Es erscheint in mehrfacher Hinsicht zweifelhaft, ob die Uniting for Peace-Resolution als Rechtsgrundlage für eine militärische Aktion zur Gewährleistung des humanitären Mindeststandards herangezogen werden kann.

Ob einer Resolution der Generalversammlung, in der den UN-Mitgliedstaaten zum Zwecke der Aufrechterhaltung des internationalen Friedens die Anwendung von Waffengewalt (ohne bindende Wirkung) empfohlen wird, die Bedeutung eines selbständigen, konstitutiven Rechtfertigungsgrundes beigemessen werden kann oder ob die Generalversammlung mittels dieser Resolution nur die ohnehin zulässigen

---

[22] Siehe den Text der Uniting for Peace-Resolution bei *Kelsen*, Law of the United Nations, S. 953 ff. (954).
[23] Siehe z. B. *Emilianides*, S. 154, und *Ali L. Karaosmanoglu*, Les actions militaires coercitives et non coercitives des Nations Unies, 1970, S. 44 ff.

Maßnahmen der individuellen oder kollektiven Selbstverteidigung empfehlen kann und damit keine rechtliche, sondern lediglich eine politische Entscheidung trifft, ist schon sehr fraglich[24].

Hinzu kommt, daß die Generalversammlung seit dem Korea-Krieg in keinem einzigen Fall mehr den Mitgliedstaaten unter Berufung auf „Uniting for Peace" die Anwendung militärischer Gewalt empfohlen hat[25]. Der hauptsächliche Grund hierfür dürfte wohl darin liegen, daß sich sowohl die Ostblockstaaten als auch die Westmächte — wie schon angedeutet — angesichts der Überflutung der Generalversammlung durch kleine Staaten des afro-asiatischen Raumes mehr und mehr scheuen, die Versammlung mit Sicherheitsfragen zu befassen[26].

Was die Generalversammlung aber in Zukunft wohl entscheidend hindern wird, auf Grund der Uniting for Peace-Resolution zum Zwecke der Sicherung der elementaren Menschenrechte in nicht-internationalen Konflikten initiativ zu werden, ist der rechtliche Umstand, daß nach dem Wortlaut ihrer Entschließung von 1950 ein Fall des „act of aggression" oder des „breach of the peace" vorliegen muß, damit sie den Mitgliedstaaten die Anwendung *militärischer* Gewalt empfehlen kann. Solange die Verletzung des humanitären Mindeststandards nicht ausnahmsweise einmal mit grenzüberschreitenden militärischen Gewaltaktionen verbunden ist, wird sie allenfalls den Tatbestand der Friedensbedrohung, nie aber den des Friedensbruches oder gar der Aggression erfüllen[27].

Somit steht fest, daß die UN-Generalversammlung auf Grund der Uniting for Peace-Resolution den UN-Mitgliedstaaten keine militärischen Aktionen zur Durchsetzung des humanitären Mindeststandards in nicht-internationalen Konflikten zu empfehlen vermag.

III. Das Initiativrecht des UN-Generalsekretärs

Nach Art. 99 UN-Charta hat der Generalsekretär lediglich das Recht, den Sicherheitsrat einzuberufen, wenn er den Weltfrieden für gefährdet hält. Hieraus ergibt sich, daß der Generalsekretär selbst keine

---

[24] Im letzteren Sinne etwa *Bothe*, Gewaltverbot, S. 22; *Dahm*, Völkerrecht, Bd. II, S. 403; *Berber*, II. Bd., S. 57. — Eingehend erörtert hat diese Frage *Kewenig* (S. 194 ff.), der im Ergebnis ebenfalls im Sicherheitsrat das einzige UN-Organ sieht, „das eine Unbedenklichkeitsbescheinigung mit eigener völkerrechtlicher Relevanz für den Einsatz bewaffneter Gewalt ausstellen kann" (S. 198).
[25] Zu diesem Ergebnis kommen auch *Higgins*, S. 227 f., und *Kewenig*, S. 197 ff.
[26] So z. B. auch *Pfeifenberger*, S. 548 ff.
[27] Vgl. zum Begriff des „breach of the peace" und „act of aggression" etwa *Goodrich / Hambro / Simons*, S. 297 ff.

Machtbefugnisse hat, um militärische Zwangsmaßnahmen gegen einen Staat zu verhängen. Soweit dieser bisher in Fragen der internationalen Sicherheit aktiv geworden ist, wurde er hierzu entweder vom Sicherheitsrat[28] oder von der Generalversammlung[29] ermächtigt. Da diese Organe — wie gezeigt — jedoch selbst derzeit nicht imstande bzw. schon rechtlich gar nicht befugt sind, zur Gewährleistung des humanitären Mindeststandards in nicht-internationalen Konflikten militärische Zwangsmaßnahmen gegen den Konfliktstaat zu beschließen, dürften sie auch kaum einmal dem Generalsekretär entsprechende Kompetenzen einräumen.

2. Abschnitt: Humanitäre Aktionen mit Zustimmung des Konfliktsstaats

I. Die friedenserhaltenden Aktionen von Streitkräften der Vereinten Nationen

Wie schon weiter oben angedeutet, sind sowohl in internationalen als auch in nicht-internationalen Konfliktssituationen schon mehrfach Streitkräfte der Vereinten Nationen zum Zwecke der Friedenssicherung in die betreffenden Krisengebiete entsandt worden: die UNEF (I) anläßlich der Suez-Krise von 1956, die ONUC während der Unruhen im Kongo in den Jahren 1960 bis 1964, die UNFICYP nach Ausbruch der Kämpfe zwischen den griechischen und türkischen Bevölkerungsteilen auf Zypern seit 1964 und zuletzt die UNEF (II) nach dem Waffenstillstand im letzten Nahost-Krieg vom Herbst 1973. Dieser Einsatz von UN-Truppen hat in sämtlichen Fällen seine Rechtsgrundlage in der Zustimmung der jeweiligen Konfliktstaaten gefunden[30].

Für die Zwecke dieser Untersuchung interessiert hier nur die Frage, ob die UN-Streitkräfte im Rahmen ihres Friedenssicherungsauftrags

---

[28] In seiner Resolution Nr. 169 (S/5002) vom 24. 11. 1961 ermächtigte der Rat den Generalsekretär, militärische Aktionen im Kongo einzuleiten; vgl. hierzu im einzelnen *Karaosmanoglu* (S. 72 ff.) und *Pfeifenberger* (S. 560), der noch weitere Fälle einer solchen Ermächtigung des Generalsekretärs nachweist (S. 563 ff.).

[29] In ihrer Resolution Nr. 1752 (XVII) vom 21. 9. 1962 autorisierte die Versammlung den Generalsekretär, zur Aufrechterhaltung des Friedens in West-Irian eine internationale Streitmacht einzusetzen (Nachweise wiederum bei *Pfeifenberger*, S. 561 f., und *Karaosmanoglu*, S. 88 ff.).

[30] Zumindest für die erste Phase des Kongo-Konflikts gilt dies auch für die ONUC (siehe *Bothe*, Streitkräfte internationaler Organisationen, Beiträge zum ausl. öffentl. Recht und Völkerrecht, Bd. 47, 1968, S. 119 f.). — Zum Problem der Rechtsgrundlagen für den Einsatz von UN-Friedenstruppen vgl. neben *Bothe* (ebd., S. 105 ff.) z. B. auch *Seidl-Hohenveldern*, Völkerrecht, Rdnr. 1262, 1300, 1301; *Higgins*, S. 228 ff.; *Goodrich / Hambro / Simons*, S. 316.

in irgendeiner Form auch zur Gewährleistung des humanitären Mindeststandards beitragen können[31].

Da die UN-Friedenstruppen ihre Aktionsbefugnisse ausschließlich aus der jeweiligen vertraglichen Vereinbarung zwischen dem betreffenden Aufenthaltsstaat und den Vereinten Nationen beziehen, bestehen keine rechtlichen Bedenken, wenn den UN-Truppen im Rahmen einer solchen Vereinbarung auch humanitäre Aufgaben zugewiesen werden.

Internationale humanitäre Organisationen, wie etwa das IKRK, dürften allerdings auf Grund ihres apolitischen, rein humanitären Charakters die Konfliktsparteien eher für eine humanitäre Aktion gewinnen können als die UN-Truppen. Diese werden sich daher in aller Regel auf solche humanitäre Aktionen beschränken, die in engem sachlichem Zusammenhang mit ihren Friedenssicherungsaufgaben stehen[32].

Zur Lösung humanitärer Probleme in Konfliktssituationen können die UN-Friedenstruppen unter Umständen auch dadurch beitragen, daß sie mit einer internationalen humanitären Organisation zusammenarbeiten. Die Zusammenarbeit zwischen den UN-Truppen und dem IKRK nach dem Waffenstillstand im letzten Nahost-Krieg von 1973 mag hierfür als Beispiel stehen.

Der vom Sicherheitsrat mit der Resolution Nr. 340 (1973) vom 25. Oktober 1973 eingesetzten Friedenstruppe UNEF (II) ist in dem — vom Sicherheitsrat gebilligten — Bericht des Generalsekretärs vom 27. Oktober 1973 neben ihrer Hauptaufgabe, die Einhaltung des Waffenstillstands und die Truppenentflechtung zu überwachen, auch der Auftrag erteilt worden, (to) „cooperate with the International Committee of the Red Cross in its humanitarian endeavours in the area"[33]. Unter der gemeinsamen Aufsicht der UNEF (II) und des IKRK ist dann auch tatsächlich die auf dem Ostufer des Suez-Kanals von israelischen Truppen eingeschlossene ägyptische Armee mit Medikamenten und Lebensmitteln versorgt worden[34].

---

[31] Zu den zahlreichen anderen Rechtsfragen des Einsatzes von UN-Friedenssicherungsstreitkräften vgl. z. B. *Bothe*, Streitkräfte, S. 105 ff.

[32] Zu denken ist etwa an die Überwachung des Austausches von Gefangenen durch UN-Truppen (siehe das „Protocol of agreement between Katanga authorities and ONUC subsequent to the ceasefire" vom 13. 10. 1961 [S/4940/Add. 11, Annex I]).

[33] Report of the Secretary-General on the Implementation of Security Council resolution 340 (1973), Ziff. 2 (b) (S/11052/Rev. 1).

[34] Siehe den Progress Report of the Secretary-General on the United Nations Emergency Force, Ziff. 18, 19, 20 (S/11056, 28 October 1973).

2. Abschn.: Humanitäre Aktionen mit Zustimmung des Konfliktsstaats

Entsprechende gemeinsame Aktionen zwischen UN-Friedenstruppen und dem IKRK sind grundsätzlich auch in nicht-internationalen Konfliktssituationen denkbar[35].

II. Die Tätigkeit von UN-Untersuchungskommissionen in Fällen der Verletzung des humanitären Mindeststandards

Da sich die vorliegende Untersuchung — wie schon eingangs betont[36] — auf humanitäre Aktionen „sur place" beschränkt, interessiert auch die Tätigkeit von UN-Untersuchungskommissionen nur insoweit, als sie der Aufklärung von Verletzungen des humanitären Mindeststandards an Ort und Stelle dient. Die Frage ist, ob irgendein Organ der Vereinten Nationen über eine Kompetenz zur Entsendung solcher Kommissionen unmittelbar in das betreffende Konfliktsgebiet verfügt und welche Bedeutung hierbei der Zustimmung des Konfliktsstaats zukommt.

1. Die Kompetenzen des UN-Sicherheitsrats

Sucht man in der UN-Charta nach einer Rechtsgrundlage für die Entsendung von Untersuchungskommissionen oder Beobachtern „sur place" zum Zwecke der Aufklärung angeblicher Verletzungen des humanitären Mindeststandards, so ist allenfalls Art. 34 UN-Charta einschlägig.

Prüft man die Voraussetzungen dieser Bestimmung, so läßt sich folgendes feststellen:

Da die Verletzung des humanitären Mindeststandards unter bestimmten Voraussetzungen einen „threat to the peace" gemäß Art. 39 UN-Charta darstellen kann, dürfte es auch kaum zweifelhaft sein, daß die Nichteinhaltung des Mindeststandards im Einzelfall auch den minderen Grad einer „situation ... likely to endanger the maintenance of international peace and security" im Sinne des Art. 34 UN-Charta erreichen kann.

Nach dem Wortlaut des Art. 34 beschränkt sich die Untersuchungsbefugnis des UN-Sicherheitsrats ihrem Zwecke nach darauf, durch die Ermittlung der Fakten Klarheit darüber zu gewinnen, ob einer bestimmten Krisensituation der Charakter einer potentiellen Friedensgefährdung zukommt und welche weiteren Maßnahmen gegebenenfalls einzuleiten sind.

---

[35] Die grundsätzliche Problematik einer Zusammenarbeit zwischen UN-Truppen und dem IKRK wird noch weiter unten (III. Teil, 2. Kap., 2. Abschnitt, I) aufzuzeigen sein.
[36] Siehe oben I. Teil, 1. Kap., 1. Abschnitt, I.

Darüber hinaus wird jedoch dem Sicherheitsrat auf Grund seiner „general powers" oder „primary responsibility" über den begrenzten Zweck des Art. 34 hinaus allgemein ein Untersuchungsrecht zugebilligt[37]. So kann der Sicherheitsrat etwa gemäß Art. 29 UN-Charta ein „subsidiary organ" schaffen und diesem fact finding-Aufgaben übertragen.

Die UdSSR hat jedoch seit jeher die Auffassung vertreten, daß nicht nur die Einsetzung einer Untersuchungskommission nach Art. 34, sondern auch die eines Hilfsorgans zu fact-finding-Zwecken nach Art. 29 auf einer Entschließung basiert, die keine verfahrensrechtliche Angelegenheit im Sinne des Art. 27 (2) UN-Charta betrifft, sondern dem Abstimmungsmodus des Art. 27 (3) UN-Charta unterliegt und somit jederzeit durch ein Veto blockiert werden kann[38].

Darüber hinaus beharrt die UdSSR auf dem Standpunkt, daß jegliche Initiative des Sicherheitsrats zur Einleitung einer Untersuchungsaktion — ebenso wie jeder anderen Aktion im Rahmen des VI. Kapitels der UN-Charta — nicht den Charakter einer verbindlichen „decision", sondern einer bloßen „recommendation" hat, mit der Folge, daß die UN-Mitgliedstaaten nicht nach Art. 25 UN-Charta verpflichtet sind, eine solche Untersuchungsaktion auf ihrem Territorium zu akzeptieren[39].

Obwohl insbesondere die Vereinigten Staaten den gegenteiligen Standpunkt vertreten[40], dem auch in der Literatur teilweise der Vorzug gegeben wird[41], kann jedenfalls in der Praxis an der Haltung der mit einem Vetorecht begabten UdSSR in dieser Frage nicht vorbeigegangen werden. Ist demnach davon auszugehen, daß der Entschließung des Sicherheitsrats über die Einsetzung einer Untersuchungskommission lediglich die Wirkung einer unverbindlichen Empfehlung an den Staat zukommt, der Anlaß für eine Untersuchungsaktion gibt, so dürfte damit schon feststehen, daß der Sicherheitsrat dann, wenn sich der betreffende Staat dieser Empfehlung verschließt, seine Untersuchungen gegen den Willen dieses Staates jedenfalls nicht auf dessen Territorium erstrecken kann[42].

---

[37] Siehe hierzu im einzelnen *Goodrich / Simons*, The United Nations and the Maintenance of International Peace and Security, 1955, S. 178, und *Goodrich / Hambro / Simons*, S. 204 f., 267.
[38] Nachweise für diese Haltung der UdSSR in der Praxis siehe bei *Goodrich / Simons*, S. 179.
[39] Dieselbe Auffassung wie die UdSSR haben auch Polen, Jugoslawien, Albanien und Bulgarien anläßlich des griechischen Grenzkonflikts von 1946 vertreten; siehe hierzu die Nachweise bei *P. Manin*, L'Organisation des Nations Unies et le maintien de la paix, 1971, S. 53, Anm. 92.
[40] Siehe wiederum die Nachweise bei *Manin*, S. 54.
[41] Siehe z. B. *E. L. Kerley*, The Powers of Investigation of the United Nations Security Council, AJIL, Bd. 55, 1961, S. 894 ff., und *Manin*, S. 55 ff.
[42] Zu diesem Ergebnis kommt etwa auch *Karaosmanoglu*, S. 254.

2. Abschn.: Humanitäre Aktionen mit Zustimmung des Konfliktsstaats

Dementsprechend setzen die Staaten der Aufforderung des Sicherheitsrats, einer Untersuchungskommission die Einreise in ihr Gebiet zu gestatten, häufig den Einwand entgegen, die Tätigkeit einer solchen Kommission auf ihrem Territorium stelle eine unzulässige Einmischung in ihre inneren Angelegenheiten gemäß Art. 2 (7) UN-Charta dar[43]. Zwar greift dieser Einwand — wie schon dargelegt[44] — rechtlich nicht durch, soweit schwere Verletzungen der elementarsten Menschenrechte, d. h. des humanitären Mindeststandards, zu einer Untersuchung sur place Anlaß geben. Dennoch darf das faktische Gewicht einer Ablehnung der Empfehlung des Sicherheitsrats durch den betreffenden Staat in der Praxis nicht außer acht gelassen werden: Wollte der Sicherheitsrat diesem Staat ungeachtet seines Einwands eine Untersuchungskommission aufzwingen, so hätte er nur die Möglichkeit, in der Weigerung des Staates, sich einer Untersuchungsaktion zu beugen, eine Weltfriedensbedrohung zu erblicken und den Staat mit militärischen Zwangsmaßnahmen nach dem VII. Kapitel der UN-Charta gefügig zu machen[45]. Zu einem solchen Schritt hat sich der Sicherheitsrat aber in seiner bisherigen Praxis noch nie entschlossen.

Die Ausstattung der Untersuchungsbefugnis des Sicherheitsrats mit bloßer Empfehlungswirkung hat denn auch in der Praxis dazu geführt, daß der Sicherheitsrat bisher noch in keinem einzigen Fall eine Untersuchungsaktion sur place ohne die Zustimmung des betreffenden Staates durchgeführt hat[46].

Fragt man nach allem, ob die dem Sicherheitsrat nach Art. 34 UN-Charta bzw. auf Grund seiner „general-powers" zuerkannte Untersuchungsbefugnis für die Gewährleistung des humanitären Mindeststandards in nicht-internationalen Konflikten fruchtbar gemacht werden kann, so läßt sich folgendes feststellen: Der Sicherheitsrat vermag sein Untersuchungsrecht nicht gegen den Willen des Staates durchzusetzen, dem eine Verletzung des Mindeststandards zur Last gelegt wird; jede Tätigkeit einer Untersuchungskommission sur place bedarf daher jedenfalls in der Praxis der Zustimmung des „Verletzer-Staats". Als weiteres Hindernis kommt noch hinzu, daß schon die Entschließung des Sicherheitsrats über eine solche Untersuchung jederzeit durch das Veto eines ständigen Ratsmitglieds verhindert werden kann.

---

[43] Vgl. zum Nachweis hierfür *Goodrich / Simons*, S. 188.
[44] Siehe oben I. Teil, 1. Kap., 2. Abschnitt, II 3.
[45] Hierauf verweist z. B. auch *Kerley*, S. 902 f.
[46] Im Einvernehmen mit den beteiligten Staaten haben nur anläßlich des griechischen Grenzkonflikts von 1946 und des Streits zwischen Indien und Pakistan im Jahre 1948 vom Sicherheitsrat initiierte Untersuchungsaktionen sur place stattgefunden; vgl. wiederum *Goodrich / Simons*, S. 177, 187, mit Nachweisen.

2. Die Kompetenzen der UN-Generalversammlung

Außer dem Sicherheitsrat ist auch die Generalversammlung auf Grund ihrer Kompetenzen aus Art. 10, 11 und 12 UN-Charta grundsätzlich befugt, die Initiative zur Entsendung einer Untersuchungskommission sur place zu ergreifen.

Einen Ansatz für eine solche Initiative bildet die Resolution Nr. 111 (II) vom 13. November 1947[47], in der die Generalversammlung die Schaffung eines Interim Committee beschloß, das befugt sein sollte, mit 2/3-Mehrheit eine Untersuchungskommission einzusetzen, die — sofern der betreffende Staat zustimmte — auch Untersuchungen sur place durchführen sollte.

In diesem Zusammenhang ist auch die Uniting for Peace-Resolution, Teil B (3), zu erwähnen, mit der die Generalversammlung eine Peace Observation Commission schuf, die überall dort tätig werden sollte, „where there exists international tension the continuance of which is likely to endanger the maintenance of international peace and security". Auch hier sollte die Generalversammlung mit 2/3-Mehrheit den Einsatz dieser Kommission unmittelbar im Spannungsgebiet beschließen können, sofern der betreffende Staat hierzu einlud oder mit einer solchen Aktion einverstanden war[48].

Wenn trotzdem in der Folgezeit keine von der Generalversammlung initiierten Untersuchungs- oder Beobachter-Kommissionen sur place tätig geworden sind, so ist dies darauf zurückzuführen, daß sich entweder die Mitgliedstaaten in der Generalversammlung mehrheitlich gegen die Einsetzung solcher Kommissionen ausgesprochen haben[49] oder die Staaten den an sie gerichteten Empfehlungen nicht gefolgt sind[50].

Da auch den Initiativen der Generalversammlung zur Entsendung von Untersuchungs- und Beobachter-Kommissionen sur place lediglich die Wirkung einer unverbindlichen Empfehlung zukommt, steht es also auch hier den Staaten frei, ob sie die Tätigkeit einer solchen Kommission in ihrem Lande zulassen wollen oder nicht.

---

[47] Siehe den Text dieser Resolution in UN Doc. GAOR, Res., 2nd Session, 1947, Suppl. 5, S. 15 f.
[48] Siehe den Text von Teil B dieser Resolution in: *Kelsen*, Law of the United Nations, S. 955.
[49] So z. B. bei der Behandlung der Situation der Inder in Südafrika oder der Menschenrechtssituation in Bulgarien und Ungarn; vgl. die Nachweise bei *Goodrich / Simons*, S. 187.
[50] So z. B. die Südafrikanische Union in der Apartheid-Frage und die DDR in der Frage freier Wahlen in ganz Deutschland; vgl. wiederum *Goodrich / Simons*, S. 188.

3. Die Untersuchungstätigkeit von Ad hoc-Expertengruppen

Etwa seit 1966 kennzeichnet eine neue Entwicklung die Praxis der Vereinten Nationen bei der Untersuchung von Menschenrechtsverletzungen. Da sich die dem Sicherheitsrat und der Generalversammlung verfügbaren Rechtsinstrumente für die Durchführung von Untersuchungen in Fällen von Menschenrechtsverletzungen bis dahin als wenig praktikabel erwiesen, hat sich die Zuständigkeit zu solchen Untersuchungen seit 1966 mehr und mehr auf andere UN-Organe wie etwa den Wirtschafts- und Sozialrat (ECOSOC) und die Menschenrechtskommission verlagert.

Durch die Resolutionen Nr. 1235 (XLII) vom 6. Juni 1967 und Nr. 1503 (XLVIII) vom 27. Mai 1970 des Wirtschafts- und Sozialrats ist ein neues, der Initiative von Privatpersonen und nichtstaatlichen Organisationen allgemein zugängliches Untersuchungsverfahren geschaffen worden, in dem die UN-Menschenrechtskommission zur Untersuchung von Fällen grober Menschenrechtsverletzungen („gross violations") ermächtigt ist[51].

Im Rahmen dieses Verfahrens kann die Menschenrechtskommission sog. „ad hoc committees" einsetzen, die jedoch seit Erlaß der Resolution Nr. 1503[52] nur noch „with the express consent" des einer Menschenrechtsverletzung beschuldigten Staates und „in constant co-operation" mit diesem Untersuchungen durchführen dürfen. Damit hat der ECOSOC der Tatsache Rechnung getragen, daß den von der Menschenrechtskommission zuvor schon mit der Untersuchung von Beschwerden über Mißhandlungen von Häftlingen in Südafrika (1967), in Namibia (Südwestafrika), Südrhodesien und den portugiesischen Kolonien in Afrika (1968) sowie mit der Aufklärung von angeblichen Verletzungen der IV. Genfer Konvention durch Israel in den von ihm besetzten arabischen Gebieten (1969) betrauten Ad Hoc Working Groups of Experts[53] jede Tätigkeit auf dem Territorium der „Verletzerstaaten" verweigert worden war[54]. Ob sich diese neue Form der „investigation"

---

[51] Siehe zu diesem neuen Untersuchungsverfahren die ausführlichen Darstellungen von *Carey*, bes. S. 84 - 126, und E. *Schwelb*, Zur Frage der Anrufung der UN-Menschenrechtskommission durch Individuen und nichtstaatliche Organisationen, in: Vereinte Nationen, 20. Jg., 1972, S. 79 ff. — Vgl. hierzu auch S. *Hoare*, Recent Developments in the United Nations concerning the Protection of Human Rights, in: R. *Cassin*, Amicorum Discipulorumque Liber, I, Problèmes de Protection Internationale des Droits de l'Homme, 1969, S. 101 ff., und M. *Schreiber*, Les tendances nouvelles de l'action des Nations Unies dans le domaine des Droits de l'Homme, ebenda, S. 285 ff.

[52] Siehe den Text dieser Resolution in: ESCOR, Res., 48th Session, 1970, Supp. 1 A, S. 8 f.

[53] Vgl. die Nachweise hierzu bei *Schwelb*, Zur Frage der Anrufung, S. 83.

[54] Die Südafrikanische Union hat den Expertengruppen wiederholt unter Hinweis auf Art. 2 (7) UN-Charta die Einreise verweigert (ausführlich hierzu

jemals zu einem wirksamen Instrument für die Gewährleistung des humanitären Mindeststandards sur place entwickeln wird, muß angesichts der bisherigen Haltung der Staaten bezweifelt werden[55].

Zusammenfassend läßt sich feststellen, daß derzeit kein UN-Organ über geeignete Rechtsinstrumente verfügt, um gegen den Willen eines Staates, der einer Verletzung des humanitären Mindeststandards beschuldigt wird, eine Untersuchungsaktion auf dessen Territorium durchzuführen. Zudem lehrt die Praxis, daß heute noch sehr viele Staaten trotz ihrer völkerrechtlichen Verpflichtung zur Beachtung des Mindeststandards nicht bereit sind, sich den Untersuchungen einer UN-Kommission zu unterziehen.

III. Die humanitären Hilfsaktionen der Vereinten Nationen

Auch die humanitäre Hilfstätigkeit der Vereinten Nationen interessiert hier nur insoweit, als im Falle eines nicht-internationalen Konflikts ein UN-Organ im Konfliktsgebiet selbst humanitäre Aufgaben erfüllt. Außer Betracht bleibt hier daher die Hilfstätigkeit etwa des UNICEF und der UN-Sonderorganisationen, wie etwa der UNESCO, WHO und der FAO, deren Beitrag sich im Konfliktsfall in der Regel auf die Bereitstellung der für eine Hilfsaktion benötigten Sach- und Geldmittel beschränkt, die also die eigentliche Durchführung der Hilfsaktion sur place einer anderen Organisation, wie etwa dem IKRK, überlassen[56].

Richtungsweisend für künftige humanitäre Hilfsaktionen der Vereinten Nationen sur place könnte dagegen die United Nations East

---

Carey, S. 95 ff.). — Auch in den von Israel besetzten arabischen Gebieten hat die Special Working Group bisher keine Untersuchungen sur place durchzuführen vermocht, weil Israel seine Zustimmung davon abhängig gemacht hatte, daß die arabischen Staaten ihrerseits eine Untersuchung der Lage der Juden auf ihrem Gebiet gestatteten, letztere dies jedoch ablehnten (siehe den Nachweis in: Vereinte Nationen, 21. Jg., 1973, S. 28; vgl. hierzu auch *Carey*, S. 92 f.).

[55] Vgl. auch unten III. Teil, 2. Kap., 2. Abschnitt, III 1.

[56] Im Rahmen der UNICEF-Hilfe für Biafra in den Jahren 1968/1969 haben Vertreter dieser Organisation allerdings unmittelbar im Konfliktsgebiet mit dem IKRK und den kirchlichen Hilfsdiensten zusammengearbeitet (siehe Y.U.N. 1968, S. 512 f.; 1969, S. 458; sowie ESCOR, 47th Session, 1969, Suppl. No. 8, S. 24). — Auch anläßlich der Hilfe für die Opfer der Flutkatastrophe in Ostpakistan vom November 1970 hielten sich Vertreter des UNICEF, der WHO und der ILO im Katastrophengebiet auf. Vom Ausbruch des pakistanischen Bürgerkriegs überrascht, sind diese UN-Vertreter während und auch nach Beendigung der Kämpfe in Ostpakistan geblieben (vgl. den Bericht des UN-Generalsekretärs A/8640, S/10466, vom 21. 12. 1971, S. 2 f.). Die Anwesenheit von Vertretern dieser UN-Organisationen im Konfliktsgebiet dürfte daher im vorliegenden Fall auf eine Ausnahmesituation zurückzuführen sein; sie läßt also kaum den Schluß zu, daß die genannten Organisationen auch in künftigen internen bewaffneten Konflikten eine humanitäre Aktivität sur place entfalten werden.

Pakistan Relief Operation (UNEPRO) sein, die deshalb einer kurzen Betrachtung unterzogen werden soll.

Die tragischen Ereignisse des pakistanischen Bürgerkriegs veranlaßten den UN-Generalsekretär, die Initiative zu einer Hilfsaktion zugunsten der Konfliktsopfer zu ergreifen, ohne daß er hierzu durch den Sicherheitsrat oder die Generalversammlung ermächtigt worden wäre. In einem Notenaustausch vom 15. und 16. November 1971 einigte er sich mit der pakistanischen Regierung über die Bedingungen der UNEPRO[57], die allerdings schon wenige Tage später wieder eingestellt werden mußte, weil der Verlauf der Kämpfe eine weitere Durchführung dieser Hilfsaktion unmöglich machte. Hinzu kam, daß diese UN-Aktion bei den Mukti Bahini, den Streitkräften der Regierung von Bangladesch, auf heftigen Widerstand stieß, weil diese die Aktion als einseitige Begünstigung der pakistanischen Regierung betrachteten[58].

Immerhin ist die UNEPRO insofern bemerkenswert, als sie einen Präzedenzfall für ähnliche Initiativen des Generalsekretärs auf dem Gebiet des humanitären Konfliktsopferschutzes darstellen könnte.

Zur Rechtfertigung seiner Initiative, auf die nicht nur die UNEPRO, sondern auch die Tätigkeit des UN-Hochkommissars für Flüchtlinge in seiner Funktion als „Focal Point" bei der Hilfe für die nach Indien geflüchteten Pakistani[59] zurückzuführen sind, hat der Generalsekretär selbst beachtliche Ausführungen gemacht:

"... In an effort to do something about these immense disasters, I have, on my own initiative and without any supporting resolution from any United Nations organ, launched two relief operations which are concerned with millions of people and expenditures of hundreds of millions of dollars. I have felt that an initiative on my part was essential to fill the gap until more regular arrangements can be made, and that the Secretary-General's obligations under the Charter must include any humanitarian action that he can take to save the lives of large numbers of human beings[60]."

Diese rechtspolitisch begrüßenswerte Initiative des UN-Generalsekretärs hat dann auch nachträglich die Billigung sowohl des Sicher-

---

[57] Siehe den Text dieser Vereinbarung in: UN Monthly Chronicle, Bd. VIII, Nr. 11, Dez. 1971, S. 116 ff.
[58] Zu den Einzelheiten der UNEPRO siehe den Report of the Secretary-General on UN Humanitarian Activities in the Indian/Pakistan Subcontinent, Press release SG/31, IHA/10, 23.12.1971. — Vgl. auch *Gottlieb*, S. 427 ff.
[59] Vgl. den in der vorigen Anm. zitierten Bericht, sowie die obige Anm. 2 unter diesem Kapitel.
[60] *U Thant*, The Role of the Secretary-General, in: UN Monthly Chronicle, Bd. VIII, Nr. 9, Okt. 1971, S. 185.

heitsrats[61] als auch der Generalversammlung[62] gefunden; diese beiden UN-Organe dürften damit wohl anerkannt haben, daß der Generalsekretär über Art. 99 UN-Charta hinaus eine ungeschriebene Kompetenz zur Einleitung humanitärer Hilfsmaßnahmen zugunsten der Opfer bewaffneter Konflikte für sich in Anspruch nehmen kann.

Gesamtergebnis des 2. Kapitels

Zieht man die Gesamtbilanz des Kapitels über die humanitären Aktionen der Vereinten Nationen, so ist folgendes festzuhalten:

Kein UN-Organ ist derzeit entweder aus rechtlichen oder politischen Gründen imstande, in Form von militärischen Zwangsmaßnahmen gegen den Konfliktsstaat einen wirksamen Beitrag zur Gewährleistung des humanitären Mindeststandards in nicht-internationalen Konflikten zu leisten.

Dagegen lassen sich im Bereich der humanitären Aktionen, die im Einvernehmen mit dem betreffenden Konfliktsstaat durchgeführt werden, immerhin einige Ansätze für ein humanitäres Wirken der Vereinten Nationen finden; zu erinnern ist etwa an die Zusammenarbeit zwischen der UNEF (II) und dem IKRK sowie an die UNEPRO auf Initiative des Generalsekretärs. Insgesamt fällt aber die derzeitige Bilanz der humanitären Aktionen in nicht-internationalen Konflikten für die Vereinten Nationen wenig positiv aus.

Aufgabe des nächsten Kapitels wird es sein, festzustellen, ob das IKRK besser als die Vereinten Nationen den Opfern nicht-internationaler Konflikte Schutz und Hilfe zu bieten vermag.

---

[61] Siehe die Resolution Nr. 307 (1971) vom 21. 12. 1971.
[62] Siehe die Resolution Nr. 2790 (XXVI) vom 21. 12. 1971.

Drittes Kapitel

Die humanitären Aktionen des IKRK

Die bisherige Untersuchung hat ergeben, daß die Staaten nach dem heute geltenden Völkerrecht nicht mehr zu bewaffneten humanitären Aktionen befugt sind. Die dadurch entstandene humanitäre Interventionslücke kann — wie sich weiter gezeigt hat — durch die Organe der Vereinten Nationen derzeit nicht in ausreichendem Maße geschlossen werden.

Mit dem IKRK steht nunmehr eine Institution zur Diskussion, die sich dem Grundsatz der „inter arma caritas" verschrieben und in mehr als hundertjähriger Tradition humanitäre Aktionen in bewaffneten Konflikten durchgeführt hat. Ob sie die Lücken im Konfliktsopferschutz auszufüllen vermag, soll im folgenden geprüft werden.

Im Mittelpunkt des Interesses wird dabei die Frage stehen, auf welche Rechtsgrundlagen das IKRK seine humanitären Aktionen in nicht-internationalen Konflikten stützen kann. Da — wie noch im einzelnen zu zeigen sein wird — Art. 3 (2) der Genfer Konventionen von 1949 nur für den Bereich der nicht-internationalen bewaffneten Konflikte im Sinne des Art. 3 (1) GK[1] als Rechtsgrundlage für die humanitären Aktionen des IKRK in Betracht kommt, während für den Bereich der inneren Unruhen[2] keine entsprechende Rechtsnorm vorhanden ist, werden die IKRK-Aktionen im folgenden für beide Konfliktstypen jeweils gesondert behandelt.

1. Abschnitt: Die humanitären Aktionen des IKRK in nicht-internationalen bewaffneten Konflikten

I. Die humanitären Aktionen des IKRK in der Zeit vor 1949

Eine Untersuchung der humanitären Aktionen des IKRK in der Zeit vor 1949 erscheint insbesondere im Hinblick auf die Frage nach der damaligen Rechtsgrundlage der IKRK-Aktionen geboten.

---

[1] Zum Erscheinungsbild und den rechtlichen Voraussetzungen dieses Konfliktstyps siehe im einzelnen oben I. Teil, 2. Kap., 1. Abschnitt.

[2] Einzelheiten zu diesem Konfliktstyp siehe ebenfalls oben I. Teil, 2. Kap., 2. Abschnitt.

86 II. 3. Kap.: Humanitäre Aktionen des IKRK

Die Frage, ob sich das IKRK bei seinen humanitären Aktionen vor 1949 im rechtsfreien Raum bewegt hat oder sich damals schon auf eine Regel des Völkergewohnheitsrechts stützen konnte, ist nicht nur von historischer Bedeutung. Aus ihrer Beantwortung lassen sich vielmehr auch Rückschlüsse auf die Rechtsgrundlage der IKRK-Aktionen in Konfliktsituationen unterhalb der Schwelle eines internen bewaffneten Konflikts ziehen, die heute ähnlich zweifelhaft ist wie diejenige der IKRK-Aktionen in internen bewaffneten Konflikten vor dem Inkrafttreten des Art. 3 (2) GK[3].

1. Die damalige Praxis des IKRK

Das IKRK, im Jahre 1863 von Henry Dunant gegründet[4], bezog schon frühzeitig auch den Schutz der Opfer interner bewaffneter Konflikte in sein Aufgabengebiet mit ein. Die humanitären Aktionen des IKRK im Russischen Bürgerkrieg von 1917 - 1922, anläßlich der Ungarischen Revolution 1919/1920, während der Unruhen in Oberschlesien von 1921 und insbesondere auch im Spanischen Bürgerkrieg von 1936 bis 1939 mögen hier als Beispiele für die damalige Praxis des IKRK genügen[5].

Die Tatsache, daß die Staaten damals in vielen Fällen das humanitäre Dienstangebot des IKRK angenommen haben, ohne daß das IKRK seine Initiativen auf eine Rechtsgrundlage im geschriebenen Recht hätte stützen können, rechtfertigt allerdings allein noch nicht die Annahme, daß die humanitären Initiativen des IKRK in dieser Zeit völkergewohnheitsrechtlichen Rang erlangt haben. Hierzu bedarf es vielmehr noch des Nachweises einer entsprechenden communis opinio iuris der Staaten.

*2. Die Anerkennung eines
allgemeinen humanitären Initiativrechts des IKRK*

Noch lange nach der Gründung des IKRK entbehrten die humanitären Aktionen des IKRK in internationalen[6] und erst recht in internen

---

[3] Vgl. weiter unten 2. Abschnitt, III dieses Kapitels.

[4] Aus dem anfänglichen „Komitee der Fünf", einem reinen Schweizer Privatverein, hat sich das IKRK inzwischen zu einer Organisation mit partieller Völkerrechtssubjektivität entwickelt, obwohl es sich auch heute noch ausschließlich aus Schweizer Bürgern zusammensetzt und seine Rechtsfähigkeit auf schweizerischem Privatrecht beruht (siehe hierzu *Kimminich*, S. 98, 101, und *Knitel*, Les Délégations du Comité International de la Croix-Rouge, in: Etudes et Travaux de l'Institut Universitaire de Hautes Etudes Internationales, Nr. 5, 1967, S. 100). — Seit dem 28. 3. 1947 kommt dem IKRK gemäß Art. 71 UN-Charta der Konsultativstatus einer nichtstaatlichen internationalen Organisation der Kategorie B im Verhältnis zum Wirtschafts- und Sozialrat der Vereinten Nationen zu.

[5] Siehe die Nachweise hierzu bei *U. Braun*, Die Anwendung der Genfer Zivilkonvention in Kriegen nicht-internationalen Charakters, 1962, S. 32 ff.

1. Abschn.: IKRK-Aktionen in internen bewaffneten Konflikten

bewaffneten Konflikten jeglicher Rechtsgrundlage im positiven Völkerrecht.

Auf eine völkergewohnheitsrechtliche Ausstattung der humanitären Initiativen des IKRK in internen bewaffneten Konflikten dürfte die XIV. Resolution der X. Internationalen Rotkreuzkonferenz in Genf von 1921 hindeuten, wenn dort festgestellt wurde: „La Croix-Rouge ... affirme son droit et son devoir d'action secourable en cas de guerre civile, de troubles sociaux et révolutionnaires[7]."

Auch in Art. VI (5) des 1928 auf der XIII. Internationalen Rotkreuzkonferenz in Den Haag verabschiedeten Statuts für das Internationale Rote Kreuz ist das IKRK als „institution neutre dont l'activité humanitaire s'exerce spécialement en cas de guerre, de guerre civile ou de troubles intérieurs ..." umschrieben worden[8]. Dieses Statut ist von den an der Konferenz beteiligten Staatenvertretern mitbeschlossen worden und findet daher als völkerrechtliche Organisationsnorm allgemeine Anerkennung[9].

Dies läßt zusammen mit der Tatsache, daß damals viele Staaten mit der Annahme des Dienstangebots des IKRK gleichzeitig auch die Respektierung des humanitären Initiativrechts des IKRK zum Ausdruck gebracht haben dürften, den Schluß zu, daß das IKRK vor 1949 nach der allgemeinen Rechtsüberzeugung der Staaten ein völkergewohnheitsrechtliches humanitäres Initiativrecht in internen bewaffneten Konflikten[10] besessen hat[11]. Da nur dieses allgemeine Initiativrecht,

---

[6] Für den Bereich der (hier nicht interessierenden) internationalen bewaffneten Konflikte wurde erstmalig in den Art. 79 und 88 der Genfer Konvention über die Behandlung der Kriegsgefangenen vom 27. 7. 1929 dem IKRK ein humanitäres Initiativrecht positivrechtlich zuerkannt. In Art. 9/9/9/10 der Genfer Konventionen von 1949 ist dann ein umfassendes Initiativrecht des IKRK normiert worden.

[7] Diese Resolution von 1921 ist auf der XVI. Internationalen Rotkreuzkonferenz von 1938 bekräftigt und noch präzisiert worden. Hingegen war noch auf der IX. Internationalen Rotkreuzkonferenz in Washington von 1912 der von der amerikanischen Delegation vorgelegte Bericht („Le rôle de la Croix-Rouge en cas de guerre civile ou d'insurrection") bei der Mehrheit der Delegierten auf Ablehnung gestoßen (vgl. hierzu im einzelnen *Braun*, S. 29 ff. und *Knitel*, Délégations, S. 54, mit Nachweisen).

[8] Vgl. auch Art. 4 (1d) des neuen Statuts für das IKRK vom 21. 6. 1973 (abgedruckt in Rev.Int.C-R, 55. Jg., 1973, S. 484). — Den Text des Statuts für das Internationale Rote Kreuz siehe in: Manuel de la Croix-Rouge internationale, 10. Aufl., 1953.

[9] Siehe *Berber*, Bd. I, S. 169, und *Kimminich*, S. 102.

[10] Die soeben zitierten Textstellen der Resolution von 1921 und des Statuts für das Internationale Rote Kreuz von 1928 deuten sogar darauf hin, daß ein solches Initiativrecht des IKRK auch für den Fall von inneren Unruhen damals schon völkergewohnheitsrechtlich anerkannt gewesen ist; vgl. zu dieser Frage im einzelnen weiter unten 2. Abschnitt, III dieses Kapitels.

[11] Zu dieser Auffassung ist auch die vom IKRK im Jahre 1962 eingesetzte Expertenkommission gelangt (siehe: Aide humanitaire, S. 84). — Ebenso im

also nicht etwa ein unmittelbares Aktionsrecht, die Rechtsgrundlage für die humanitären Aktionen des IKRK gebildet hat, stand es den Konfliktsparteien damals schon frei, ob sie die Initiative des IKRK aufgreifen und einer humanitären Aktion zustimmen wollten oder nicht[12].

II. Die humanitären Aktionen des IKRK in der Zeit nach 1949

1. Das Initiativrecht des IKRK nach Art. 3 (2) GK

Vorweg kann folgendes festgestellt werden:

Das in Art. 3 (2) GK verankerte humanitäre Initiativrecht des IKRK („... pourra offrir ses services aux Parties au conflit") hat das bis dahin ungeschriebene allgemeine Initiativrecht des IKRK für den Bereich der internen bewaffneten Konflikte positiviert.

Da Art. 3 (2) GK lediglich das humanitäre Dienstangebot des IKRK, nicht also die angebotene humanitäre Aktion selbst legalisiert[13], darf der Fortschritt, den Art. 3 (2) für die humanitären Aktionen des IKRK in der Praxis gebracht hat, nicht überschätzt werden. Immerhin sind durch Art. 3 (2) die letzten Zweifel darüber ausgeräumt worden, daß das humanitäre Dienstangebot des IKRK gegenüber der Regierungs- und (oder) Aufständischenpartei keine unzulässige Einmischung in die inneren Angelegenheiten des Konfliktsstaats darstellt[14].

Unmittelbar aus Art. 3 (2) ergibt sich auch, daß das IKRK seine Dienste nicht nur der etablierten Regierung des Konfliktsstaats, sondern gleichermaßen auch den Aufständischen anbieten kann. Der Rechtsstatus und die Legitimität der Konfliktsparteien haben also keinerlei Einfluß auf die Initiativen des IKRK. Umgekehrt führt die Kontaktnahme des IKRK mit den Aufständischen nicht etwa zu deren Anerkennung als kriegsführende Partei; vielmehr bleibt die bisherige Rechtsstellung sämtlicher Konfliktsparteien unangetastet (siehe Art. 3 (4) GK)[15].

Ergebnis z. B. *Knitel*, Délégations, S. 10, Anm., und *Th. St. G. Bissell*, The International Committee of the Red Cross and the Protection of Human Rights, Revue de Droit International et Comparé, Bd. I-2, 1968, S. 264.

[12] Ebenso z. B. *J. Guettard*, Les conditions d'intervention du Comité international de la Croix-Rouge avant belligérance, Annuaire Français de Droit International, 1956-II, S. 361 ff.; *Knitel*, Délégations, S. 9 ff.; *ders.*, Rôle de la Croix-Rouge, S. 28 ff.; *Bissell*, S. 264; ebenso wohl auch *Braun*, S. 81 f.

[13] Diese Auffassung ist schon in dem unter der Leitung von J. S. Pictet veröffentlichten Kommentar „Les Conventions de Genève du 12 Août 1949", Bd. I, 1952, S. 62, vertreten worden.

[14] Siehe Kommentar, Bd. I, S. 62.

[15] Vgl. hierzu z. B. *Kimminich*, S. 107.

a) Die Feststellung des Konfliktszustands im Sinne
des Art. 3 (1) GK als Voraussetzung für die Ausübung
des Initiativrechts gemäß Art. 3 (2) GK

Das IKRK kann sich auf sein Initiativrecht gemäß Art. 3 (2) GK nur dann berufen, wenn auf dem Territorium eines Vertragsstaates der Genfer Konventionen ein bewaffneter Konflikt nicht-internationalen Charakters ausgebrochen ist.

Neben der Frage einer allgemeingültigen Definition des „internen bewaffneten Konflikts" im Sinne des Art. 3 (1) GK taucht in diesem Zusammenhang auch das Problem auf, wem das Recht bzw. die Pflicht zufällt, diesen Konfliktszustand festzustellen.

aa) *Der Begriff des „internen bewaffneten Konflikts"*

Zum Begriff des „internen bewaffneten Konflikts" und seiner Abgrenzung gegenüber den „inneren Unruhen" kann auf die Ausführungen zu Beginn dieser Untersuchung verwiesen werden[16]. Danach setzt der interne bewaffnete Konflikt im Sinne des Art. 3 (1) GK eine auf das Territorium eines Mitgliedstaates der Genfer Konventionen beschränkte Gewaltanwendung zwischen opponierenden bewaffneten Gruppen voraus, die ein Mindestmaß an Organisation aufweisen und unter einer verantwortlichen Führung stehen; hinzukommen muß, daß die bewaffneten Auseinandersetzungen ein gewisses Ausmaß und einen bestimmten Intensitätsgrad erreichen.

bb) *Die Feststellung des Konfliktszustands*

Daß die Feststellung des Konfliktszustands im Sinne des Art. 3 (1) GK nicht dem freien Ermessen der Regierung des betreffenden „Konfliktsstaats" überlassen werden kann, liegt auf der Hand: allzu oft sind die Staaten schon der Versuchung erlegen, sich durch eine opportunistische Auslegung des Begriffs des internen bewaffneten Konflikts oder durch eine Verharmlosung der Konfliktssituation im eigenen Lande ihrer Verpflichtung aus Art. 3 (1) GK zu entziehen.

Dementsprechend hat das IKRK in seinem Bericht für die XXI. Internationale Rotkreuzkonferenz in Istanbul von 1969 festgestellt, daß die Regierung eines Staates dann, wenn ihre Streitkräfte in Kampfhandlungen mit Aufständischen verwickelt sind, nicht mehr willkürlich über das Vorhandensein eines bewaffneten Konflikts befinden kann, sondern den Begriffsnotwendigkeiten Rechnung tragen muß[17]. Liegt im betreffenden Fall ein interner bewaffneter Konflikt nicht offenkundig

---

[16] Siehe oben I. Teil, 2. Kap., 1. Abschnitt.
[17] Siehe den Bericht „Protection des victimes de conflits non internationaux" in: Rev. Int. C-R, 51. Jg., 1969, S. 407 f.

vor, so fällt dem IKRK selbst die Aufgabe zu, anhand der oben genannten objektiven Kriterien die Krisensituation daraufhin zu prüfen, ob ihr die Qualität eines Konflikts gemäß Art. 3 (1) GK zukommt[18]. Gelangt das IKRK zu dem Ergebnis, daß die Voraussetzungen eines internen bewaffneten Konflikts objektiv vorliegen, so kann es sich bei seinen humanitären Initiativen gegenüber den Konfliktsparteien auf Art. 3 (2) GK berufen[19].

b) Keine Annahmeverpflichtung der Konfliktsparteien

Schon viele humanitäre Aktionen des IKRK sind in der Vergangenheit deswegen nicht zustande gekommen, weil die betreffenden Konfliktsparteien das Dienstangebot des IKRK abgelehnt haben[20]. Dem IKRK käme es deshalb möglicherweise zustatten, wenn die Konfliktsparteien zur Annahme seines humanitären Dienstangebots rechtlich verpflichtet wären.

Bezeichnenderweise ist denn auch die Frage nach einer rechtlichen Annahmeverpflichtung der Konfliktsparteien schon während der Debatten im Spezialkomitee der Diplomatischen Konferenz von 1949 aufgeworfen worden.

Nach einem Antrag des britischen Vertreters sollte der spätere Art. 3 (2) GK wie folgt ergänzt werden: "A condition que l'autre Partie au conflit soit également prête à le faire, la Haute Partie contractante intéressée acceptera, s'ils lui sont offerts, les services d'un organisme humanitaire impartial, tel que le Comité international de la Croix-Rouge[21]." Insbesondere auf Grund der Einwendungen des damaligen IKRK-Delegierten *Siordet*, der betonte: „La force du (CICR) réside dans son indépendance. Celle-ci serait mise en question si le CICR était mentionné dans une clause ayant un caractère obligatoire"[22], wurde dann aber dieser britische Vorschlag, in Art. 3 (2) GK für die Konfliktsparteien eine rechtliche Annahmeverpflichtung zu statuieren,

---

[18] So im Ergebnis auch *Ch. Zorgbibe*, La Guerre Civile, in: Annales de la Faculté de Droit et des Sciences Economiques, Heft 6, 1969, S. 160, und *H. Bosly / E. Evrard*, La constatation internationale de l'existence de conflits armés, ADIM, Nr. 19, 1969, S. 33 f.

[19] Auf Krisensituationen, denen die Konfliktsqualität gemäß Art. 3 (1) GK objektiv fehlt oder bei denen diese bestritten wird oder sonst zweifelhaft erscheint, wird später noch einzugehen sein; siehe unten 2. Abschnitt dieses Kapitels.

[20] Man denke nur an die erfolglos gebliebenen Initiativen des IKRK im pakistanischen Bürgerkrieg von 1971; siehe zur Interventionspraxis des IKRK im einzelnen unten II. 5, dieses Abschnitts.

[21] Actes de la Conférence diplomatique de Genève de 1949, Bd. II B, S. 86.

[22] Actes, S. 90. — Mögen auch diese Bedenken von *Siordet* wenig überzeugen, so wäre der Fortschritt, den dieser Zusatzantrag gebracht hätte, zumindest deshalb zweifelhaft, weil die Annahmeverpflichtung der Konfliktsparteien an das Prinzip der Gegenseitigkeit gebunden werden sollte.

1. Abschn.: IKRK-Aktionen in internen bewaffneten Konflikten

von den Delegierten fallen gelassen. Bei der endgültigen Abfassung dieser Bestimmung ist dann ganz bewußt auf einen entsprechenden Zusatz verzichtet worden. Die Entstehungsgeschichte des Art. 3 (2) GK spricht also eher gegen die Existenz einer Rechtspflicht der Konfliktsparteien zur Annahme der Dienste des IKRK[23].

Dagegen ist die vom IKRK einberufene Expertenkommission von 1962 der Auffassung gewesen, daß die Regierungen der Mitgliedstaaten der Genfer Konventionen zur Annahme der Dienste des IKRK verpflichtet sind, da eine Ablehnung die schwersten Folgen für die Integrität der Genfer Abkommen hätte[24]. Für die Regierungsparteien leitet auch *Pinto*[25] eine Annahmepflicht aus der Gesamtheit der dem IKRK durch die Staaten zuerkannten Kompetenzen ab. Zwar läßt sich aus Art. VI (5) des Statuts für das Internationale Rote Kreuz, auf den *Pinto* in diesem Zusammenhang verweist, eine Verpflichtung des IKRK zu humanitären Initiativen gegenüber den Konfliktsparteien herauslesen, dagegen aber wohl kaum auch eine entsprechende Annahmeverpflichtung der Regierungspartei oder gar der Aufständischenpartei.

Fehl geht wohl auch eine Konstruktion, nach der die Konfliktsparteien zur Annahme der IKRK-Dienste insoweit verpflichtet sein sollen, als sie ohne die Hilfe des IKRK selbst nicht imstande sind, ihre Pflicht zur Einhaltung der minimalen Regeln in Art. 3 (1) GK zu erfüllen[26]. Weder Art. 3 (1) noch Art. 3 (2) GK deuten nämlich zwingend darauf hin, daß die in Art. 3 (1) festgelegten Rechtspflichten der Konfliktsparteien um eine solche Annahmepflicht erweitert werden könnten.

Auch ein Blick in die Staatenpraxis vermag die Existenz einer solchen Annahmeverpflichtung der Konfliktsparteien nicht zu bestätigen. *Pinto*[27] zeichnet ein zu optimistisches Bild, wenn er behauptet, die Regierungen hätten — von anfänglichen Weigerungen abgesehen — die Dienste des IKRK im allgemeinen akzeptiert. So kommt beispielsweise *Schindler*[28] in seiner Analyse der Interventionspraxis des IKRK in internen bewaffneten Konflikten seit 1949 zu dem Ergebnis, daß die IKRK-Dienste nur in etwa der Hälfte der Fälle angenommen

---
[23] Dementsprechend ist auch im offiziellen Kommentar des IKRK hierzu festgestellt worden: „Offrir ses services, cela ne coûte guère, et surtout cela n'engage en rien celui à qui l'offre est faite. Celui-ci n'est pas tenu de l'accepter." (Kommentar, Bd. I, S. 62).
[24] Siehe den Bericht „Aide humanitaire", S. 84.
[25] Règles, S. 543; in diesem Sinne auch *Zorgbibe*, S. 161 f.
[26] Diese Konstruktion zur Herleitung einer Annahmeverpflichtung stellt *Bothe* zur Diskussion; siehe *Bothe*, Rechtsprobleme humanitärer Hilfsaktionen zugunsten der Zivilbevölkerung bei bewaffneten Konflikten, in: M. Bothe / K. Hailbronner / K. Ipsen, Beiträge zur Weiterentwicklung des humanitären Völkerrechts für bewaffnete Konflikte, hrsg. v. D. Fleck, 1973, S. 46.
[27] Règles, S. 543.
[28] Anwendung, S. 88 ff., 92.

worden sind. Nach 1965 (dem Jahr, mit dem *Schindlers* Bericht abschließt) dürfte sich die Bilanz der IKRK-Aktionen sogar eher noch verschlechtert haben[29]; eine völkergewohnheitsrechtliche Annahmeverpflichtung der Konfliktsparteien läßt sich also zumindest heute noch nicht nachweisen[30].

Nach allem widerspricht es der Rechtswirklichkeit, wenn man die Parteien eines internen bewaffneten Konflikts für rechtlich verpflichtet hält, das Dienstangebot des IKRK zu akzeptieren.

Das Bestehen einer solchen Annahmeverpflichtung der Parteien würde dem IKRK in der Praxis zudem nur wenig nützen, da weder eine Vorschrift der Genfer Konventionen noch eine sonstige Regel des humanitären Völkerrechts dem IKRK Zwangs- oder Sanktionsmittel für den Fall zur Verfügung stellt, daß seine Dienste von den Konfliktsparteien abgelehnt werden. Deshalb kommt es für das IKRK in jedem Falle darauf an, die Zustimmung der Konfliktspartei(en) für seine humanitäre Aktion zu gewinnen; gerade durch dieses Zustimmungserfordernis würde aber die rechtliche Annahmeverpflichtung der Konfliktsparteien — auch wenn es sie gäbe — in ihrem praktischen Wert für das IKRK erheblich gemindert.

2. Die Aufgaben des IKRK

Nachdem die Rechtsgrundlage und die Voraussetzungen für das Zustandekommen der humanitären Aktionen des IKRK (Feststellung des Konfliktszustandes — Dienstangebot des IKRK — Annahme durch die Konfliktspartei(en)) geklärt sind, ist nunmehr der Frage nachzugehen, welche Aufgaben das IKRK in internen bewaffneten Konflikten[31] wahrzunehmen vermag.

a) Die Kontrolle über die Einhaltung des humanitären Mindeststandards[32]

Nach Art. VI (4) des Statuts für das Internationale Rote Kreuz besteht eine der Aufgaben des IKRK darin, sich um eine getreue Anwendung der Genfer Konventionen zu bemühen. Für den Fall eines internen be-

---

[29] Zu erinnern ist hier etwa an den Vietnam-Krieg, an den biafranischen Befreiungskampf und zuletzt an den pakistanischen Bürgerkrieg, in denen das IKRK mehr oder weniger zur Tatenlosigkeit verurteilt gewesen ist (vgl. Näheres weiter unten II 5.).
[30] Zu diesem Ergebnis gelangt auch *Bothe* (Rechtsprobleme, S. 46) in bezug auf humanitäre Hilfsaktionen des IKRK.
[31] Die nachfolgenden Aufgaben stellen sich dem IKRK im wesentlichen auch bei inneren Unruhen (siehe hierzu unten 2. Abschnitt dieses Kapitels).
[32] Zur Frage, welche Rechte vom humanitären Mindeststandard im einzelnen umfaßt werden, und zur Frage der völkerrechtlichen Verpflichtung der Konfliktsparteien zur Beachtung dieses Mindeststandards siehe oben I. Teil, 1. Kap., 2. Abschnitt.

waffneten Konflikts bedeutet dies, daß das IKRK über die Einhaltung des in Art. 3 (1) GK niedergelegten humanitären Mindeststandards durch die Konfliktsparteien zu wachen hat.

b) Schutz und Hilfeleistung für die Konfliktsopfer

Nach Art. VI (5) des IKRK-Status[33] hat das IKRK den militärischen und zivilen Konfliktsopfern Schutz und Hilfe zu bieten. Dabei übt das IKRK seine Hilfeleistungsfunktion unabhängig davon aus, ob die Notlage der Konfliktsopfer auf einer schuldhaften Mißachtung des humanitären Mindeststandards durch die Konfliktsparteien beruht oder ob die Hilfsbedürftigkeit dieser Personen durch konfliktsbedingte, aber nicht unbedingt schuldhaft herbeigeführte Hungersnöte oder Epidemien entstanden ist, denen die Parteien aus eigener Kraft nicht abzuhelfen imstande sind.

c) Die humanitäre Vermittlung zwischen den Parteien

Nach Art. VI (6) des IRK-Statuts[34] ist es dem IKRK aufgegeben, zwischen den Konfliktsparteien auf humanitärer Ebene zu vermitteln; darunter fällt beispielsweise auch die Aufgabe, mit den Parteien über den Abschluß humanitärer Spezialabkommen gemäß Art. 3 (3) GK zu verhandeln.

3. Die Verhandlungen zwischen dem IKRK und den Konfliktsparteien

Das IKRK kann seine Kontroll-, Schutz-, Hilfeleistungs- und Vermittlungsaufgaben nur im Einvernehmen mit den Parteien eines internen bewaffneten Konflikts erfüllen. Wie schon betont, ist die Zustimmung der Konfliktspartei(en) die conditio sine qua non jeglicher humanitärer Aktion des IKRK.

Da nicht nur Beginn und Ende, sondern letztlich auch Umfang und Erfolg jeder IKRK-Aktion vom Willen der Parteien abhängig sind, bleibt dem IKRK nur das Mittel der Verhandlung, um die Konfliktsparteien für seine Aktion zu gewinnen. Es hängt also weitgehend von der Verhandlungs- und Überzeugungskunst des IKRK ab, inwieweit es sein Minimalziel, die Gewährleistung des humanitären Mindeststandards, zu erreichen vermag.

Bissell hat in seiner Schrift „The International Committee of the Red Cross and the Protection of Human Rights"[35] ausführlich die Handhabung von „negotiation" und „persuasion" in der Praxis des IKRK

---
[33] Vgl. auch Art. 4 (1d) des IKRK-Statuts.
[34] Vgl. wiederum auch Art. 4 (1d) des IKRK-Statuts.
[35] S. 255 ff.

gewürdigt; er bescheinigt dem IKRK, „... by far the longest practice and the greatest success of any international organization, public or private, in protecting human rights by negotiation and persuasion" zu besitzen[36].

Tatsächlich hat das IKRK in seiner bisherigen Praxis den Parteien interner bewaffneter Konflikte schon beachtliche Verhandlungserfolge abgerungen; eine nähere Überprüfung der IKRK-Praxis wird indessen erweisen, daß diesen Erfolgen des IKRK gerade in jüngster Zeit fast ebensoviele Mißerfolge gegenübergestanden haben[37].

Die Verhandlungsmethoden, welche das IKRK gegenüber den Konfliktsparteien praktiziert, können hier nicht im einzelnen analysiert werden. Besondere Erwähnung verdient aber die Gepflogenheit des IKRK, bei seinen Verhandlungen mit den Konfliktsparteien jede unnötige Publizität zu meiden, um auf diese Weise zwischen sich und den Parteien ein Vertrauensverhältnis zu schaffen, ohne das sich günstige Verhandlungsergebnisse kaum erzielen lassen[38].

Das Verhandlungsangebot und — für den Fall seiner Annahme — auch die humanitären Aktionen des IKRK selbst müssen sich streng im Rahmen der Gebote der Humanität, der Unparteilichkeit und der Neutralität halten. Diese Postulate bilden die immanenten Schranken jeglicher Rotkreuztätigkeit[39] und sind somit auch für das IKRK verbindlich[40]. Seinem karitativen Auftrag[41] kann das IKRK nur dadurch gerecht werden, daß es entsprechend dem Gebot der Unparteilichkeit allen Konfliktsopfern „ohne Ansehen der Person" seinen humanitären Schutz unterschiedslos anbietet und sich im Verhältnis zu den Konfliktsparteien einer strikten Neutralität befleißigt. In personeller Hinsicht hat sich das IKRK bis heute dadurch neutral zu zeigen versucht, daß es nur Schweizer Bürger zu Komitee-Mitgliedern bestellte und auch als Missionschefs meist nur Schweizer auswählte[42]. In funktioneller Hinsicht verlangt das Neutralitätsgebot vom IKRK insbesondere politische Enthaltsamkeit und ideologische Ungebundenheit, daneben aber

---

[36] *Bissel*, S. 256.
[37] Siehe im einzelnen unten II 5.; die Hintergründe für diese Mißerfolge sollen ebenfalls erst später aufgedeckt werden (siehe unten II 6.).
[38] Vgl. hierzu wiederum *Bissel*, S. 262 f., und *M. Petitpierre*, Actualité du Comité international de la Croix-Rouge, Rev.Int.C-R, 53. Jg., 1971, S. 86 ff.
[39] Die Humanität, Unparteilichkeit und Neutralität stehen an der Spitze der auf der XX. Internationalen Rotkreuzkonferenz von Wien (1965) in der VIII. Resolution verkündeten Rotkreuzgrundsätze (vgl. den Text dieser Resolution in Rev.Int.C-R, 47. Jg., 1965, S. 528 f.).
[40] Nach Art. 4 (1a) des IKRK-Statuts ist das IKRK zur Wahrung dieser Rotkreuzgrundsätze verpflichtet.
[41] Nach Art. 3 (2) des IKRK-Statuts lautet der Leitsatz des IKRK: Inter arma caritas.
[42] Vgl. *Bissell*, S. 263 f.

auch, daß es vermeidet, den Konfliktsparteien gegenüber eine quasirichterliche Stellung einzunehmen[43].

Zusammenfassend läßt sich feststellen, daß das IKRK nur durch diskrete Verhandlung und Überzeugung die Konfliktsparteien zur Annahme seines humanitären Dienstangebots bewegen kann; dabei müssen sowohl im Stadium der Verhandlungen als auch in allen Stadien der Durchführung der humanitären Aktion die Grundsätze der Humanität, Unparteilichkeit und Neutralität vom IKRK strikt eingehalten werden.

4. Die Funktion der nationalen Rotkreuzgesellschaften im Verhältnis zwischen dem IKRK und den Konfliktsparteien

Bricht auf dem Territorium eines Staates ein bewaffneter Konflikt aus, so vermag das IKRK dank seiner partiellen Völkerrechtssubjektivität und personellen Neutralität den Konfliktsparteien seine humanitären Dienste anzutragen — im Gegensatz zur Liga der Rotkreuzgesellschaften und den einzelnen nationalen Gesellschaften außenstehender Staaten, denen diese Eigenschaften fehlen. Immerhin könnten aber der nationalen Rotkreuzgesellschaft des betreffenden Konfliktsstaats bei den Verhandlungen zwischen dem IKRK und den Konfliktsparteien und bei der Durchführung der humanitären Aktion gewisse Funktionen zukommen.

Grundsätzlich ist die nationale Rotkreuzgesellschaft eines konfliktsbetroffenen Staates — entsprechend den Rotkreuzgrundsätzen der Humanität, Unparteilichkeit, Neutralität und Unabhängigkeit — verpflichtet, den Konfliktsopfern auf beiden Seiten gleichermaßen humanitäre Hilfe zu bringen. Die Verbindlichkeit der Rotkreuzgrundsätze ergibt sich für die nationalen Gesellschaften nämlich schon aus § 4 der auf der XVII. Internationalen Rotkreuzkonferenz in Stockholm von 1948 festgelegten Anerkennungsvoraussetzungen; danach muß jede nationale Gesellschaft „avoir le caractère jouissant d'une autonomie qui lui permette d'exercer son activité conformément aux principes fondamentaux de la Croix-Rouge ...". Eben diesem Erfordernis der Autonomie genügen die Gesellschaften aber in der Praxis vielfach nicht. Zwar sichern die Staaten den Rotkreuzgesellschaften in aller Regel formell eine institutionell und funktionell unabhängige Rechtsstellung zu, verlangen aber in der Praxis dennoch von den Gesellschaften in ideologischer und politischer Hinsicht ein regierungstreues Verhalten[44].

Diese latente faktische Bindung an die Regierung erschwert es der nationalen Rotkreuzgesellschaft im Konfliktsfall, das Vertrauen der

---
[43] Vgl. hierzu vor allem die Darlegungen von *Pictet*, Les principes de la Croix-Rouge, Rev.Int.C-R, 37. Jg., 1955, S. 707 ff.
[44] Vgl. etwa *Pinto*, Règles, S. 540.

Aufständischenpartei zu gewinnen. Aus Mißtrauen gegen die unter der Herrschaft der etablierten Regierung gegründete Gesellschaft hat schon manche opponierende Partei eine eigene Rotkreuzgesellschaft gegründet; weil an deren Autonomie aber mindestens ebenso zu zweifeln ist, hat das IKRK bisher noch in keinem Fall eine solche oppositionelle Gesellschaft anerkannt[45].

Trotz dieser faktischen politischen Abhängigkeit der offiziellen Rotkreuzgesellschaft und der Gegengesellschaft von der Regierungs- bzw. Aufständischenpartei kommt beiden Gesellschaften bei der Bewältigung der humanitären Probleme in einem internen bewaffneten Konflikt eine wichtige Aufgabe zu. Wegen ihrer engen Bindungen und Verflechtungen mit dem Regierungslager bzw. den Regime-Gegnern können beide Gesellschaften dem IKRK bei seinen Verhandlungen mit der jeweiligen Konfliktpartei als wichtige Bindeglieder und Kontaktstellen dienen. Deshalb muß das IKRK bemüht sein, auch mit der inoffiziellen Gegen-Gesellschaft gute Beziehungen auf rein humanitärer Ebene zu knüpfen, ohne sie damit rechtlich anzuerkennen[46].

Im übrigen gibt es zwischen dem IKRK und den nationalen Gesellschaften keine Aufteilung der Kompetenzen. Das IKRK behält sein Initiativrecht also auch dann, wenn die nationalen Gesellschaften vorgeben, selbst mit den humanitären Problemen des Konflikts fertig zu werden; es liegt allein im Ermessen des IKRK, ob und in welcher Form es im Interesse der Konfliktopfer selbst initiativ werden will[47].

Da die nationalen Rotkreuzgesellschaften als Kontaktstellen zwischen dem IKRK und den Konfliktsparteien eine wichtige Funktion bei der Aushandlung humanitärer Aktionen und bei deren Durchführung erfüllen können, wäre es im Interesse einer Verbesserung des Konfliktsopferschutzes wünschenswert, wenn die Zusammenarbeit zwischen dem IKRK und den nationalen Gesellschaften noch intensiviert werden könnte[48].

5. Die humanitären Aktionen des IKRK in der Praxis

Nachdem die Rechtsgrundlage der humanitären Aktionen des IKRK, die dem IKRK verfügbaren Mittel zur Durchsetzung solcher Aktionen gegenüber den Konfliktsparteien, die möglichen Aufgaben des IKRK und die Funktionen der nationalen Rotkreuzgesellschaften bei der Aus-

---

[45] Vgl. wiederum *Pinto*, ebd., und den Bericht der Expertenkommission von 1962 „Aide humanitaire", S. 85 ff.
[46] So auch die Empfehlung der Expertenkommission von 1962, Aide humanitaire, S. 88.
[47] Siehe wiederum „Aide humanitaire", S. 87.
[48] Dafür haben sich z. B. auch die Experten der nationalen Rotkreuzgesellschaften auf ihrer Konferenz vom 1.-6.3.1971 in Den Haag ausgesprochen; siehe Rev.Int.C-R, 53. Jg., 1971, S. 227 f.

1. Abschn.: IKRK-Aktionen in internen bewaffneten Konflikten

handlung und Durchführung der humanitären Aktionen durch das IKRK aufgezeigt worden sind, ist jetzt nur noch zu untersuchen, ob und mit welchem Erfolg das IKRK in seiner Praxis seit 1949 humanitäre Aktionen in internen bewaffneten Konflikten durchzuführen vermocht hat.

Die Interventionspraxis des IKRK von 1949 bis 1965 ist von *Schindler* eingehend untersucht worden[49]; aus dieser kritischen Analyse geht hervor, daß im fraglichen Zeitraum nur in etwa der Hälfte aller Fälle die Konfliktsparteien die Dienste des IKRK akzeptiert haben[50].

In folgenden Fällen hat das IKRK mit Zustimmung beider Konfliktsparteien wertvolle materielle und medizinische Hilfe zu bringen und umfangreiche Schutzaufgaben (meist in Form von Haftstätten- und Lagerbesuchen) zu erfüllen vermocht: während des Bürgerkrieges in Guatemala im Jahre 1954[51], beim bewaffneten Konflikt in Costa Rica von 1954[52], anläßlich der blutigen Unruhen im Libanon von 1958[53], desweiteren — wenn auch unter erheblichen Schwierigkeiten — während der langjährigen Unruhen in Zypern (1955 - 1959 und 1963 - 1965)[54], unter schwierigsten Bedingungen, aber mit insgesamt gutem Erfolg auch im Verlaufe der bewaffneten Unruhen im Kongo von 1960/1961[55], sowie im Bürgerkrieg von Jemen, der 1962 ausbrach und eine langjährige Hilfstätigkeit des IKRK ausgelöst hat[56].

In anderen Fällen hat das IKRK seine Hilfeleistungs- und Schutzfunktion im wesentlichen nur auf Seiten der Regierungsparteien mehr oder minder erfolgreich wahrnehmen können: so etwa im Algerienkonflikt von 1955 - 1962, als das IKRK zwar viele französische Gefangenenlager, kaum jedoch die von der FLN gefangen gehaltenen Franzosen besuchen konnte[57]; das Gleiche gilt für den Laos-Konflikt von 1959 - 1962[58] und besonders auch für den Vietnam-Konflikt von 1961 bis 1973[59].

---

[49] Siehe *Schindler*, Anwendung, S. 88 ff.
[50] Siehe ebd., S. 92.
[51] Siehe den Tätigkeitsbericht des IKRK (IKRK-TB) von 1954, S. 32 ff.
[52] Costa Rica nahm die Dienste des IKRK an, obwohl es zu diesem Zeitpunkt den Genfer Konventionen von 1949 noch nicht beigetreten war; vgl. den IKRK-TB 1954, S. 12 f.
[53] Siehe den IKRK-TB 1958, S. 11 ff.
[54] Siehe z. B. die IKRK-TBe 1958, S. 17 ff.; 1964, S. 14 ff.; 1965, S. 35 ff.
[55] Den Kämpfen fiel auch der IKRK-Vertreter G. Olivet zum Opfer; siehe die IKRK-TBe 1960, S. 4 ff.; 1961, S. 4 ff.
[56] Siehe die IKRK-TBe 1962, S. 31 f.; 1963, S. 11 ff.; 1965, S. 29 ff.; 1967, S. 16 ff.
[57] Siehe die IKRK-TBe 1958, S. 6 f.; 1962, S. 4 ff.
[58] Siehe die IKRK-TBe 1961, S. 25 ff.; 1962, S. 16 ff.
[59] Siehe z. B. den IKRK-TB 1965, S. 7 ff.; vgl. auch den Bericht „L'activité du Comité international en Indochina de 1965 à 1972"; Rev.Int.C-R, 55. Jg., 1973, S. 31 f.

Lediglich zu sporadischen bzw. sehr eng begrenzten IKRK-Aktionen, die angesichts der hohen Zahl von Konfliksopfern, die ohne jeden humanitären Schutz und Hilfe blieben, kaum befriedigen können, ist es etwa im Indochina-Konflikt von 1946 - 1954[60], beim Ungarn-Aufstand von 1956[61] und im kubanischen Bürgerkrieg von 1958 - 1961[62] gekommen.

In der Zeit von 1949 bis 1965 haben sich die Konfliktsparteien aber auch in vielen Fällen den humanitären Initiativen des IKRK völlig verschlossen. Zu erinnern ist hier vor allem an die Unruhen in Angola von 1961[63] und an die Ereignisse in Stanleyville und Paulis von 1964, als sich das IKRK vergeblich um die Freilassung der von kongolesischen Rebellen festgehaltenen Geiseln bemühte[64].

Sieht die Erfolgsbilanz des IKRK schon für den Berichtszeitraum *Schindlers* nicht allzu günstig aus, so dürfte sich diese Bilanz von 1965 bis heute eher noch verschlechtert haben.

Im Mai 1965 vermochte das IKRK bei den Unruhen in Santo Domingo mit der Aushandlung einer 24stündigen Waffenruhe (nach deren Ablauf die Kämpfe nicht wieder aufgenommen wurden) zur Beendigung des Bürgerkriegs in der Dominikanischen Republik beizutragen[65]; Ende 1967 bewerkstelligte das IKRK die Evakuierung der weißen Söldner und Katanga-Gendarmen in Bukawu[66]. Neben diesen erfolgreichen Bemühungen des IKRK in seiner Funktion als humanitärer Vermittler zwischen den Konfliktsparteien konnte das IKRK mit einer umfassenden Hilfsaktion zugunsten beider Parteien des jordanischen Bürgerkriegs im Herbst 1970 einen weiteren respektablen Erfolg für sich verbuchen[67].

Dagegen führten die humanitären Initiativen des IKRK im nigerianischen Bürgerkrieg von 1967 - 1970 allenfalls zu einem Teilerfolg.

In der ersten Phase des biafranischen Befreiungskampfes konnte das IKRK zwar in dem von der Zentralregierung in Lagos kontrollierten Gebiet und in beschränktem Umfang auch in der von Regierungs-

---

[60] Siehe den IKRK-TB 1954, S. 35 f.
[61] Siehe den IKRK-TB 1956, S. 3 ff.
[62] Immerhin gelang ein direkter Gefangenenaustausch zwischen den Konfliktsparteien unter Aufsicht des IKRK (siehe den IKRK-TB 1958, S. 19 ff.); im übrigen blieben jedoch alle Bemühungen des IKRK um Beistand für die Konfliktsopfer erfolglos (siehe die IKRK-TBe 1961, S. 30; 1962, S. 35).
[63] Siehe den IKRK-TB 1961, S. 15.
[64] Siehe den IKRK-TB 1964, S. 21 ff.
[65] Siehe den IKRK-TB 1965, S. 41 ff.
[66] Siehe den IKRK-TB 1967, S. 33 ff.
[67] Siehe die Berichte des IKRK in Rev.Int.C-R, 52. Jg., 1970, S. 618 ff., 702 ff., 773 f.; 53. Jg., 1971, S. 25 ff.

1. Abschn.: IKRK-Aktionen in internen bewaffneten Konflikten 99

truppen eingeschlossenen Ostprovinz Biafra über eine Luftbrücke humanitäre Hilfe leisten.

Nachdem die nächtlichen Hilfsflüge des IKRK für Biafra von der Zentralregierung aber nicht mehr geduldet wurden (ein IKRK-Hilfsflugzeug wurde sogar abgeschossen!), beschloß das IKRK im Juni 1969 aus Sicherheitsgründen die Unterbrechung der Luftbrücke nach Biafra und nahm sie in der Folgezeit (von zwei Flügen im August 1969 abgesehen) auch nicht wieder auf. Damit war die Hilfstätigkeit des IKRK für die dem Hungertod preisgegebene Bevölkerung der Ostprovinz fast völlig lahmgelegt worden. Andere Organisationen, insbesondere die Hilfsdienste der christlichen Kirchen, setzten dagegen unter schwierigsten Bedingungen ihre Versorgungsflüge nach Biafra fort[68].

Während das IKRK den Opfern des nigerianischen Bürgerkriegs immerhin eine Zeitlang wertvolle humanitäre Hilfe bringen konnte, wurden das humanitäre Dienstangebot des IKRK nach Ausbruch des ostbengalischen Befreiungskampfes im Frühjahr 1971 von der pakistanischen Regierung schroff abgewiesen und damit jegliche humanitäre Aktivität des IKRK zugunsten der zahlreichen Konfliktsopfer von vornherein unterbunden[69].

Der Abbruch der Aktion in Nigeria und der totale Mißerfolg der Initiativen des IKRK im pakistanischen Bürgerkrieg fallen um so mehr ins Gewicht, als gerade diese beiden Konflikte durch besondere Grausamkeiten und hohe Verluste unter den Kämpfenden und Zivilpersonen gekennzeichnet waren; da die Bevölkerung zudem noch durch Hungersnöte und Epidemien in ihrer Existenz vernichtet zu werden drohte, war das IKRK beide Male vor Aufgaben gestellt, denen es — selbst wenn seine Dienste von den Konfliktsparteien voll akzeptiert worden wären — mit den ihm verfügbaren Mitteln von vornherein nicht gewachsen sein konnte.

Bezieht man in diese Betrachtung auch noch den seit 1961 bis zum Waffenstillstand im Frühjahr 1973 sich ständig steigernden Vietnam-Konflikt[70] mit ein, in dessen Verlauf sämtlichen humanitären Initiativen des IKRK durch die nordvietnamesische Regierung und die nationale Befreiungsfront von Südvietnam immer wieder dieselbe deutliche

---

[68] Siehe zu den IKRK-Aktionen im nigerianischen Bürgerkrieg die IKRK-TBe 1967, S. 42 ff.; 1968, S. 9 ff.; 1969, S. 6 ff., sowie *Petitpierre*, S. 79 ff., und P. *Mertens*, Les modalités de l'intervention du Comité International de la Croix-Rouge dans le conflit du Nigéria, Annuaire Français de Droit International, 1969, S. 183 - 209.
[69] Siehe den IKRK-TB 1971, S. 39 ff.
[70] Dieser Konflikt steht hier nur insoweit zur Diskussion, als er den Charakter eines internen bewaffneten Kampfes im Sinne des Art. 3 (1) GK hat.

Abfuhr erteilt wurde[71], so sieht die Bilanz der humanitären Aktionen des IKRK in internen bewaffneten Konflikten von 1949 bis heute insgesamt nicht allzu positiv aus.

6. Die Grenzen der humanitären Aktionen des IKRK

Fragt man nach den Gründen, die das IKRK — wie soeben gezeigt — in vielen internen bewaffneten Konflikten entweder ganz an der Durchführung humanitärer Aktionen gehindert oder ihm solche Aktionen jedenfalls nicht in dem für einen umfassenden Konfliktsopferschutz notwendigen Ausmaß gestattet haben, so liegt dies zunächst einmal daran, daß die IKRK-Aktionen in Art. 3 (2) GK nur eine unvollkommene Rechtsgrundlage finden: Da dem Recht des IKRK, den Konfliktsparteien seine humanitären Dienste anzubieten, keine rechtliche Annahmeverpflichtung der Parteien korrespondiert, ist es nicht weiter verwunderlich, daß die Konfliktsparteien von ihrem Ablehnungsrecht in der Praxis häufig auch Gebrauch gemacht haben.

Die tieferen Ursachen für die mangelnde Bereitschaft vieler Konfliktsparteien, eine humanitäre Aktion des IKRK zu akzeptieren, können hier nicht im einzelnen aufgedeckt werden. Erwähnt seien daher nur die besonderen Schwierigkeiten des IKRK im Umgang mit den Staaten der sog. Dritten Welt. Diese Staaten begegnen dem IKRK schon deshalb mit einigem Mißtrauen, weil die internationale Rotkreuz-Bewegung auch heute noch eng der abendländischen Kultur und der westlich-demokratischen Ideologie verhaftet ist. Die jüngsten Bürgerkriege und Unruhen im afrikanischen, asiatischen und südamerikanischen Raum sind überwiegend durch politisch-ideologische Auseinandersetzungen rivalisierender Gruppierungen und gewaltsame Erhebungen gegen koloniale oder rassistische Unterdrückung gekennzeichnet gewesen. Gerade in solchen ideologisch motivierten Konflikten fällt es dem IKRK schwer, das Vertrauen der Konfliktsparteien zu gewinnen, zweifeln diese doch häufig an seiner politisch-ideologischen Neutralität.

Während das IKRK wegen seines ideologischen Standortes und seiner kulturgeschichtlichen Tradition bei den anti-westlich orientierten Staaten des kommunistischen Einflußbereichs mit seinen humanitären Initiativen von jeher auf Zurückhaltung gestoßen ist, hat das IKRK nunmehr auch bei den sich vielfach im Stadium des ideologischen Umbruchs befindlichen Staaten der Dritten Welt einen zunehmenden Autoritätsschwund zu verzeichnen. So dürften etwa die Schwierigkeiten und Mißerfolge, die das IKRK anläßlich der Geiselnahme von Stanleyville, im nigerianischen und pakistanischen Bürgerkrieg und

---

[71] Vgl. hierzu etwa *Petitpierre*, S. 78 f.

bis zuletzt auch im Vietnam-Konflikt hinnehmen mußte, in dem mangelnden Vertrauen der Konfliktsparteien in die apolitische und ideologisch ungebundene Haltung des IKRK ihre maßgebliche Ursache gehabt haben. Das IKRK hat sich sogar den Vorwurf gefallen lassen müssen, es verfolge als Handlanger des Kapitalismus neokolonialistische Ziele[72].

Das wachsende Mißtrauen vieler außereuropäischer Staaten gegenüber der Institution des Internationalen Roten Kreuzes hat das „Journal de Genève, Samedi litteraire" schon in seiner Ausgabe vom 1. Mai 1968 veranlaßt, einer Diskussion über die Zukunft des Roten Kreuzes die skeptische Frage voranzustellen: „La Croix-Rouge a-t-elle fait son temps?" Und das Scheitern der Verhandlungen einer offiziellen IKRK-Delegation mit der pakistanischen Regierung über humanitäre Hilfeleistungen für Ostpakistan hat letztlich sogar zu einer Krise innerhalb der Führungsspitze des IKRK geführt, die in dem demonstrativen Rücktritt des IKRK-Vizepräsidenten J. Freymond im März 1971 gipfelte[73].

Es sind aber nicht nur diese schwer überwindbaren ideologisch-politischen Schranken, die dem IKRK eine humanitäre Aktion oftmals verwehren oder zumindest erschweren. Vielmehr sieht sich das IKRK oft auch personell und materiell überfordert, den Opfern bewaffneter Konflikte in ausreichendem Maße beizustehen, zumal dann, wenn es in verschiedenen Konfliktssituationen und nicht konfliktsbedingten Notlagen, etwa bei Naturkatastrophen, Epidemien und Hungersnöten, gleichzeitig möglichst rasch und wirksam Hilfe bringen soll. Deshalb wird es einer engen Zusammenarbeit zwischen dem IKRK und der Liga der Rotkreuzgesellschaften, darüber hinaus aber auch eines funktionsgerechten Zusammenwirkens aller humanitärer Organisationen, einschließlich der Vereinten Nationen, und der aktiven Unterstützung der im Gedanken der Humanität solidarischen Staaten bedürfen, wenn die durch künftige (interne) bewaffnete Konflikte entstehenden humanitären Probleme einigermaßen bewältigt werden sollen[74].

---

[72] In diesem Vorwurf gipfelte die ablehnende Antwort des kongolesischen Rebellenführers Gbenye auf die Aufforderung des IKRK zur Freilassung der Geiseln im November 1964 (siehe den Nachweis bei F. Pfenninger, Geiselnahme und Geiseltötung im Kongo, Schweizerische Juristen-Zeitung, 61. Jg., 1965, S. 117).
[73] Siehe die Mitteilung des IKRK in Rev.Int.C-R, 53. Jg., 1971, S. 238. — Vgl. in diesem Zusammenhang auch *Freymonds* kritische Studie „Das Internationale Komitee vom Roten Kreuz im internationalen Gefüge" in der Beilage zur Rev.Int.C-R, 1972, Bd. XXIII, Nr. 7, S. 95 ff.; Nr. 8, S. 111 ff.
[74] Mit den möglichen Formen einer solchen Zusammenarbeit wird sich die Untersuchung im 3. Teil, 2. Kap. noch eingehend zu befassen haben.

2. Abschnitt: Die humanitären Aktionen des IKRK bei inneren Unruhen

Die humanitären Aktionen des IKRK bei inneren Unruhen werfen insofern spezifische Rechtsfragen auf, als Art. 3 GK in solchen Unruhesituationen keine Anwendung findet. Die materiellrechtliche Verpflichtung der Parteien zur Einhaltung des humanitären Mindeststandards kann also ebenso wenig aus Art. 3 (1) GK hergeleitet werden, wie das humanitäre Initiativrecht des IKRK aus Art. 3 (2) GK. Es wird daher zu prüfen sein, ob sich eine solche Verpflichtung der Parteien und ein solches Recht des IKRK heute aus dem allgemeinen Völkerrecht ergeben. Zuvor bedarf es aber noch einiger Bemerkungen zu den Anwendungsfällen des Konfliktstyps der „inneren Unruhen".

I. Anwendungsfälle der „inneren Unruhen"

Die objektiven Voraussetzungen des Konfliktstyps der „inneren Unruhen" sind schon eingangs dieser Untersuchung bestimmt worden[75]; danach handelt es sich hierbei um Krisensituationen, die nicht bzw. noch nicht die objektiven Merkmale eines internen bewaffneten Konflikts im Sinne des Art. 3 (1) GK aufweisen.

Als „innere Unruhen" werden aber auch solche Fälle verstanden, bei denen die Konfliktsqualität gemäß Art. 3 (1) GK nicht eindeutig erwiesen ist oder von der Regierung des betreffenden Staats geleugnet wird[76].

II. Die Verpflichtung des Unruhe-Staats zur Einhaltung des humanitären Mindeststandards

Schon im 1. Teil dieser Untersuchung[77] ist nachgewiesen worden, daß die Staaten zu allen Zeiten, also auch bei inneren Unruhen, völkerrechtlich verpflichtet sind, die Regeln des humanitären Mindeststandards,

---

[75] Vgl. oben I. Teil, 2. Kap., 2. Abschnitt.
[76] In diesen Fällen steht das IKRK vor der Wahl, ob es riskieren soll, die betreffende Regierung durch die Berufung auf sein Initiativrecht gemäß Art. 3 (2) GK insofern zu verprellen, als damit implicite der Konfliktszustand im Sinne des Art. 3 (1) GK festgestellt würde, oder ob es sein Dienstangebot vorsichtshalber nur auf sein allgemeines Initiativrecht (dessen Existenz vorausgesetzt) stützen soll, um die Verhandlungsbereitschaft der Regierung nicht zu gefährden. Aus diesem Grunde hat sich das IKRK beispielsweise zu Beginn des algerischen Bürgerkriegs, als die Auseinandersetzungen noch nicht eindeutig die Form eines bewaffneten Konflikts angenommen hatten, bei seinen ersten Kontakten mit der französischen Regierung im Februar 1955 nur auf sein allgemeines Initiativrecht berufen und erst später, im Februar 1956, seine Initiative auf Art. 3 (2) GK gestützt (siehe hierzu *Zorgbibe*, S. 160 f.).
[77] Siehe 1. Kap., 2. Abschnitt, II 2., 3.

also die elementarsten Menschenrechte, gegenüber jedermann zu beachten. Weiter ist dort dargelegt worden, daß ein Staat dann, wenn es sichere Hinweise auf schwere Menschenrechtsverletzungen in seinem Gebiet gibt, gegen eine humanitäre Aktion eines anderen Staats, eines UN-Organs oder des IKRK zur Durchsetzung dieses Mindeststandards sur place heute nicht mehr den Einwand der „domestic jurisdiction" erheben darf.

Angesichts dieser Rechtssituation könnte die Frage, ob dem IKRK bei inneren Unruhen ein humanitäres Initiativrecht gegenüber der Regierung des Unruhe-Staats[78] zusteht, rechtlich unproblematisch erscheinen. Es ist aber bereits darauf hingewiesen worden, daß viele Staaten auch heute noch jede humanitäre Intervention von außen als unzulässige Einmischung in ihre inneren Angelegenheiten betrachten. Ob die humanitären Initiativen des IKRK im Falle innerer Unruhen heute völkergewohnheitsrechtlichen Rang haben, kann daher nur eine Untersuchung der Staatenpraxis erweisen.

III. Das völkergewohnheitsrechtliche Initiativrecht des IKRK bei inneren Unruhen

Bereits in der XIV. Resolution der X. Internationalen Rotkreuzkonferenz von 1921 ist dem IKRK — wie schon weiter oben[79] angedeutet — ein humanitäres Initiativrecht nicht nur im Falle von Bürgerkriegen, sondern auch bei „troubles sociaux et révolutionnaires" zuerkannt worden; auch in Art. VI (5) des im Range einer völkerrechtlichen Organisationsnorm stehenden IRK-Statuts sind die „troubles intérieurs" in das Wirkungsfeld des IKRK einbezogen worden. Nach Auffassung der Expertenkommission von 1962 soll gar ein nahezu 100jähriger, von den Staaten anerkannter Brauch dem IKRK ein Initiativrecht in humanitären Angelegenheiten schlechthin verleihen[80].

Ob die Aussage der Experten in dieser Allgemeinheit der heutigen Staatenpraxis gerecht wird, mag dahingestellt bleiben. Auf dem Gebiet des Schutzes der politischen Häftlinge, der wohl wichtigsten Aufgabe des IKRK in Fällen innerer Unruhen, spricht jedenfalls für eine all-

---

[78] Im Falle von inneren Unruhen werden sich die Initiativen des IKRK in der Regel nur an die Regierung des Unruhe-Staates richten, weil deren Gegner meist keine geschlossene Organisation bilden dürften, die durch ihr Verhalten eine Initiative des IKRK herausfordert.
[79] 1. Abschnitt, I 2. dieses Kapitels.
[80] Siehe den Kommissionsbericht „Aide humanitaire", S. 84 f.; ebenso im Ergebnis auch schon die Expertenkommission von 1955 (Commission d'experts, chargée d'examiner la question de l'application des principes humanitaires en cas de troubles intérieurs, Rev.Int.C-R, 37. Jg., 1955, S. 726 f.).

gemeine, von der entsprechenden Rechtsüberzeugung getragene Anerkennung eines humanitären Initiativrechts des IKRK in der heutigen Staatenpraxis die Tatsache, daß die Delegierten des IKRK nach einer jüngsten statistischen Untersuchung von D. *Bujard* in der Zeit von 1958 bis 1972 in 65 verschiedenen Ländern, in denen innere Unruhen oder politische Spannungen herrschten, mehr als 1300 Besuche in 630 Haftstätten durchführen konnten; dabei dürften nach einer Schätzung etwa 100 000 Häftlinge besucht worden sein[81].

Bedenkt man, daß selbst die südafrikanische Regierung den Vertretern des IKRK in den Jahren 1964 und 1967 Haftstättenbesuche gestattet hat, obwohl sie sich einer entsprechenden Intervention der Vereinten Nationen bis heute unter Berufung auf Art. 2 (7) UN-Charta verschließt[82], und daß die griechischen Obristen am 3. November 1969 mit dem IKRK sogar einen Vertrag abgeschlossen haben, in dem den IKRK-Delegierten das Recht zugestanden wurde, die griechischen politischen Häftlinge aller Kategorien zu besuchen[83], so dürfte der Schluß gerechtfertigt sein, daß die Staaten dem IKRK heute allgemein ein Initiativrecht hinsichtlich der Betreuung politischer Häftlinge zubilligen[84].

Wie schon im Falle eines internen bewaffneten Konflikts kommt es für das IKRK auch bei inneren Unruhen darauf an, in diskreten Verhandlungen mit der Regierung des Unruhe-Staats deren Zustimmung für seine Schutzaktion zugunsten der politischen Häftlinge zu gewinnen. Auch hier entscheiden also die Verhandlungskunst und die Überzeugungskraft des IKRK allein über Erfolg oder Mißerfolg seiner humanitären Initiativen.

Um überhaupt humanitär aktiv werden zu können, muß sich das IKRK das Einverständnis des Unruhe-Staats dadurch erkaufen, daß es auf dessen nationale Interessen weitestgehende Rücksicht nimmt: So beschränkt das IKRK seine Tätigkeit auf die Untersuchung der materiellen Haftbedingungen, fragt also nicht nach den juristischen Gründen einer Inhaftierung. Hinsichtlich der Untersuchungsergebnisse verlangen die Gewahrsamstaaten vom IKRK strengste Diskretion; deshalb ge-

---

[81] Siehe Rev.Int.C-R, 55. Jg., 1973, S. 29. — Vgl. hierzu auch *J. Moreillon*, Le Comité International de la Croix-Rouge et la protection des détenues politiques, 1973.

[82] Ausführlich zur Haltung Südafrikas gegenüber den Vereinten Nationen in der Frage der Behandlung südafrikanischer Häftlinge *Carey*, S. 95 ff.

[83] Eine Verlängerung dieses für ein Jahr geschlossenen Vertrages lehnte die griechische Regierung allerdings am 3. 11. 1970 ab (siehe hierzu im einzelnen die IKRK-TBe 1969, S. 53 ff.; 1970, S. 47 ff.; 1971, S. 45 f.).

[84] In diesem Sinne auch *F. Siordet*, Croix-Rouge et droits de l'homme, Rev.Int.C-R, 50. Jg., 1968, S. 119; zum selben Ergebnis gelangt auch der Bericht „Le sort des détenus politiques", Rev.Int.C-R, 54. Jg., 1972, S. 736.

langen die Berichte des IKRK nicht an die Öffentlichkeit, sondern werden ausschließlich den Gewahrsamstaaten selbst zugeleitet[85].

Gesamtergebnis des 3. Kapitels

Als *Ergebnis* dieses Kapitels kann insgesamt festgehalten werden, daß das IKRK nicht nur in internen bewaffneten Konflikten, sondern auch bei inneren Unruhen (insbesondere auf dem Gebiet des Schutzes politischer Häftlinge) humanitäre Aktionen durchzuführen vermag.

Einzige Rechtsgrundlage dieser Aktionen ist das humanitäre Initiativrecht des IKRK: in internen bewaffneten Konflikten das in Art. 3 (2) GK normierte Initiativrecht und bei inneren Unruhen das völkergewohnheitsrechtliche Initiativrecht.

Durch die Möglichkeit der Berufung auf dieses Initiativrecht wird die Verhandlungsposition des IKRK gegenüber den Konfliktsparteien gestärkt. Da jede humanitäre Aktion aber der Zustimmung der Konfliktspartei(en) bedarf, entscheiden die Verhandlungskunst des IKRK und der gute Wille der Partei(en) allein über Erfolg oder Mißerfolg der humanitären Initiativen des IKRK.

Wenngleich das IKRK in der Praxis mit seinen Initiativen bei den Konfliktsparteien bei weitem nicht immer durchgedrungen ist, erweist es sich gegenüber den Organen der Vereinten Nationen insgesamt als das tauglichere Subjekt für die Durchführung humanitärer Aktionen in internen (bewaffneten) Konflikten. Deshalb wird das IKRK auch im Mittelpunkt der Untersuchung im 3. Teil dieser Arbeit stehen, die der Verbesserung des Konfliktsopferschutzes de lege ferenda gewidmet sein wird.

---

[85] Vgl. hierzu die Feststellungen der Commission d'experts chargée d'examiner la question de l'assistance aux détenus politiques in: Rev.Int.C-R, 35. Jg., 1953, S. 445 f., und den in der vorigen Anm. zitierten Bericht „Le sort des détenus politiques", S. 736.

Dritter Teil

Die humanitäre Aktion in nicht-internationalen Konflikten — de lege ferenda —

Die bisherige Untersuchung hat gezeigt, daß nach dem derzeitigen Stand des Völkerrechts für den Bereich der nicht-internationalen Konflikte kein Verfahren der humanitären Aktion greifbar ist, um den humanitären Mindeststandard in allen Fällen ausreichend zu gewährleisten.

Da das IKRK auf dem Gebiet der humanitären Aktion in seiner bisherigen Praxis aber immerhin schon bedeutsame Erfolge erzielt hat, soll im Mittelpunkt der folgenden Erörterungen die Frage stehen, auf welche Weise das bisherige IKRK-Verfahren der humanitären Aktion neu gestaltet oder wenigstens verbessert werden könnte.

Schwerpunkte der Untersuchung sollen dabei die beiden folgenden Fragen sein:
zum einen, ob das humanitäre Initiativrecht des IKRK gestärkt werden könnte (1. Kapitel), und zum anderen, ob neue Formen der Zusammenarbeit zwischen dem IKRK und den Mitgliedstaaten der Genfer Konventionen, sowie zwischen dem IKRK und den Vereinten Nationen die Wirksamkeit der humanitären Aktion erhöhen könnten (2. Kapitel).

Bei der Erörterung dieser beiden Fragen sollen die aktuellen Vorschläge und Initiativen zur Reform des humanitären Rechtsschutzes in Konflikten — soweit sie hier interessieren — dargestellt und diskutiert werden, ohne daß hierbei ein Anspruch auf Vollständigkeit erhoben werden soll.

Erstes Kapitel

Die Stärkung des humanitären Initiativrechts des IKRK

Die Chancen für eine Stärkung des jetzigen humanitären Initiativrechts des IKRK dürften — wie sich noch zeigen wird[1] — für den Bereich der internen bewaffneten Konflikte von vornherein höher zu veranschlagen sein als für den Bereich der inneren Unruhen. Dieser Frage soll daher für diese beiden Konfliktstypen jeweils gesondert nachgegangen werden.

1. Abschnitt: Die Stärkung des Initiativrechts des IKRK in internen bewaffneten Konflikten

Für eine Erweiterung des Initiativrechts des IKRK bieten sich verschiedene Methoden an:

Zahlreiche Reformbestrebungen zielen darauf ab, das bisherige Initiativrecht des IKRK durch die Statuierung einer rechtlichen Annahmeverpflichtung der Konfliktsparteien zu einem unmittelbaren Aktionsrecht auszubauen oder einem solchen Recht zumindest anzunähern.

Die Rechtsposition des IKRK gegenüber den Konfliktsparteien könnte darüber hinaus auch im Wege einer inhaltlichen Ausfüllung des humanitären Initiativrechts durch konkrete Aufgabenzuweisung an das IKRK gestärkt werden.

Ob eine dieser beiden Methoden für einen Ausbau der Rechte des IKRK Erfolg verspricht, soll im weiteren geprüft werden.

I. Der Ausbau des Initiativrechts zum Aktionsrecht des IKRK

Die IKRK-Aktionen könnten vom Willen der Konfliktsparteien rechtlich[2] unabhängig gemacht werden, wenn es gelänge, dem IKRK künftig nicht nur ein Initiativrecht, sondern ein „fertiges" Recht zur Leistung

---
[1] Siehe unten 2. Abschnitt dieses Kapitels.
[2] Auf den begrenzten praktischen Wert einer rechtlichen Annahmeverpflichtung der Konfliktsparteien ist schon weiter oben (II. Teil, 3. Kap., 1. Abschnitt, II 1. b)) hingewiesen worden.

humanitärer Dienste einzuräumen. Eine entsprechende Revision ließe sich nur dadurch erreichen, daß sich die Mitgliedstaaten der Genfer Konventionen in einem Zusatzprotokoll zu Art. 3 GK zur Annahme des humanitären Dienstangebots des IKRK rechtlich verpflichteten.

1. Die einschlägigen Reformbestrebungen

Die vertragliche Unterwerfung der Konfliktsparteien unter die humanitäre Aktion des IKRK ist das erklärte Ziel vieler Reformvorschläge.

So verfolgt die Commission Médico-Juridique von Monaco schon seit langem das Ziel, den Staaten in einem Zusatzprotokoll zu den Genfer Konventionen die Annahme der IKRK-Dienste zur Rechtspflicht zu machen. Auf ihrer VI. Sitzung im April 1971 hat diese Kommission schließlich das „Projet de règlement d'exécution des Conventions de Genève du 12 août 1949 pour la protection des victimes de la guerre" angenommen und es der vom IKRK nach Genf einberufenen Ersten Regierungsexperten-Konferenz vom 24. Mai bis 12. Juni 1971 vorgelegt. In Art. 14 (1) dieses „Projet de règlement d'exécution" wird für den Fall eines internen bewaffneten Konflikts lapidar bestimmt: „Les Parties au conflit accepteront les services du CICR[3]."

Dieselbe rigorose Forderung ist auch auf der im März 1971 in Den Haag abgehaltenen Konferenz der Rotkreuz-Experten erhoben worden[4].

Das IKRK hat sich den Vorschlag, die Konfliktsparteien rechtlich zur Annahme der Dienste des IKRK zu verpflichten, in seinem Entwurf für ein Zusatzprotokoll zu Art. 3 GK, der auf der Zweiten Regierungsexperten-Konferenz vom 3. Mai bis 3. Juni 1972 in Genf von der II. Kommission beraten wurde, in dieser strikten Form nicht zueigen gemacht[5].

Art. 30 des IKRK-Entwurfs in seiner damaligen Fassung hat für den Fall, daß die Bevölkerung ungenügend versorgt wird und die zivilen und militärischen Opfer infolge Verwundung oder Krankheit der sanitären Hilfe bedürfen, folgende Regelung getroffen: „... les Parties au conflit, dans toute la mesure du possible, accepteront et faciliteront les actions impartiales de secours entreprises par des organismes humanitaires tels que le Comité international de la Croix-Rouge et les Sociétés nationales de la Croix-Rouge.

---

[3] Siehe den Text dieses Entwurfs in: Compte Rendu de la VIe Session de la Commission Médico-Juridique, ADIM, Nr. 22, 1971, S. 39 ff. (43).

[4] Siehe den Bericht über diese Konferenz in: Rev.Int.C-R, 53. Jg., 1971, S. 227.

[5] Siehe die Texte dieses Entwurfs im folgenden in: Conférence d'experts gouvernementaux sur la réaffirmation et le développement du droit international humanitaire applicable dans les conflits armés, Seconde Session, 3 mai - 3 juin 1972. Rapport sur les travaux de la Conférence, Bd. I, Genf 1972.

1. Abschn.: Initiativrecht in internen bewaffneten Konflikten 109

2. Les Parties au conflit auront le droit de fixer les conditions techniques de l'acheminement des secours. Elles ne pourront d'aucune manière détourner les envois de secours de leur affectation, ni en retarder l'acheminement.

3. En aucune circonstance cette assistance ne sera considérée comme une ingérence dans le conflit[6]."

Während in dieser Bestimmung über die humanitäre Hilfeleistung die Annahmeverpflichtung der Konfliktsparteien durch den einschränkenden Zusatz „im Rahmen des Möglichen" relativiert wird, statuiert Art. 31 (1) des IKRK-Entwurfs für die Konfliktsparteien und jeden betroffenen Unterzeichnerstaat eine uneingeschränkte Pflicht zum freien Durchlaß von Hilfssendungen[7].

Demgegenüber bestimmt Art. 37 dieses IKRK-Entwurfs bezüglich der Kontrolle über die Einhaltung dieses Zusatzprotokolls zu Art. 3 GK:

„Dans toute la mesure du possible, chaque partie au conflit fera appel à un organisme présentant toutes garanties d'impartialité et d'efficacité pour concourir à l'observation des dispositions du présent Protocole ...[8]."

Schon damals hat sich das Redaktionskomitee durch verschiedene Abänderungsvorschläge veranlaßt gesehen, zwei Varianten zu Art. 37 des IKRK-Entwurfs auszuarbeiten. Während die erste Variante eine für die Parteien zwingende Kontrolle des IKRK über die Anwendung der Bestimmungen des Zusatzprotokolls vorsah[9], trug die zweite Variante zu Art. 37 den Bedenken Rechnung, die einige Regierungsexperten gegen die Statuierung einer formellen Rechtspflicht der Konfliktsparteien zur Duldung einer solchen Kontrolle angemeldet hatten, indem sie den fakultativen Charakter der Kontrolle betonte[10].

Diese Bestimmungen des IKRK-Entwurfs von 1972 haben in dem „Projet de Protocole additionnel aux Conventions de Genève du 12 août 1949 relatif à la protection des victimes de conflits armés non internationaux" des IKRK vom Juni 1973, welches jüngst der XX. Internationalen Rotkreuzkonferenz in Teheran vom November 1973 und insbesondere auch der diplomatischen Konferenz zur Erweiterung des humanitären Völkerrechts vom 20. Februar bis 29. März 1974 in Genf zur Beratung vorgelegen hat, noch einige Änderungen erfahren.

In Art. 33 des IKRK-Entwurfs von 1973 für ein Zusatzprotokoll zu den Genfer Konventionen bezüglich des Schutzes der Opfer interner

---
[6] Rapport 1972, Bd. I, S. 90.
[7] Siehe den Wortlaut dieser Bestimmung in: Rapport 1972, Bd. I, S. 91.
[8] Rapport 1972, Bd. I, S. 95.
[9] Siehe den Wortlaut der 1. Variante in: Rapport 1972, Bd. I, S. 96 f.
[10] Siehe den Wortlaut der 2. Variante in Rapport 1972, Bd. I, S. 97.

bewaffneter Konflikte[11] wird nunmehr unter dem Titel „Actions de secours" folgendes bestimmt:

„1. Lorsque la population civile est insuffisamment approvisionnée, notamment en vivres, vêtements, médicaments, matériel sanitaire et moyens de logement, les parties au conflit accepteront et faciliteront dans toute la mesure du possible les actions de secours de caractère exclusivement humanitaire et impartial et conduites sans aucune distinction de caractère défavorable. Les actions de secours qui satisfont aux conditions qui précèdent ne seront pas considérées comme une ingérence dans le conflit armé.

2. Les parties au conflit et toute Haute Partie contractante par le territoire desquelles les secours doivent transiter leur accorderont le libre passage lorsque les actions de secours sont entreprises conformément aux conditions éconcées à l'alinéa premier.

3. En fixant les modalités techniques relatives à l'assistance ou au transit, les parties au conflit et toute Haute Partie contractante s'efforceront de faciliter et d'accélérer l'admission, le transport, la distribution ou le passage de secours.

4. Les parties au conflit et toute Haute Partie contractante pourront poser comme condition que l'admission, le transport, la distribution ou le passage de secours soient effectués sous le contrôle d'un organisme humanitaire et impartial.

5. Les parties au conflit et toute Haute Partie contractante ne pourront d'aucune manière détourner les envois de secours de leur affectation, ni en retarder l'acheminement[12]."

Art. 39 des II. Protokollentwurfs des IKRK von 1973 sieht unter dem Titel „Concours à l'observation du présent Protocole" folgendes vor:

„Les parties au conflit pourront faire appel à un organisme présentant toutes garanties d'impartialité et d'efficacité, tel que le Comité international de la Croix-Rouge, pour concourir à l'observation des dispositions du présent Protocole. Un tel organisme pourra également offrir ses services aux parties au conflit[13]."

2. Würdigung der Art. 33 und 39 des II. Protokollentwurfs des IKRK von 1973

Würdigt man die Art. 33 und 39 des II. Protokollentwurfs des IKRK von 1973 unter dem Gesichtspunkt, inwieweit durch diese Bestimmun-

---

[11] Innere Unruhen werden in Art. 1 (2) des IKRK-Entwurfs von 1973 vom Anwendungsbereich des II. Zusatzprotokolls ausgenommen; vgl. hierzu auch weiter unten 2. Abschnitt dieses Kapitels.
[12] *CICR*, Projets de Protocoles additionnels aux Conventions de Genève du 12 août 1949, Juin 1973, S. 43.
[13] Projets 1973, S. 44.

gen die Rechtsposition des IKRK gegenüber den Konfliktsparteien verbessert würde, so läßt sich folgendes feststellen:

Um mit der Regelung der Kontrolle über die Einhaltung der Bestimmungen des Zusatzprotokolls in Art. 39 zu beginnen, so hat das IKRK — im Gegensatz zu Art. 37 seines Entwurfs von 1972 — auf die Statuierung einer die Konfliktsparteien verpflichtenden Klausel nunmehr verzichtet; wenn es stattdessen die Anrufung des IKRK oder einer anderen unparteilichen Organisation in das Ermessen der Konfliktsparteien stellt und dem IKRK ein entsprechendes Initiativrecht gegenüber den Parteien einräumt, so ändert sich damit am bisherigen Rechtszustand nur so viel, daß das Initiativrecht des IKRK gemäß Art. 3 (2) GK für den Bereich der Kontrolle über die Einhaltung der Protokollbestimmungen positivrechtlich konkretisiert wird.

Demgegenüber werden den Konfliktsparteien in Art. 33 des II. Protokollentwurfs von 1973 in bezug auf humanitäre Hilfsaktionen formelle Rechtspflichten auferlegt: Während die Parteien in Art. 33 (1) — wie schon in Art. 30 (1) des Entwurfs von 1972 — zur Annahme und Ermöglichung einer Hilfsaktion nur „im Rahmen des Möglichen" verpflichtet werden, statuiert Art. 33 (2) — wie schon Art. 31 (1) des IKRK-Entwurfs von 1972 — für die Konfliktsparteien und die durch den Transit betroffenen Vertragsstaaten eine uneingeschränkte Verpflichtung zum freien Durchlaß von Hilfssendungen.

Die in Art. 33 des II. Protokollentwurfs von 1973 festgelegten Rechtspflichten der Konfliktsparteien und der eventuellen Transitstaaten entbinden das IKRK oder eine andere humanitäre Organisation nicht von dem Erfordernis. vor der Durchführung der beabsichtigten Hilfsaktion die Zustimmung der Konfliktsparteien und der eventuellen Transitstaaten zu dieser Aktion einzuholen[14]. Aus ihrer rechtlichen Verpflichtung zur Annahme und Transitgewährung gemäß Art. 33 (1) und (2) folgt aber eine entsprechende Rechtspflicht der Parteien und Transitstaaten zur Genehmigung der Hilfsaktion.

In Art. 33 (3) des Protokollentwurfs von 1973 wird den Konfliktsparteien und Transitstaaten das Recht eingeräumt, die technischen Bedingungen der Hilfeleistung oder des Transits selbst festzulegen; dieses Recht wird allerdings mit der Verpflichtung verknüpft, die Durchführung der Hilfsaktion in jeder Hinsicht zu ermöglichen und zu beschleunigen.

Betrachtet man die Regelung des Art. 33 des Protokollentwurfs von 1973 in ihrer Gesamtheit, so liegen ihre Schwächen zunächst einmal darin, daß die rechtliche Verpflichtung der Konfliktsparteien zur An-

---
[14] Ebenso auch *Bothe*, Rechtsprobleme, S. 47.

nahme und Ermöglichung einer Hilfsaktion durch den Zusatz „dans toute la mesure du possible" in Art. 33 (1) selbst stark relativiert wird, da den Parteien damit ein Ausweg eröffnet wird, die Hilfsaktion etwa aus angeblich zwingenden militärischen Sicherheitsgründen abzulehnen[15]. Hinzu kommt, daß die Konfliktsparteien und Transitstaaten von ihrer Befugnis, die technischen Bedingungen einer Hilfsaktion und ihres Transits selbst zu bestimmen, in der Praxis rechtsmißbräuchlich Gebrauch machen könnten, indem sie die Aktion (vertragswidrig) an Bedingungen knüpfen, die für den Hilfeleistenden aus Sicherheitsgründen unannehmbar sind.

Obwohl Art. 33 für die Konfliktsparteien nur eine unvollkommene Annahmeverpflichtung bringen würde und eine Umgehung dieser Verpflichtung in der Praxis nicht schwer fiele, erscheint es fraglich, ob diese Regelung die Zustimmung einer breiten Mehrheit von Staaten finden wird, wenn sie der diplomatischen Konferenz auf ihrer zweiten Tagung im Frühjahr 1975 zur Beratung und Verabschiedung ansteht[16]. Viele Staaten beharren nämlich auch heute noch zu sehr auf ihrem traditionellen Souveränitätsanspruch, als daß sie sich in — wenn auch eingeschränkten — vertraglichen Verpflichtungsklauseln für den Fall eines internen bewaffneten Konflikts der humanitären Hilfsaktion des IKRK oder einer vergleichbaren Organisation unterwerfen, ihre nationalen Interessen also freiwillig dem Humanitätsgebot unterordnen.

Entsprechende Bedenken sind denn auch auf beiden Regierungsexperten-Konferenzen vorgebracht worden[17]. Es sei auch daran erinnert, daß das IKRK selbst noch in seinem Vorbericht für die XXI. Internationale Rotkreuzkonferenz eine Revision des Art. 3 GK durch die Schaffung neuer zwingender Verpflichtungsnormen für kaum erreichbar gehalten hat[18]. Tatsächlich ist dann auch auf dieser Rotkreuzkonferenz ein Resolutionsentwurf, der für die Parteien von Bürgerkriegen eine Rechtspflicht zur Annahme der humanitären Hilfeleistungen des IKRK vorsah, von der Mehrheit der Delegierten abgelehnt worden[19].

---

[15] Vgl. wiederum *Bothe*, Rechtsprobleme, S. 47.

[16] Art. 33 des II. Protokollentwurfs des IKRK ist auf der ersten Tagung der Diplomatischen Konferenz im Frühjahr 1974 nicht behandelt worden. Zum Verlauf dieser ersten Phase der Konferenz vgl. unten in der Schlußbetrachtung zu dieser Untersuchung.

[17] Vgl. die Berichte über die Erste Regierungsexperten-Konferenz in: Rev.Int.C-R, 53. Jg., 1971, S. 605, und über die Zweite Expertenkonferenz in: Rapport 1972, Bd. I, S. 91, 96.

[18] Siehe den Bericht des IKRK „Protection des victimes de conflits non internationaux", S. 414.

[19] Vgl. hierzu den Bericht „Das Rote Kreuz am Wendepunkt seiner Entwicklung", Teil II: Die neuen Zielsetzungen, in: dpa-Hintergrund, dpa-Archiv, HG 1972, S. 7.

3. Alternativvorschlag zu Art. 33 und 39 des II. Protokollentwurfs des IKRK von 1973

Angesichts des zu erwartenden Widerstands vieler Staaten gegen eine Normierung von Annahme- und Durchlaßpflichten in bezug auf Hilfsaktionen des IKRK und der Notwendigkeit, hier eine Regelung zu treffen, die von möglichst vielen Staaten gebilligt wird und somit universale Geltung erlangt, stellt sich die Frage nach einer möglichen Alternative zu Art. 33 des II. Protokollentwurfs des IKRK von 1973.

Da nach der hier vertretenen Ansicht die Entscheidungsfreiheit der Konfliktsparteien über Annahme oder Ablehnung eines Hilfeleistungsangebots des IKRK erhalten bleiben muß, wenn eine Reform auf diesem Gebiet überhaupt Aussicht auf Verwirklichung haben soll, kann das Ziel einer solchen Reform nur die Stärkung der Rechtsposition des IKRK gegenüber den Konfliktsparteien im Stadium der Aushandlung von Hilfsaktionen[20] sein. Dabei käme es vor allem darauf an, eine Regelung zu treffen, die die Aufnahme von Verhandlungen zwischen dem IKRK und den Konfliktsparteien über eine Hilfsaktion gewährleistet und einen erfolgreichen Abschluß dieser Verhandlungen begünstigt.

Dieses Ziel ließe sich eventuell erreichen, wenn für die Konfliktsparteien eine — dem humanitären Initiativrecht des IKRK korrespondierende — Verhandlungspflicht statuiert werden könnte.

Es wäre also zu überlegen, ob nicht anstelle der in Art. 33 (1) des II. Protokollentwurfs von 1973 vorgesehenen eingeschränkten Annahmeverpflichtung der Konfliktsparteien ein „pactum de negotiando"[21] normiert werden könnte, das die Konfliktsparteien dazu verpflichten würde, die Initiative des IKRK aufzugreifen und mit diesem über eine Hilfsaktion zu verhandeln. Dabei kämen die Parteien ihrer Verpflichtung aus diesem pactum de negotiando nicht schon dadurch nach, daß sie mit dem IKRK bloß formal, also ohne ernsthaften Einigungswillen, verhandeln; vielmehr müßten sie sich bei ihren Verhandlungen aufrichtig um eine Einigung mit dem IKRK bemühen, ohne dabei aber a priori zu einem positiven Abschluß dieser Verhandlungen verpflichtet zu sein[22].

---

[20] Gleiches gilt für die Kontrollaktionen des IKRK, wie noch zu zeigen sein wird.

[21] Vgl. zu dieser Rechtsfigur allgemein etwa *H. J. Hahn*, Das pactum de negotiando als völkerrechtliche Entscheidungsnorm, AWD, 18. Jg., 1972, S. 489 ff., sowie *E. Kron*, Pactum de contrahendo im Völkerrecht, Kölner Diss., 1971, insbes. S. 103 ff.

[22] Diese Grundsätze zur inhaltlichen Ausfüllung der Verhandlungspflicht hat der Schiedsgerichtshof für das Abkommen über deutsche Auslandsschulden in seinem bisher unveröffentlichten Urteil vom 26. 1. 1972 aufgestellt (siehe Ziff. 62 - 65 der Entscheidungsgründe); zur Spruchpraxis anderer internationaler Schiedsgerichte und des Internationalen Gerichtshofs in dieser Frage siehe die Nachweise bei *Kron*, S. 105 ff., und *Hahn*, S. 496.

Außer dem pactum de negotiando müßten im Zusatzprotokoll auch bereits gewisse Verhandlungsleitlinien normiert werden; dabei wäre es vor allem wichtig, die tatbestandlichen Mindestvoraussetzungen festzulegen, bei deren Vorliegen das IKRK die Konfliktsparteien zu Verhandlungen über eine Hilfsaktion auffordern kann[23], sowie die Ziele zu umreißen, die mit der Hilfsaktion mindestens erreicht werden müssen[24]. Auf diese Weise könnte der ungefähre Verhandlungsrahmen abgesteckt und ein objektiver Maßstab gesetzt werden, an dem das IKRK und die Konfliktsparteien ihre Verhandlungsführung ausrichten müßten.

Auch hinsichtlich des freien Durchlasses für die Hilfssendungen des IKRK könnten für die Konfliktsparteien und die etwaigen Transitstaaten Verhandlungspflichten mit entsprechenden Verhandlungsleitlinien im Protokoll verankert werden. Solche Verhandlungspflichten dürften für die Staaten jedenfalls akzeptabler sein als die derzeit in Art. 33 (2) des II. Protokollentwurfs von 1973 vorgesehenen unnachgiebigen Durchlaßpflichten.

Ebenso ließe sich in der Frage der Festlegung der technischen Bedingungen einer Hilfsaktion oder des Transits von Hilfssendungen durch die Statuierung von Verhandlungspflichten für die Konfliktsparteien und Transitstaaten sicherstellen, daß das IKRK auf die Gestaltung der technischen Details einer Hilfsaktion auf dem Verhandlungsweg Einfluß zu nehmen vermag[25].

Schließlich ist noch zu erwägen, ob nicht auch bezüglich der Kontrolle über die Einhaltung der humanitären Regeln den Konfliktsparteien eine Verhandlungspflicht gegenüber dem IKRK für den Fall auferlegt werden könnte, daß sie selbst nicht imstande sind, für die Respektierung des humanitären Völkerrechts zu sorgen. Damit bliebe es immerhin nicht mehr — wie in Art. 39 des II. Protokollentwurfs von 1973 — dem freien Ermessen der Parteien überlassen, ob sie das IKRK (oder eine andere unparteiliche Organisation) mit der Kontrolle

---

[23] Gedacht ist etwa an eine ähnliche Formulierung wie in Art. 30 I des II. Protokollentwurfs des IKRK von 1972: „Lorsque la population est insuffisamment approvisionnée en vivres, vêtements, médicaments, matériel sanitaire et moyens de logement ou que les blessés, les malades et les naufragés, militaires et civils, ont besoin d'une assistance sanitaire, ..." (siehe den Text im Bericht über die Zweite Regierungsexperten-Konferenz, Rapport 1972, Bd. I, S. 90).

[24] Hier käme eventuell eine Normierung bestimmter minimum standards für die materielle und medizinische Versorgung der Konfliktsopfer in Betracht, deren Sicherstellung Ziel jeder Hilfsaktion sein müßte.

[25] Nach der vom IKRK in seinem Entwurf von 1973 ins Auge gefaßten Regelung dieser Frage (Art. 33 (3) des II. Zusatzprotokolls) ist das IKRK nicht befugt, auf die technischen Bedingungen einer Hilfsaktion Einfluß zu nehmen. Die Normierung von Verhandlungspflichten für die Konfliktsparteien und Transitstaaten brächte also für das IKRK einen bedeutsamen Fortschritt.

betrauen wollen; durch das pactum de negotiando würde die Entscheidungsfreiheit der Parteien vielmehr in einem Maße eingeschränkt, das einerseits die Einflußmöglichkeiten des IKRK vergrößert, andererseits aber für die Konfliktsparteien noch tragbar sein dürfte.

Die Wirkung von Verhandlungspflichten in der Praxis soll hier nicht überschätzt werden. Ihre Schwächen liegen vor allem darin, daß sich ihre Erfüllung rechtlich nicht erzwingen läßt; damit teilen die Verhandlungspflichten aber nur das Schicksal einer jeden Völkervertragspflicht.

Durch die Statuierung von Verhandlungspflichten könnte die Wirkung des humanitären Initiativrechts des IKRK, die sich bislang darin erschöpft, daß die Konfliktsparteien das an sie gerichtete Dienstangebot nicht als unfreundlichen Akt oder als Einmischung in ihre inneren Angelegenheiten betrachten dürfen, immerhin insofern beträchtlich gesteigert werden, als die Parteien künftig wenigstens verpflichtet wären, über das Angebot des IKRK mit der Bereitschaft zur Einigung zu verhandeln.

Ob die Staaten einer Normierung von Verhandlungspflichten für die Konfliktsparteien bezüglich humanitärer Hilfs- und Kontrollaktionen des IKRK oder vergleichbarer Organisationen im Rahmen eines Zusatzprotokolls zu den Genfer Konventionen für den Bereich interner bewaffneter Konflikte zustimmen würden, läßt sich nur schwer abschätzen. Ohne in bloße Spekulationen zu verfallen, dürften sich die Staaten durch die vertragliche Übernahme bloßer Verhandlungspflichten jedenfalls weniger in ihrer politischen Entscheidungsfreiheit beeinträchtigt fühlen als durch die in Art. 33 des IKRK-Entwurfs von 1973 konzipierten Annahme- und Transitgewährungspflichten. Die Chancen für eine Billigung solcher Verhandlungspflichten durch die Staaten hängen allerdings maßgeblich von der Ausgestaltung der gleichzeitig mit diesen Pflichten zu verabschiedenden Verhandlungsleitlinien ab. Bei der Normierung dieser Leitlinien wird es darauf ankommen, die Verhandlungspflichten der Parteien zwar einerseits durch die Bestimmung der Voraussetzungen und Mindestziele der Hilfs- und Kontrollaktionen des IKRK inhaltlich weit genug auszufüllen, andererseits aber dadurch den politischen Verhandlungsspielraum der Parteien nicht von vornherein zu sehr einzuengen. Wenn hier bei der Normierung das richtige Mittelmaß gefunden werden könnte, dürften dem hier zur Diskussion gestellten Alternativvorschlag einige Aussichten für eine breite Billigung durch die Staaten einzuräumen sein.

II. Inhaltliche Ausfüllung des Initiativrechts des IKRK

Nachdem sich gezeigt hat, daß sich die Bestrebungen, das bisherige humanitäre Initiativrecht des IKRK in Art. 3 (2) GK durch die Statuierung einer Annahmepflicht für die Konfliktsparteien zu einer unmittelbaren Aktionsbefugnis auszubauen, kaum verwirklichen lassen dürften, das IKRK also auch in Zukunft mit einem bloßen Initiativrecht als einziger Rechtsgrundlage für seine humanitären Aktionen in internen bewaffneten Konflikten vorlieb nehmen muß, kommt der Frage einer inhaltlichen Ausfüllung dieses Initiativrechts de lege ferenda einige Bedeutung zu. Eine Konkretisierung der vom Initiativrecht umfaßten Aufgabenbereiche des IKRK wäre besonders dann nützlich, wenn sich der Vorschlag realisieren ließe, den Konfliktsparteien Verhandlungspflichten aufzuerlegen, die dem Initiativrecht des IKRK inhaltlich korrespondieren.

Gerade im Hinblick auf die Notwendigkeit, die Sachbereiche, auf die sich die Verhandlungspflichten der Konfliktsparteien gegebenenfalls bezögen, im einzelnen zu bestimmen, ist es grundsätzlich zu begrüßen, daß sich das IKRK in seinem II. Protokollentwurf um eine inhaltliche Ausfüllung des bisher nur sehr allgemein gefaßten Initiativrechts in Art. 3 (2) GK durch die Zuweisung konkreter Aufgaben an das IKRK bemüht.

Eine Differenzierung der Aufgaben des IKRK je nach Sachgebiet, wie sie in Art. 33 und 39 des IKRK-Entwurfs hinsichtlich der humanitären Hilfeleistung und der Kontrolle über die Einhaltung des humanitären Rechts vorgenommen wird, würde dem Initiativrecht des IKRK gegenüber den Konfliktsparteien größere Effektivität verleihen. Andererseits ist aber bei dem Bemühen, dem IKRK im Zusatzprotokoll detaillierte Aufgaben zuzuweisen, darauf zu achten, daß dadurch die Handlungsfreiheit des IKRK nicht zu sehr beschnitten wird.

So stößt etwa Art. 33 des IKRK-Entwurfs insofern auf Bedenken, als in dieser Bestimmung Hilfsaktionen des IKRK nur für den Fall einer ungenügenden Versorgung der Zivilbevölkerung vorgesehen zu sein scheinen, dagegen verwundete oder kranke militärische Personen in Art. 33 nicht angesprochen werden[26].

Faßt man die gewonnen Erkenntnisse zusammen, so läßt sich feststellen, daß die inhaltliche Ausfüllung des humanitären Initiativrechts des IKRK in Art. 3 (2) GK durch konkrete Aufgabenzuweisung im Verein mit der Normierung von Verhandlungspflichten für die Konfliktsparteien (und Transitstaaten) de lege ferenda zu einer Stärkung der

---

[26] Vgl. demgegenüber die weitergehende Formulierung in Art. 30 I des IKRK-Entwurfs von 1972 (siehe dessen Text in Anm. 23 unter diesem Kapitel).

2. Abschn.: Initiativrecht bei inneren Unruhen

Rechtsposition des IKRK beitragen könnte. Dagegen dürfte eine Reform, die durch die Statuierung von Annahme- und Durchlaßpflichten für die Konfliktsparteien (und Transitstaaten) das bisherige Initiativrecht des IKRK einem unmittelbaren Aktionsrecht annähern will, kaum die universale Billigung der Staaten finden.

Ob eine Stärkung des Initiativrechts des IKRK in der vorgeschlagenen Form auch für den Bereich der inneren Unruhen ins Auge gefaßt werden könnte, soll im nächsten Abschnitt geprüft werden.

2. Abschnitt: Die Stärkung des Initiativrechts des IKRK bei inneren Unruhen

Wie bereits festgestellt[27], steht dem IKRK im Falle von inneren Unruhen heute kraft Völkergewohnheitsrecht ein humanitäres Initiativrecht zu. Dem IKRK würde die Erfüllung seiner humanitären Aufgaben in Konfliktssituationen dieses Typs möglicherweise erleichtert, wenn das im Entwurf des IKRK vorliegende Zusatzprotokoll zu den Genfer Konventionen zum Schutze der Opfer interner bewaffneter Konflikte auch bei inneren Unruhen Anwendung finden könnte.

Die Positivierung des bis dahin ungeschriebenen Initiativrechts des IKRK und noch mehr die für den Bereich der internen bewaffneten Konflikte empfohlenen Reformschritte, also die Konkretisierung der Initiativbefugnis des IKRK und die Statuierung korrespondierender Verhandlungspflichten für den Unruhe-Staat, brächten die Bemühungen um die Schaffung eines wirksamen internationalen Menschenrechtsschutzes ein bedeutsames Stück voran.

Eine Reform, die den Anwendungsbereich des II. Zusatzprotokolls auch auf die Opfer innerer Unruhen zu erstrecken versuchte, hätte aber angesichts des auch heute noch verbreiteten Widerstrebens der Staaten, den „international concern" der Menschenrechte anzuerkennen und sich dementsprechend hinsichtlich ihres eigenen Verhaltens der Kontrolle durch ein internationales Organ zu unterwerfen, von vornherein wenig Aussicht auf allgemeine Billigung.

Dieser Einsicht ist auch das IKRK bei seinen Reformüberlegungen gefolgt.

Das IKRK ist bisher lediglich mit dem Ziel einer Verbesserung des materiellen Rechtsschutzes für die Opfer innerer Unruhen initiativ geworden. Es fertigte im Jahre 1971 den Entwurf einer „Déclaration des droits fondamentaux de la personne humaine en période de troubles

---

[27] Siehe oben II. Teil, 3. Kap., 2. Abschnitt, III.

intérieurs ou de danger public"[28], die den Staaten außerhalb der beiden Zusatzprotokolle zu den Genfer Konventionen zur Unterzeichnung vorgelegt werden sollte. Dieser Entwurf fand aber in der II. Kommission der Regierungsexperten-Konferenz von 1972 wenig Zustimmung: nach der Ansicht einiger Experten fällt das Problem der inneren Unruhen aus dem Rahmen einer Reform der Genfer Konventionen heraus; andere Experten bezweifelten den rechtlichen Wert einer solchen Deklaration[29].

Angesichts der überwiegend negativen Aufnahme seines Deklarationsentwurfes bei den Regierungsexperten hat das IKRK dann dieses Vorhaben nicht mehr weiter verfolgt.

Art. 1 (2) des IKRK-Entwurfs für ein Zusatzprotokoll zum Schutz der Opfer interner bewaffneter Konflikte von 1973 stellt nunmehr ausdrücklich klar, daß dieses Protokoll auf „... situations de troubles intérieurs et de tensions internes, notamment aux émeutes, aux actes isolés et sporadiques de violence et autres actes analogues"[30] keine Anwendung findet. Nimmt man hinzu, daß in Art. 1 (1) dieses Protokollentwurfs der interne bewaffnete Konflikt durch die Fixierung objektiver Kriterien von den inneren Unruhen abgegrenzt wird[31], so würde damit einer Reform des humanitären Rechts im Bereich bloßer innerer Unruhen der Weg versperrt. Während die Qualität der materiellen Rechtsschutzgarantien für die Opfer innerer Unruhen sich weiterhin nach dem Entwicklungsstand der allgemeinen Menschenrechte richten würde, bliebe die Frage der Durchsetzung des Mindeststandards für diesen Konfliktsbereich jedenfalls positivrechtlich ungeregelt. Das IKRK müßte also auch in Zukunft bei inneren Unruhen mit dem völkergewohnheitsrechtlichen Initiativrecht als alleiniger Rechtsgrundlage für seine humanitären Aktionen vorlieb nehmen.

Eine vertragliche Festlegung von Rechten des IKRK und entsprechenden Pflichten des Unruhe-Staates bezüglich der humanitären Aktionen bei staatsinternen Unruhesituationen würde zweifellos auf den Widerstand vieler Staaten stoßen. Das IKRK schätzt also die heutige Staatenhaltung realistisch ein, wenn es die Bereitschaft der Staaten zu einer Reform des humanitären Völkerrechts im Bereich der internen bewaffneten Konflikte dadurch zu gewinnen versucht, daß es als Zugeständnis

---

[28] Siehe den Text dieser Deklaration in: CICR, Protection des victimes des conflits armés non internationaux, Fascicule V, Janvier 1971.
[29] Vgl. den Bericht über die Zweite Regierungsexperten-Konferenz, Rapport 1972, Bd. I, S. 126.
[30] Projets 1973, S. 33. — Vgl. auch die Erläuterungen des IKRK zu diesem Art. 1 (2) in: Projets de Protocoles additionnels aux Conventions de Genève du 12 août 1949, Commentaires, Octobre 1973, S. 138.
[31] Vgl. den Text dieses Art. 1 (1) und zur Abgrenzung der beiden Konfliktstypen im einzelnen oben I. Teil, 2. Kap., 1. Abschnitt, II.

2. Abschn.: Initiativrecht bei inneren Unruhen

an die Souveränität der Staaten die inneren Unruhen vom Anwendungsbereich des II. Zusatzprotokolls ausdrücklich ausnimmt.

Der mit der Verabschiedung des vorgeschlagenen Zusatzprotokolls auf dem Gebiet des humanitären Rechtsschutzes für die Opfer interner bewaffneter Konflikte erzielte Fortschritt würde mit dem gleichzeitigen Verzicht auf die Schaffung entsprechender Schutzmechanismen für die Opfer innerer Unruhen teuer erkauft. Allen bisherigen Bestrebungen, auch bei inneren Unruhen möglichst die Regeln des Art. 3 GK zur Anwendung zu bringen[32], würde nämlich durch die Verabschiedung von Art. 1 (1) und (2) des Protokollentwurfs von 1973 die Grundlage entzogen. Der unbefriedigende Zustand, daß das humanitäre Völkerrecht zwar in bewaffneten Konflikten, nicht aber auch in Fällen bloßer innerer Unruhen seine Wirkung entfaltet, würde also mit der Annahme dieses II. Zusatzprotokolls durch die Staaten auf unabsehbare Zeit festgeschrieben.

Die Verabschiedung eines Zusatzprotokolls ausschließlich für den Bereich der internen bewaffneten Konflikte wäre also für die weitere Entwicklung des humanitären Rechtsschutzes in Fällen innerer Unruhen ein schwerwiegendes Handicap, das aber wohl in Kauf genommen werden muß, wenn die vordringliche Reform des humanitären Völkerrechts in internen bewaffneten Konflikten gelingen soll.

Nach allem muß festgestellt werden, daß sich die für den Bereich der internen bewaffneten Konflikte entwickelten Vorschläge zur Stärkung des Initiativrechts des IKRK nicht auf den Konflikttyp der inneren Unruhen übertragen lassen. Eine Reform des humanitären Rechtsschutzes in diesem Bereich erscheint derzeit ausgeschlossen.

Wenngleich in diesem Kapitel für den Bereich der internen bewaffneten Konflikte einige mögliche Schritte zur Stärkung des humanitären Initiativrechts des IKRK aufgezeigt werden konnten, so läßt sich mit diesen allein das Verfahren der humanitären Aktion des IKRK wohl kaum grundlegend reformieren.

Im nächsten Kapitel soll daher untersucht werden, ob neue Formen der Zusammenarbeit zwischen dem IKRK und den Staaten, sowie zwischen dem IKRK und den Vereinten Nationen zur Verbesserung des humanitären Schutzes für die Opfer interner Konflikte beitragen könnten.

---

[32] Vgl. etwa den Bericht der Commission d'experts (1955), S. 723 ff.

Zweites Kapitel

Die internationale Zusammenarbeit bei humanitären Aktionen in nicht-internationalen Konflikten

Auch wenn sich die Staaten auf der nächsten oder auf einer späteren Tagung der diplomatischen Konferenz bereitfinden sollten, die Rechtsposition des IKRK gegenüber den Parteien eines internen bewaffneten Konflikts entsprechend den im vorigen Kapitel entwickelten Vorstellungen zu verbessern, so wäre das IKRK, auf sich allein gestellt, den humanitären Problemen künftiger Konflikte dennoch kaum in ausreichendem Maße gewachsen. Schon wegen der personellen und materiellen Überforderung des IKRK können humanitäre Aktionen künftig nur bei verstärkter internationaler Zusammenarbeit einen wirksameren Konfliktopferschutz als bisher gewährleisten.

Im folgenden soll daher nach neuen Formen der Zusammenarbeit zwischen dem IKRK als der bisher wirksamsten humanitären Institution und den Mitgliedstaaten der Genfer Konventionen, sowie zwischen dem IKRK und den Vereinten Nationen Ausschau gehalten werden. In einem kurzen Anhang soll dann die Funktion anderer internationaler humanitärer Organisationen, insbesondere der regionalen Organisationen, im Rahmen der internationalen Zusammenarbeit bei humanitären Aktionen in nicht-internationalen Konflikten wenigstens noch angedeutet werden.

1. Abschnitt: Die Zusammenarbeit zwischen dem IKRK und den Mitgliedstaaten der Genfer Konventionen

Die Suche nach neuen Formen der Zusammenarbeit zwischen dem IKRK und den Mitgliedstaaten der Genfer Konventionen soll insbesondere den beiden folgenden Reformzielen dienen: der personellen und materiellen Entlastung des IKRK bei der Durchführung humanitärer Aktionen und der qualitativen Verbesserung des Dienstangebots des IKRK an die Konfliktsparteien.

Von vornherein außer Betracht bleiben die diesen Zielen kaum förderlichen Bestrebungen, wonach die Staaten sich zu einer internationalen Kontrollorganisation[1] bzw. Hilfsorganisation[2] zusammenschließen sollen, die sowohl in organisatorischer als auch in funktioneller Hinsicht gegenüber dem IKRK völlig selbständig wären. Diese Vorschläge stoßen zudem auf erhebliche Bedenken, weil die Bildung solcher Kontroll- und Hilfsorganisationen durch die Staaten nur zu einer unnötigen Verzettelung der humanitären Kräfte führen würde, die besser dem IKRK als vielfach bewährter humanitärer Institution zufließen sollten[3].

Eher auf unsere Reformzwecke zugeschnitten dürfte ein Modell sein, das *R. Karlshausen* und *A. Raymond* vom Centre d'Etudes de Droit International Médical de Liège in ihrer Schrift „Missions humanitaires internationales de contrôle et de secours en cas de conflit armé"[4] zur Diskussion gestellt haben. Dieses Reform-Modell der *„Missions humanitaires"*, das konkrete Vorschläge für eine Mitwirkung der Staaten an den humanitären Aktionen des IKRK auch für den Fall interner bewaffneter Konflikte[5] enthält, soll in den Mittelpunkt der weiteren Untersuchung gestellt werden.

---

[1] Für eine ständige internationale Kontrollorganisation treten etwa *L. Aureglia / P. de la Pradelle* (Organisation, fonctionnement et protection du contrôle de l'application des Conventions humanitaires en cas de conflits armés, ADIM, Nr. 2, 1958, S. 56 f.) ein, während in Art. 4 des von der *Commission Médico-Juridique* verabschiedeten Projet de Règlement d'exécution (Compte Rendu [VI], S. 40) an die Bildung einer solchen Hilfsorganisation in Form einer Ad hoc-Institution gedacht wird.

[2] Dieser Vorschlag ist z. B. vom *Colloque Médico-Juridique de Luxembourg* in seiner Resolution vom 20. 9. 1968, vom *IIIe Congrès International de la Neutralité de la Médecine* von 1968 in Rom in seiner I. Resolution (siehe den Text dieser beiden Resolutionen in: ADIM, Nr. 20, 1971, S. 37 f.) und zuletzt auch in einer Entschließung der 54. Konferenz der *International Law Association* vom 23. - 29. 8. 1970 in Den Haag (vgl. den Text dieser Entschließung in *Ch. P. Pansius*, 54e Conférence de l'International Law Association, ADIM, Nr. 21, 1971, S. 74) befürwortet worden; in diesem Sinne auch *P. de la Pradelle* und *Scholsem* in: Scholsem, Application, S. 46 und 47.

[3] Ebenso aussichtslos dürften die Versuche sein, die Institution der Schutzmacht auch für den Bereich der internen bewaffneten Konflikte neu zu beleben. Die Regierungen der Konfliktsstaaten werden sich nämlich kaum jemals mit den Insurgenten in einer Sondervereinbarung gemäß Art. 3 (3) GK auf die Einschaltung einer Schutzmacht einlassen, da hierdurch die Insurgenten international aufgewertet würden. — Diese Skepsis teilt etwa auch *J. Patrnogic*, Internationalisation du contrôle de l'application des Conventions humanitaires en cas de conflit armé, ADIM, Nr. 21, 1971, S. 44 f., während *A. Schlögel*, La guerre civile, Rev.Int.C-R, 52. Jg., 1970, S. 147 f., diesen Gedanken grundsätzlich befürwortet. — Auch nach Art. 13 des Projet de Règlement d'exécution der *Commission Médico-Juridique* von 1971 sollen die Bestimmungen des Règlement über die Schutzmächte durch Sondervereinbarungen der Parteien auf interne bewaffnete Konflikte übertragen werden (vgl. den Text in: Compte Rendu [VI], S. 42 f.).

[4] S. 9 ff.

[5] Der Reformvorschlag der „Missions humanitaires" ist sowohl für internationale, als auch für interne bewaffnete Konflikte konzipiert; ob er auch für den Bereich der inneren Unruhen fruchtbar gemacht werden kann, wird sich nach seiner Überprüfung im einzelnen erweisen.

Karlshausen und *Raymond* unterscheiden drei verschiedene Typen der Missions humanitaires:

(1) die sog. *Mission de Contrôle,* deren Aufgabe es sein soll, die Einhaltung der Genfer Konventionen — respektive des humanitären Mindeststandards in Art. 3 GK — durch die Konfliktsparteien zu überwachen;

(2) die sog. *Mission d'Aide,* die den Konfliktsopfern materielle Hilfe bringen soll, und

(3) die sog. *Mission d'Intervention Armée,* die für den militärischen Schutz der Kontroll- und Hilfsmissionen sorgen soll.

Im folgenden sind die Einzelheiten der zu diesen verschiedenen Missionstypen entwickelten Vorschläge darzustellen und deren Reformtauglichkeit zu prüfen.

I. Die Mission de Contrôle

Der Reformvorschlag der Mission de Contrôle sieht im einzelnen folgendes vor:

Entsprechend ihrer Verpflichtung aus Art. 1 GK („... à faire respecter la présente Convention en toutes circonstances")[6] vereinbaren die Mitgliedstaaten der Genfer Konventionen in einem Zusatzprotokoll zu den Genfer Konventionen die Schaffung einer „liste permanente de contrôleurs internationaux", aus der im Konfliktsfall die Mission de Contrôle rekrutiert werden kann.

---

[6] Nach fast einhelliger Auffassung der neueren Literatur resultieren aus Art. 1 GK (siehe z. B. den offiziellen Kommentar des IKRK zu den Genfer Konventionen, Kommentar, Bd. I, S. 27 f.; *P. de la Pradelle,* in: Scholsem, Application, S. 34; ders., Ius Cogens et Conventions humanitaires, ADIM, Nr. 18, 1968, S. 25) bzw. aus der Zugehörigkeit der Genfer Konventionen zum „ordre public international" (siehe z. B. wiederum den IKRK-Kommentar, Bd. I, S. 26; *P. Schetter, F. Goerens* und das *IKRK* in: Scholsem, Application, S. 31 f.; *M. Benoit,* Les nouvelles tendances du droit international médical, ADIM, Nr. 19, 1969, S. 45 ff.; *Karlshausen / Raymond,* S. 10; ebenso auch die *International Law Association* in ihrer Biafra-Resolution von 1968 (ILA, Report of the Fifty-Third Conference held at Buenos Aires, 1968 [1969], S. 539). — Näheres zum „ordre public international" und dessen Verhältnis zum „ius cogens" siehe bei *H. Mosler,* Ius cogens im Völkerrecht, Schweizerisches Jahrbuch für internationales Recht, Bd. XXV, 1968, S. 9 ff., bes. S. 22 ff., und *H. B. Reimann,* Ius cogens im Völkerrecht, Züricher Studien zum internationalen Recht, Nr. 46, 1971, S. 36) die Pflicht und gleichzeitig auch das Recht der Signatarstaaten, darüber zu wachen, daß auch die übrigen Vertragsstaaten die Konventionen — einschließlich des Art. 3 GK — respektieren. Sowohl bei der Konstruktion über Art. 1 GK als auch bei der über den „ordre public international" bleibt es allerdings offen, welcher konkreten Mittel sich die Vertragsstaaten bedienen dürfen, um ihrer Verantwortung für die Respektierung des Mindeststandards in Art. 3 (1) GK nachzukommen. Von vornherein steht jedoch fest, daß nur solche Mittel in Betracht kommen können, die nach den allgemeinen Regeln des Völkerrechts zulässig sind.

1. Abschn.: Zusammenarbeit: IKRK — Mitgliedstaaten der GK

Dieses internationale Verzeichnis über Personen, die auf Grund ihrer Unparteilichkeit und Qualifikation für die Wahrnehmung von humanitären Kontrollaufgaben prädestiniert erscheinen, wird aus einer Vielzahl nationaler Kontrolleur-Listen zusammengestellt, die jeder Staat abkommensgemäß den anderen Vertragsstaaten und dem IKRK zur Verfügung stellt.

Mit der Unterzeichnung des Protokolls über die „liste permanente de contrôleurs internationaux" verpflichten sich die Staaten gleichzeitig für den Konfliktsfall, sich solchen internationalen Kontrolleuren grundsätzlich nicht zu verschließen, sondern vielmehr mit dem IKRK über die Entsendung von Kontrolleuren in ihr Gebiet zu verhandeln. Weiterhin sind die Staaten verpflichtet, den Kontrolleuren nach Gestattung ihrer Einreise die Arbeit nach Möglichkeit zu erleichtern und für den materiellen und rechtlichen Schutz der Kontrolleure zu sorgen, auch wenn diese auf Seiten der gegnerischen Konfliktspartei arbeiten[7].

Hält das IKRK bei Ausbruch eines internen bewaffneten Konflikts die Entsendung einer Kontroll-Mission ins Konfliktsgebiet für notwendig, so sucht es in Verhandlungen mit den Parteien deren Zustimmung zu einer solchen Mission zu gewinnen. Zu diesem Zweck schlägt das IKRK den Konfliktsparteien diejenigen Personen, deren Neutralität und Unparteilichkeit von den Konfliktsparteien voraussichtlich am wenigsten in Zweifel gezogen werden dürften, als Mitglieder für die geplante Kontroll-Mission vor, die unter seiner verantwortlichen Führung im Konfliktsgebiet tätig werden sollen[8].

Denkbar wäre, den Verhandlungen zwischen dem IKRK und den Konfliktsparteien über die Entsendung einer Kontroll-Mission ein alternatives Vorschlagsverfahren zugrundezulegen. Danach könnte das IKRK für den Fall, daß die Konfliktsparteien die von ihm zunächst vorgeschlagenen Kontrolleure nicht akzeptieren, sein Verhandlungsangebot in der Weise modifizieren, daß es den Parteien das Recht einräumt, selbst die ihnen genehmen Personen aus dem internationalen Kontrolleur-Verzeichnis auszuwählen. Die von den Parteien ausgesuchten Personen würden dann nebst einem IKRK-Delegierten die Kontroll-Mission bilden, die wiederum unter der Ägide des IKRK im Konfliktsgebiet tätig würde.

Falls die Parteien das Angebot des IKRK auch auf dieser Basis nicht annehmen sollten, könnte das IKRK den Parteien als letzten Aus-

---

[7] Nach den Vorstellungen von *Karlshausen / Raymond* (S. 21) müßte den Kontrolleuren ein quasi-diplomatischer Status eingeräumt werden, für dessen Respektierung die Konfliktsparteien unter allen Umständen zu sorgen hätten.

[8] Siehe zu den bisherigen Ausführungen die Einzelheiten bei *Karlshausen / Raymond*, S. 19 f.

weg anbieten, wie zuvor selbst Kontrolleure aus dem internationalen Verzeichnis auszusuchen, die dann aber nicht mehr der Aufsicht des IKRK unterstellt, sondern (nebst einem IKRK-Delegierten) in einer Kontroll-Kommission ad hoc vereinigt würden, die ihre Kontrollen im Konfliktsgebiet eigenverantwortlich durchführt[9].

Im übrigen sieht der Reformvorschlag von *Karlshausen* und *Raymond* noch vor, daß sich die Staaten in dem angestrebten Zusatzprotokoll zu den Genfer Konventionen nicht nur zur Beteiligung an der Rekrutierung der Mitglieder für die Mission de Contrôle, sondern gleichzeitig auch zur Mitfinanzierung dieser Mission durch jährliche Zahlungen in einen gemeinsamen, vom IKRK verwalteten Fonds verpflichten[10].

Bevor nach der Eignung und nach den Chancen für eine Verwirklichung dieses Reform-Modells gefragt werden soll, ist noch zu prüfen, inwieweit die in diesem Modell entwickelten Vorstellungen auch von anderen auf diesem Gebiet um Reformen bemühten Institutionen geteilt werden.

Schon seit langem sind Bestrebungen im Gange, die Staatengemeinschaft für eine Verbesserung des Verfahrens der humanitären Aktion in bewaffneten Konflikten zu aktivieren.

Eine richtungweisende Initiative ist dabei vom Comité international de la Neutralité de la Médecine ausgegangen. Auf seinem ersten Kongreß von 1959 in Paris trug dieses Komitee den Schutzmächten, dem IKRK und den Konfliktsparteien seine Mitarbeit bei dem Bemühen an, die Anwendung der humanitären Regeln sicherzustellen und den Konfliktsopfern Schutz und Hilfe zu gewähren; zu diesem Zweck empfahl es den Staaten die Bildung nationaler Komitees, aus deren Mitgliedern seine Delegierten rekrutiert werden sollten[11].

Eine ähnliche Initiative ergriff auch die XX. Internationale Rotkreuzkonferenz von 1965 in Wien, indem sie in ihrer XXII. Resolution feststellte: „... en vue d'assurer l'application des Conventions humani-

---

[9] Siehe zu diesem alternativen Vorschlagsverfahren *Patrnogic*, Internationalisation, S. 41 ff. (43), sowie Art. 14 - 19 und 21 des Vorentwurfs eines „Règlement facultatif d'exécution des Conventions de Genève du 12 août 1949 pour la protection des victimes de la guerre", den die *Commission Médico-Juridique* für ihre VI. Sitzung im April 1971 ausgearbeitet hatte (vgl. den Text dieses Règlement facultativ im Anhang zu *Patrnogic*, Internationalisation, S. 46 ff.). Im endgültigen Entwurf dieser Kommission vom 17. 4. 1971 fehlen dann allerdings diese Details für ein solches alternatives Verfahren (vgl. den Text dieses Entwurfs in: Compte Rendu [VI], S. 39 ff.).
[10] Siehe *Karlshausen/Raymond*, S. 22.
[11] Siehe hierzu die Art. 3 und 4 des Statuts für das Comité international de la Neutralité de la Médecine (wiedergegeben bei *P. de la Pradelle / Aureglia*, Contrôle de l'application des conventions humanitaires en cas de conflits armés, ADIM, Nr. 6, 1960, S. 24 f.).

taires et le contrôle de cette application, il est indispensable de fournir, en cas de conflit, aux Puissances protectrices et à leurs éventuels substituts, un nombre suffisant de personnalités capables d'assurer impartialement ce contrôle" und deshalb die Mitgliedstaaten der Genfer Konventionen dazu aufforderte, „à envisager la possibilité de constituer des groupes de personnalités aptes à remplir ces fonctions qui leur sont confiées par les Conventions sous la direction des Puissances protectrices ou de leurs substituts éventuels"; zuletzt gab dann die Konferenz ihrem Wunsche Ausdruck, „que le Comité international de la Croix-Rouge, qui s'est déclaré prêt à le faire, contribue à la formation de ces personnes"[12].

Diese Entschließung der XX. Rotkreuzkonferenz veranlaßte den IIIe Congrès International de la Neutralité de la Médecine von 1968 in Rom erneut zu der Empfehlung, sog. Comités Nationaux de la Neutralité de la Médecine zu bilden, die im Konfliktsfall dem IKRK zur Erfüllung seiner humanitären Aufgaben geeignete Personen aus ihren Reihen zur Verfügung stellen könnten[13].

Die Reformidee, ein internationales Kontrolleur-Verzeichnis zu schaffen, hat auch in dem von der Commission Médico-Juridique im April 1971 verabschiedete Projet de Règlement d'exécution, das auch den vom IKRK einberufenen Regierungsexperten-Konferenzen von 1971 und 1972 zur weiteren Diskussion vorgelegen hat, ihren Niederschlag gefunden[14].

Schließlich bestimmt auch Art. 6 des I. Protokollentwurfs des IKRK von 1973:

„1. Dès les temps de paix, les Hautes Parties contractantes s'efforceront de former du personnel qualifié en vue de faciliter l'application des Conventions et du présent Protocole et notamment l'activité des Puissances protectrices.

2. Le recrutement et la formation de ce personnel relèvent de la compétence nationale.

---

[12] Siehe den vollständigen Text dieser Resolution in Rev.Int.C-R, 47. Jg., 1965, S. 539 f.
[13] Vgl. die I. Resolution dieses Kongresses in: ADIM, Nr. 20, 1970, S. 38. — Ein genaues Bild von den Aufgaben des Comité international de la Neutralité de la Médecine hat R. *Ellenbogen* auf der 52. Konferenz der International Law Association von 1966 in Helsinki gezeichnet (siehe ILA, Report of the 52nd Conference, 1967, S. 664 ff.). Tatsächlich existierten Anfang 1971 immerhin schon 15 solche Comités Nationaux; in 17 weiteren Ländern unterhielt das Komitee zu diesem Zeitpunkt ständige Vertretungen (nach einer Information von *Ellenbogen / Seidl-Hohenveldern*, Les Missions humanitaires, ADIM, Nr. 21, 1971, S. 24).
[14] Vgl. die Bestimmungen dieses Entwurfs im einzelnen in: Compte Rendu (VI), S. 39 ff., sowie die Erläuterungen hierzu ebd., S. 27 ff. (39).

3. Chaque Haute Partie contractante établira une liste des personnes ainsi formées, qu'elle communiquera au Comité international de la Croix-Rouge.

4. Les conditions dans lesquelles ces personnes seront utilisées en dehors du territoire national feront, dans chaque cas, l'objet d'accords spéciaux[15]."

Diese Neuerung wird allerdings nur für den Bereich der internationalen bewaffneten Konflikte ins Auge gefaßt. Die nach Art. 6 rekrutierten Personen können somit nur dann auch in internen bewaffneten Konflikten zu Kontrollaufgaben herangezogen werden, wenn sich die Konfliktsparteien — wie in Art. 38 des II. Protokollentwurfs des IKRK von 1973 vorgesehen[16] — zu einer entsprechenden Spezialvereinbarung bereitfinden[17].

Nach allem läßt sich feststellen, daß eine Zusammenarbeit zwischen dem IKRK und den Vertragsstaaten entsprechend dem Vorschlag der „Mission de Contrôle" in breiten Reformkreisen befürwortet wird.

Was die Reformwirkung dieses Vorschlags betrifft, so ist zunächst kaum zu bezweifeln, daß das IKRK durch die Heranziehung der Mitgliedstaaten der Genfer Konventionen zur Rekrutierung und Mitfinanzierung der Kontroll-Missionen nicht nur personell, sondern auch materiell zu einem erheblichen Teil entlastet werden könnte.

Daneben käme der vorgeschlagenen Beteiligung der Staaten an den humanitären Kontrollaktionen des IKRK auch insofern Bedeutung zu, als mit ihr das Gewicht der in der humanitären Verantwortung solidarischen Staaten in die IKRK-Aktionen hineingetragen würde. Wenn die Staaten künftig ihre Autorität und ihr personelles und materielles Potential in das Kontrollverfahren des IKRK einbrächten, könnte den Aktionen des IKRK bei den Konfliktsparteien mehr Respekt und größere Durchschlagskraft verliehen werden.

Mit Hilfe des internationalen Kontrolleur-Verzeichnisses und des darauf gegründeten alternativen Vorschlagsverfahrens könnte das IKRK auch seine Verhandlungen mit den Konfliktsparteien über die Entsendung einer Kontroll-Mission flexibler als bisher gestalten. Mit dem internationalen Verzeichnis würde dem IKRK nämlich ein Verhandlungsinstrumentarium in die Hand gegeben, das ihm eine An-

---

[15] Projets 1973, S. 4.

[16] Vgl. den Wortlaut dieser Bestimmung wiederum in: Projets 1973, S. 44.

[17] Auch nach Art. 13 des Projet de Règlement d'exécution der Commission Médico-Juridique von 1971 (Compte Rendu [VI], S. 42 f.) sollen die für internationale bewaffnete Konflikte vorgesehenen Regeln über Spezialvereinbarungen der Konfliktsparteien auf interne bewaffnete Konflikte übertragen werden.

passung seiner Initiativen an die Besonderheiten der jeweiligen Konfliktssituation gestatten würde. Durch die Internationalisierung seiner Kontrollkorps würde das IKRK dem Gebot der Neutralität und der Unparteilichkeit in personeller Hinsicht besser als bisher gerecht werden; das IKRK könnte dann vor allem dem politisch-ideologischen Standort der jeweiligen Konfliktspartei durch eine entsprechende personelle Besetzung seiner Kontroll-Mission Rechnung tragen und damit die Verhandlungs- und Annahmebereitschaft der Konfliktsparteien bezüglich der von ihm angebotenen Kontrollaktion vergrößern.

Die Reformwirkung des internationalen Kontrolleur-Verzeichnisses und des darauf aufbauenden alternativen Vorschlagsverfahrens des IKRK würde noch verstärkt, wenn den Konfliktsparteien gleichzeitig eine Verhandlungspflicht gegenüber dem IKRK auferlegt werden könnte. Mit der Einführung des Kontrolleur-Verzeichnisses als Verhandlungsgrundlage zwischen dem IKRK und den Konfliktsparteien würde nämlich deren Verhandlungspflicht inhaltlich konkretisiert, was einen erfolgreichen Abschluß dieser Verhandlungen begünstigen könnte.

Nach allem erscheint der Reformvorschlag der Mission de Contrôle geeignet, das humanitäre Kontrollverfahren des IKRK sowohl in internationalen, als auch in internen bewaffneten Konflikten zu verbessern.

Offen bleibt damit nur noch die — allerdings entscheidende — Frage, ob sich eine ausreichend große Zahl von Staaten bereitfinden wird, den Reformvorschlag der Mission de Contrôle zu akzeptieren.

Gerade einer Reform des humanitären Völkerrechts im Bereich der internen bewaffneten Konflikte werden die Staaten nur dann zustimmen, wenn durch diese ihre Souveränität nicht zu sehr beschnitten wird.

Obwohl sich die Staaten zur Rekrutierung, Mitfinanzierung und für den Fall, daß sie selbst in einen bewaffneten Konflikt verstrickt sein sollten, auch zu Verhandlungen mit dem IKRK vertraglich verpflichten müßten, dürfte der Vorschlag der Mission de Contrôle dem Interesse der Staaten an der Bewahrung ihrer politischen Handlungs- und Entscheidungsfreiheit ausreichend Rechnung tragen: Den Konfliktsparteien bliebe nämlich nach diesem Vorschlag in jedem Falle das Recht vorbehalten, die personelle Zusammensetzung der Kontroll-Mission und die technischen Details der Aktion mit dem IKRK selbst auszuhandeln, und für den Fall, daß es zu keiner Einigung kommt, die Kontrollaktion des IKRK auch ganz abzulehnen.

Für den Fall, daß sich dennoch keine ausreichende Anzahl von Staaten zu einer solchen Reform für den Bereich der internen bewaffneten Konflikte bereitfinden sollte, wären die Staaten anzuhalten, den Reformvorschlag der Mission de Contrôle wenigstens für den Bereich der internationalen bewaffneten Konflikte zu billigen. Wenn ein entsprechendes Zusatzprotokoll für diesen Konfliktsbereich verabschiedet werden könnte, so hätte das IKRK im Falle eines internen bewaffneten Konflikts immerhin die Möglichkeit, auf dem Umweg über eine Sondervereinbarung mit den Parteien das internationale Kontrolleur-Verzeichnis doch noch in seine Verhandlungen mit den Parteien einzuführen.

II. Die Mission d'Aide

Nachdem sich gezeigt hat, daß eine Zusammenarbeit zwischen dem IKRK und den Mitgliedstaaten der Genfer Konventionen entsprechend dem Vorschlag der Mission de Contrôle das humanitäre Kontrollverfahren des IKRK in internen bewaffneten Konflikten erheblich verbessern würde, ist nunmehr zu prüfen, ob eine ähnlich günstige Reformwirkung auch vom Vorschlag der Mission d'Aide ausgehen könnte.

Nach den Vorstellungen von *Karlshausen* und *Raymond* sollen sich die Mitgliedstaaten der Genfer Konventionen — wiederum entsprechend ihrer kollektiven humanitären Verpflichtung aus Art. 1 GK[18] — in einem Abkommen zu einer internationalen Hilfsorganisation zusammenschließen. Dieser Organisation soll im Falle bewaffneter Konflikte die Aufgabe zufallen, sog. Missions d'Aide zu bilden, die unter Führung des IKRK den Konfliktsopfern humanitäre Hilfe bringen sollen[19].

Dabei sollen sich die Aktionen einer solchen Mission auf alle Hilfsbedürftigen erstrecken, unabhängig davon, ob deren Notlage unmittelbar auf eine Mißachtung des humanitären Mindeststandards durch die Konfliktspartei(en) zurückzuführen oder nur eine mittelbare Folge der Konfliktshandlungen ist, für die keine Partei direkt verantwortlich gemacht werden kann[20].

In dem vorgeschlagenen Abkommen hätten sich die Staaten zur Bereitstellung von qualifiziertem Hilfspersonal und geeigneten Hilfsgütern sowie zu regelmäßigen Zahlungen an einen gemeinsamen Fonds zu verpflichten. Zur Rekrutierung des für die Hilfsmission benötigten Personals und Materials sollen die Staaten nationale Hilfsorganisationen einrichten, die mit den im Lande tätigen nichtstaatlichen (nationalen oder internationalen) karitativen Organisationen eng zusammenarbeiten müßten[21].

---

[18] Vgl. die obige Anm. 6 unter diesem Kapitel.
[19] *Karlshausen / Raymond*, S. 24 ff.
[20] *Karlshausen / Raymond* (S. 25) gehen dabei allerdings von der wohl unzutreffenden Prämisse aus, daß ein umfassendes Recht auf Hilfeleistung zu den allgemeinen Rechtsgrundsätzen zählt (ebenso auch *Benoit*, S. 51 ff.); zu Recht wendet sich gegen diese Auffassung z. B. *Bothe*, Rechtsprobleme, S. 25.
[21] Siehe hinsichtlich der Einzelheiten *Karlshausen / Raymond*, S. 25 f.

Die Verfügung über die Fonds-Gelder, die Verhandlungsführung mit den Konfliktsparteien über die Entsendung einer Hilfsmission sowie die Einsatzleitung und organisatorische Gestaltung der Hilfstätigkeit dieser Mission sollen in die Verantwortung des IKRK gelegt werden, das auf Grund seiner mehr als hundertjährigen Hilfeleistungspraxis für diese Führungsaufgabe prädestiniert erscheint. Zur Entlastung des IKRK soll die geplante internationale Hilfsorganisation der Staaten ein ständiges Sekretariat unterhalten, welches das IKRK bei der Bewältigung seiner Aufgaben unterstützen könnte[22].

Für den Fall des Ausbruchs eines (internen) bewaffneten Konflikts schlagen *Karlshausen* und *Raymond* folgenden Verfahrensmechanismus vor: Das IKRK nimmt mit den Konfliktsparteien auf deren Ersuchen oder aus eigener Initiative Verhandlungen über die Entsendung einer Hilfsmission in das betreffende Konfliktsgebiet auf, indem es den Parteien ein konkretes, auf deren Bedürfnisse abgestimmtes personelles und materielles Hilfsangebot unterbreitet. Die Unterzeichnerstaaten des Abkommens über die internationale Hilfsorganisation müßten sich schon im voraus verpflichten, im Konfliktsfall die vom IKRK für notwendig erachtete Hilfsmission zu akzeptieren, mit dieser Mission zusammenzuarbeiten und ihr jeden erdenklichen materiellen und rechtlichen Schutz zu gewähren. Sind oder halten sich die betreffenden Konfliktsparteien nicht für verpflichtet, die Tätigkeit einer solchen Hilfsmission auf ihrem Territorium zuzulassen, so soll das IKRK mit der diplomatischen Unterstützung durch die übrigen Vertragsstaaten Druck auf die Parteien ausüben, um sie zu einer Einigung ad hoc zu bewegen[23].

Mit der Einfügung einer solchen pauschalen Verpflichtungsklausel in das fragliche Abkommen wäre das Schicksal dieses Reformvorschlags aber wohl bereits besiegelt: Nur wenige Staaten dürften nämlich einem Abkommen beitreten, in dem sie sich für den Konfliktsfall dem Diktat des IKRK bedingungslos unterwerfen müßten, und sei es auch nur zum Zwecke der humanitären Hilfeleistung für die Konfliktsopfer.

Gerade im Falle eines internen bewaffneten Konflikts muß das IKRK sehr behutsam agieren, wenn es eine Hilfsaktion durchsetzen will, ohne dabei den auf seinem Souveränitätsanspruch beharrenden Konfliktsstaat zu verprellen. Wenn das vorgeschlagene Abkommen daher überhaupt Aussicht auf Annahme haben soll, muß es den Konfliktsparteien ein Recht zur Ablehnung der vom IKRK vorgeschlagenen Hilfsaktion vorbehalten. In dem fraglichen Abkommen könnten die Konfliktsparteien allenfalls dazu verpflichtet werden, bei Ausbruch eines

---
[22] Siehe ebd., S. 26.
[23] Siehe wiederum *Karlshausen / Raymond*, S. 26 f.

Konflikts über das ihnen vom IKRK unterbreitete Hilfsangebot zu verhandeln. Wie schon beim Reform-Modell der Mission de Contrôle kann also auch im Rahmen der Mission d'Aide lediglich die Normierung einer Verhandlungspflicht der Parteien gegenüber dem IKRK in Betracht kommen.

Da die Annahmebereitschaft der Konfliktsparteien gegenüber einer vom IKRK angebotenen Hilfsmission maßgeblich von der personellen Zusammensetzung dieser Mission abhängt, wäre es auch hier von Vorteil, wenn dem IKRK als Grundlage für seine Verhandlungen mit den Parteien ein internationales Verzeichnis über das von den Vertragsstaaten bereitgehaltene Hilfspersonal und -material zur Verfügung stünde[24]. Mit Hilfe dieses Verzeichnisses könnte das IKRK dann auch hier ein alternatives Vorschlagsverfahren einschlagen, wie es schon für die Aushandlung der Kontroll-Missionen empfohlen worden ist.

Nach den Vorstellungen von *Karlshausen* und *Raymond* träfe jeden Unterzeichnerstaat des fraglichen Abkommens im Konfliktsfall weiter die Pflicht, auf Verlangen des IKRK unverzüglich sein Hilfspersonal und -material für die geplante Mission abzustellen, falls nach den Vereinbarungen zwischen dem IKRK und den Konfliktsparteien gerade seine Hilfe angefordert werden sollte[25].

Den Hilfsmissionen fiele die Aufgabe zu, für den Transport und — in enger Zusammenarbeit mit den Behörden des Konfliktsstaats und den karitativen Organisationen — für eine gerechte Verteilung der Hilfsgüter an die Konfliktsopfer zu sorgen; daß die Mitglieder der Hilfsmission hierbei die Gebote der Unparteilichkeit und Neutralität zu beachten hätten und mit ihrer Tätigkeit ausschließlich humanitäre Ziele verfolgen dürften, versteht sich von selbst[26].

Auch hier stellt sich die Frage nach dem Reformwert und nach den Chancen für die Verwirklichung des Modells der Mission d'Aide.

Die Reformwirkung des Vorschlags der Mission d'Aide wäre im wesentlichen dieselbe wie die des Vorschlags der Mission de Contrôle: zum einen eine beträchtliche personelle und materielle Entlastung des IKRK und zum anderen eine qualitative Verbesserung des Dienstangebots des IKRK, die im Verein mit der Statuierung einer Verhandlungspflicht für die Konfliktsparteien die Verhandlungen zwischen dem IKRK und den Parteien über die Entsendung einer Hilfsmission künftig wesentlich erleichtern würde.

---

[24] Vgl. ebd., S. 25.
[25] Siehe ebd., S. 27.
[26] Siehe auch hierzu im einzelnen *Karlshausen / Raymond*, S. 27 f. — Hinsichtlich des Rechtsstatus und des Rechtsschutzes müßte für die Mitglieder der Hilfsmissionen in etwa das Gleiche gelten wie für die Mitglieder der Kontrollmissionen (siehe ebd., S. 28 ff.).

Auch die Aussichten für eine Verwirklichung dieses Reformvorschlags sind in etwa dieselben wie beim Modell der Mission de Contrôle. Chancen für den Beitritt eines größeren Kreises von Staaten zu diesem Abkommen über die Internationale Hilfsorganisation bestehen allerdings wiederum nur dann, wenn die Konfliktsparteien in diesem Abkommen nicht zur strikten Annahme des Hilfeleistungsangebots verpflichtet werden, sondern hierüber auf der Grundlage eines flexiblen, alternativen Vorschlagsverfahrens mit dem IKRK verhandeln können, das ihnen auch die Möglichkeit einer Ablehnung der Hilfsaktion offen hält.

III. Die Mission d'Intervention Armée

Eine Reform nach den Modellen der Mission de Contrôle und der Mission d'Aide ließe allerdings im Konfliktsopferschutz insofern noch Lücken offen, als sie dem IKRK kein geeignetes Mittel zur Durchsetzung einer humanitären Kontroll- oder Hilfsaktion für den Fall zur Verfügung stellen würde, daß die Konfliktsparteien trotz des alternativen Vorschlagsverfahrens seine Dienste ablehnen oder den Missionsmitgliedern bei ihrem Einsatz im Konfliktsgebiet keinen ausreichenden persönlichen Schutz zusichern.

Karlshausen und *Raymond* erwägen daher, ob notfalls nicht Staaten, die den Konfliktsparteien neutral gegenüberstehen, als verantwortliche Träger einer sog. Mission d'Intervention Armée den Parteien die Kontroll- und Hilfsmissionen des IKRK mit militärischen Mitteln aufzwingen bzw. diese Missionen militärisch absichern könnten[27].

Um das Ergebnis vorwegzunehmen: In einem internen bewaffneten Konflikt ist es selbst neutralen Staaten heute rechtlich untersagt, zur zwangsweisen Durchsetzung oder zum bloßen Schutz der IKRK-Mission auf dem Territorium des Konfliktsstaats eine militärische Aktion durchzuführen. Eine militärische Gewaltanwendungsbefugnis zur Durchsetzung oder Absicherung einer humanitären Aktion können die Staaten — wie schon betont[28] — keinesfalls aus Art. 1 GK herleiten. Trotz der humanitären Zielrichtung einer solchen Mission d'Intervention Armée würden die Staaten mit ihr den Konfliktsstaat in seiner territorialen Unversehrtheit beeinträchtigen und damit dem Gewaltverbot des Art. 2 (4) UN-Charta zuwiderhandeln[29].

Gleichzeitig würde das IKRK durch die Inanspruchnahme militärischer Staaten-Hilfe das Vertrauen der Konfliktsparteien in seine Neutralität und Unparteilichkeit verlieren; die humanitäre Aktion des

---
[27] Siehe ebd., S. 32 f.
[28] Vgl. die obige Anm. 6 (am Ende) unter diesem Kapitel.
[29] Vgl. zur Auslegung des Art. 2 (4) UN-Charta im einzelnen oben II. Teil, 1. Kap., 1. Abschnitt, III 1.

IKRK könnte bei den Konfliktsparteien sogar in den Verdacht geraten, sie diene den „neutralen" Staaten lediglich als Vorwand und Deckmantel für eine in Wahrheit auf machtpolitische Ziele gerichtete Militäraktion.

Ob anstelle der Staaten ein Organ der Vereinten Nationen die Funktion einer Mission d'Intervention Armée für die IKRK-Missionen übernehmen könnte, wird im nächsten Abschnitt zu untersuchen sein, wenn es darum geht, geeignete Formen der Zusammenarbeit zwischen dem IKRK und den Vereinten Nationen zu finden.

IV. Zusammenfassung

Faßt man die Erkenntnisse dieses Abschnitts zusammen, so läßt sich feststellen, daß mit den Reform-Modellen der Mission de Contrôle und der Mission d'Aide der Weg gewiesen sein könnte, wie — zusammen mit den im vorigen Kapitel befürworteten Schritten zur Stärkung der Rechtsposition des IKRK — den humanitären Aktionen des IKRK in internen bewaffneten Konflikten mehr Durchsetzungsvermögen und Wirkung als bisher verschafft werden könnte.

Man mag den Fortschritt, der durch diese Reformschritte erzielt würde, für bescheiden halten. Eine behutsame, streng an der politischen Wirklichkeit orientierte Reform dürfte jedoch all' jenen Versuchen vorzuziehen sein, die allzu rasch das IKRK-Verfahren der humanitären Aktion perfektionieren wollen und dabei die Autorität und Glaubwürdigkeit des IKRK leichtfertig aufs Spiel setzen.

Angesichts der einer Reform des humanitären Konfliktsopferschutzes immer noch wenig aufgeschlossenen Haltung vieler Staaten dürften die bisher empfohlenen Reformschritte wohl schon das Optimum des Erreichbaren darstellen; ob sie von den Staaten in nächster Zeit vollzogen werden, bleibt ungewiß.

Was den Bereich der inneren Unruhen betrifft, so bestehen gegenwärtig wohl kaum Aussichten, daß die für die internen bewaffneten Konflikte ins Auge gefaßten Reformen auch auf diesen Konfliktstyp ausgedehnt werden können. Dies gilt für die Frage einer Erweiterung der Rechte des IKRK ebenso wie für die Modelle der Mission de Contrôle und der Mission d'Aide.

2. Abschnitt: Die Zusammenarbeit zwischen dem IKRK und den Vereinten Nationen

Schon seit einiger Zeit besteht zwischen dem IKRK und den Vereinten Nationen Einigkeit darüber, daß es in der Frage der Respektierung der Menschenrechte in Zeiten bewaffneter Konflikte einer engen Zusammenarbeit bedarf.

2. Abschn.: Zusammenarbeit: IKRK — Vereinte Nationen

So hat die UN-Generalversammlung in ihrer Resolution Nr. 2444 (XXII) vom 19. Dezember 1968 den UN-Generalsekretär aufgefordert, gemeinsam mit dem IKRK Untersuchungen darüber anzustellen, wie die Anwendung der humanitären Abkommen in bewaffneten Konflikten besser als bisher gewährleistet werden könnte[30].

Die XXI. Internationale Rotkreuzkonferenz hat diese Initiative der Vereinten Nationen in ihrer XIII. Resolution begrüßt und das IKRK gleichzeitig ermutigt, die Zusammenarbeit mit den Vereinten Nationen entsprechend der Resolution Nr. 2444 der Generalversammlung zu vertiefen[31].

In der Folgezeit hat die Generalversammlung in einer Fülle von Resolutionen die Notwendigkeit einer engen Zusammenarbeit zwischen den Vereinten Nationen und dem IKRK auf dem Gebiet des Konfliktsopferschutzes bekräftigt[32].

Als wichtiger Beitrag zur gegenseitigen Information sind die Berichte des Generalsekretärs unter dem Titel „Respect for Human Rights in Armed Conflicts" zu werten, die dieser seit 1969 zu jeder Sitzungsperiode der Generalversammlung fertigt; in diesen Berichten informiert der Generalsekretär jeweils über die neuesten Entwicklungen des humanitären Völkerrechts, insbesondere auch über die Reformarbeiten innerhalb des Internationalen Roten Kreuzes, und nimmt zu den Problemen auch selbst Stellung[33].

Da die beiderseitigen Appelle zur Zusammenarbeit ansonsten aber noch kaum zu greifbaren Ergebnissen geführt haben, soll im folgenden geprüft werden, ob und in welcher Form das IKRK und die Vereinten Nationen bei humanitären Aktionen in internen (bewaffneten) Konflikten zusammenwirken könnten.

I. UN-Truppen als Schutz für die IKRK-Missionen

Da es den Staaten nach geltendem Völkerrecht nicht gestattet ist, die IKRK-Missionen den Konfliktsparteien mit militärischen Mitteln aufzuzwingen bzw. diese Missionen militärisch abzusichern, drängt sich

---
[30] Vgl. den Resolutionstext in Y.U.N. 1968, S. 611.
[31] Vgl. den Text dieser Resolution in ADIM, Nr. 20, 1970, S. 61 f.
[32] Vgl. die Resolutionen Nr. 2674 - 2677 (XXV) vom 9. 12. 1970 (Text in Rev.Int.C-R, 53. Jg., 1971, S. 52 ff.), die Resolutionen Nr. 2852 und 2853 (XXVI) vom 20. 12. 1971 (Text in Rev.Int.C-R, 54. Jg., 1972, S. 42 ff.), die Resolution Nr. 3032 (XXVII) vom 18. 12. 1972 (Text in Rev.Int.C-R, 55. Jg., 1973, S. 108 ff.) und die Resolution Nr. 3102 (XXVIII vom 12. 12. 1973 (Text in Rev.Int.C-R, 56. Jg., 1974, S. 104 ff.).
[33] Vgl. die Dokumente der Generalversammlung A/7720 (20. 11. 1969); A/8052 (18. 9. 1970); A/8370 (2. 9. 1971); A/8781 (20. 9. 1972); A/9123 (Datum dem Verfasser unbekannt).

134 III. 2. Kap.: Intern. Zusammenarbeit bei humanitären Aktionen

die Frage auf, ob nicht Truppen der Vereinten Nationen diese Funktion übernehmen könnten.

Tatsächlich sind denn auch im Rahmen der Diskussion über Möglichkeiten, die Aktionen humanitärer Organisationen in bewaffneten Konflikten militärisch abzusichern[34], verbreitet Stimmen laut geworden, die die Vereinten Nationen mit dieser Aufgabe betrauen wollen.

Nach diesen Reformplänen sollen entweder ein aus neutralen Staaten rekrutiertes, dem Kommando der Vereinten Nationen unterstelltes Freiwilligen-Korps oder die schon mehrfach in Aktion getretenen Friedenssicherungsstreitkräfte der Vereinten Nationen die militärische Bedeckung der IKRK-Missionen übernehmen[35].

Was den ersteren Vorschlag betrifft, so erscheint schon problematisch, welchem Organ der Vereinten Nationen die Kompetenz zur Entsendung solcher Freiwilligen-Korps ins Konfliktsgebiet zukommen soll.

Der UN-Sicherheitsrat verfügt bekanntlich gegenwärtig über eine Kompetenz zum Einsatz von UN-Streitkräften nur unter den Voraussetzungen der Art. 39, 42 UN-Charta. Zwar ist der Sicherheitsrat — wie schon gezeigt[36] — rechtlich nicht gehindert, in der Mißachtung des humanitären Mindeststandards durch die Konfliktsparteien unter Umständen eine Bedrohung des Weltfriedens zu erblicken. Es wäre wohl auch rechtlich nicht ausgeschlossen, daß der Sicherheitsrat dann, wenn er sich zu militärischen Zwangsmaßnahmen gegen den Konfliktsstaat entschließt, die UN-Streitkräfte auch mit dem Schutz der IKRK-Missionen beauftragt, deren humanitäre Aktionen der Gewährleistung des Mindeststandards und damit gleichzeitig auch der Wiederherstellung des Weltfriedens dienen. Da der Sicherheitsrat bisher aber noch in

---

[34] Neben den Vorschlägen, die den Schutz der IKRK-Missionen den Vereinten Nationen zur Aufgabe machen wollen, ist vor allem eine Empfehlung der *Association pour le Développement du Droit Mondial* von 1965 zu nennen, nach der zum Schutz für die Aktionen humanitärer Organisationen eine selbständige „formation internationale permanente de secours" geschaffen werden sollte (siehe den Nachweis bei *V. de Beco*, Les missions humanitaires et le secours d'urgence en temps de guerre, ADIM, Nr. 14, 1966, S. 50); dieser Vorschlag hat aber in Reformkreisen wenig Anklang gefunden (kritisch hierzu etwa *Patrnogic*, Missions humanitaires et de sauvetage, in: Compte Rendu [V], S. 55 f.).
[35] Siehe hierfür vor allem *de Beco*, Missions et secours, S. 49; *dies.*, Missions humanitaires et Nations Unies, ADIM, Nr. 12, 1965, S. 72; *dies.*, Application des Conventions de Genève dans les guerres non conventionelles, in: ILA, Report of the 52nd Conference, 1967, S. 707 f.; *J. Voncken* in seinem Diskussionsbeitrag zum Compte Rendu (V), S. 58 f.; Missions humanitaires et premiers secours en temps de guerre, Travail du *Centre d'Etudes de Droit International Médical de Liège*, in: Rev.Int. des Services de Santé, 1967, Nr. 6, S. 499 ff.; *Karlshausen / Raymond*, S. 33 ff.
[36] Vgl. hierzu die Ausführungen oben II. Teil, 2. Kap., 1. Abschnitt.

keinem einzigen Fall militärische Zwangsmaßnahmen gegen einen Staat ergriffen hat, erscheint es illusorisch, darauf zu hoffen, daß der Sicherheitsrat künftig ausgerechnet zum Schutze von IKRK-Missionen militärische Schritte unternehmen wird.

Auch die UN-Generalversammlung könnte den Einsatz solcher „gendarmes humanitaires" nicht anordnen; eine entsprechende Kompetenz kann aus der Uniting for Peace-Resolution von 1950 nicht hergeleitet werden[37].

In der Erkenntnis, daß derzeit kein UN-Organ über ein geeignetes Instrument zum Einsatz von Schutztruppen für die IKRK-Missionen verfügt, schlagen *Karlshausen* und *Raymond* folgende Reformlösung vor:

In einem ersten Reformstadium soll die UN-Generalversammlung als Gegenstück zur Uniting for Peace-Resolution eine „Uniting for Humanity"-Resolution verabschieden; diese Resolution soll es der Versammlung gestatten, zum Schutze der IKRK-Missionen internationale Streitkräfte oder — noch besser — eine ständige humanitäre Polizeitruppe der Vereinten Nationen zu bilden. Diese Schutztruppen sollen in internationalen Konflikten mit Zustimmung beider Parteien und in internen Konflikten mit Zustimmung der Regierung des betreffenden Konfliktsstaats in Aktion treten können. In einem zweiten Reformstadium sollen dann der Sicherheitsrat, die Generalversammlung oder ein anderes UN-Organ in einem Zusatzabkommen zur UN-Charta zu Beschlüssen ermächtigt werden, durch welche die humanitären Kontroll- und Hilfsaktionen des IKRK den Konfliktsparteien mittels einer humanitären Polizeitruppe aufgezwungen werden könnten[38].

Dieser Vorschlag mutet angesichts der heutigen rechtlichen und politischen Situation innerhalb der Vereinten Nationen sehr utopisch an[39].

Wenig überzeugend ist auch der zweite Vorschlag, wonach den UN-Friedenssicherungsstreitkräften eine solche militärische Schutzfunktion zugewiesen werden soll. Zwar dürften grundsätzlich kaum rechtliche Bedenken bestehen, wenn sich die Konfliktsparteien damit einverstanden erklären, daß die UN-Friedenstruppen auch solche Aufgaben wahrnehmen. Da der Einsatz und die gesamte Tätigkeit der Friedenssicherungsstreitkräfte aber von der Zustimmung des betreffenden

---
[37] Insoweit darf auf die Ausführungen oben II. Teil, 2. Kap., 1. Abschnitt, II 2., verwiesen werden.
[38] Siehe *Karlshausen / Raymond*, S. 34 und 35.
[39] Skeptisch beurteilt etwa auch *Seidl-Hohenveldern* (in der Diskussion zum Compte Rendu [V], S. 62) die Aussichten für ein solches Zusatzabkommen zur UN-Charta.

Konfliktsstaats getragen sein müssen[40], könnte von diesem Reformvorschlag nur geringe Wirkung ausgehen: Die Konfliktsparteien würden nämlich dann, wenn sie eine IKRK-Aktion auf ihrem Territorium verhindern wollten, einer Einbeziehung des militärischen Schutzes für die IKRK-Missionen in das Aufgabengebiet der UN-Friedenstruppen mit Sicherheit nicht zustimmen.

Sämtliche Vorschläge zur militärischen Absicherung der IKRK-Aktionen laufen also entweder leer oder lassen sich in absehbarer Zeit nicht verwirklichen. Entscheidend kommt noch hinzu, daß auch der Reformwert dieser Vorschläge zweifelhaft wäre.

Zu bedenken ist nämlich, ob nicht dadurch, daß Streitkräfte der Vereinten Nationen die humanitären Aktionen des IKRK den widerstrebenden Konfliktsparteien aufzwingen bzw. diese Aktionen militärisch absichern, die Tätigkeit des IKRK in (internen) bewaffneten Konflikten insgesamt in Frage gestellt würde.

Insbesondere zwei Gesichtspunkte lassen es für das IKRK nicht ratsam erscheinen, mit den Vereinten Nationen ein militärisches Schutzverhältnis einzugehen:

Auch wenn das IKRK im Konfliktsfall mit einer militärischen Bedeckung seiner humanitären Aktion durch UN-Truppen rechnen könnte, so müßte es doch in erster Linie darauf bedacht sein, die Zustimmung und Unterstützung der Konfliktsparteien für seine Aktion zu gewinnen. Das IKRK muß deshalb unter allen Umständen den apolitischen, neutralen und unparteilichen Charakter seiner humanitären Initiativen wahren. Übernähmen der UN-Sicherheitsrat oder die UN-Generalversammlung, deren Tätigkeit durch hochpolitische Momente gekennzeichnet ist, eine Garantiefunktion für die militärische Sicherheit der IKRK-Missionen, so würden die humanitären Initiativen des IKRK zwangsläufig eine Politisierung erfahren, die den Konfliktsparteien noch mehr als bisher Anlaß für eine Ablehnung der Dienste des IKRK bieten könnte. Das Mehr an Durchsetzungsvermögen und Sicherheit, das die UN-Truppen den humanitären Aktionen des IKRK verschaffen könnten, wiegt bei weitem nicht den Verlust an Prestige und Glaubwürdigkeit auf, den sich das IKRK damit gleichzeitig einhandeln würde. Wenn das IKRK also sein humanitäres Wirken nicht der Gefahr einer unheilvollen Politisierung aussetzen will, muß es bestrebt sein, sich bei seinen Aktionen in (internen) bewaffneten Konflikten die funktionelle Selbständigkeit gegenüber den Vereinten Nationen zu erhalten.

Über diese Bedenken hinaus stellt sich die weitere Frage, ob das IKRK bei seinen humanitären Aktionen nicht grundsätzlich auf jede

---

[40] Vgl. hierzu im einzelnen oben I. Teil, 2. Kap., 2. Abschnitt, I.

militärische Begleitung verzichten sollte, um dadurch den gewaltlosen, karitativen Charakter seiner Tätigkeit unter Beweis zu stellen.

Das IKRK hat sein gesamtes Wirken bekanntlich unter den Leitsatz „Inter arma caritas" gestellt[41]. Würde das IKRK seine Missionen künftig unter militärischer Bedeckung ins Konfliktsgebiet schicken, so müßte dieser Leitsatz korrekterweise modifiziert und in die Worte „Inter arma caritas armata" gefaßt werden, was schon angesichts der Zweifelhaftigkeit einer Synthese zwischen „caritas" und „armata" einer Pervertierung und Korrumpierung der ursprünglichen Devise des IKRK gleichkäme.

Die Nächstenliebe darf nicht mit Waffengewalt vermittelt werden, wenn sie ihre moralische Legitimität nicht verlieren soll. Da das IKRK sein Ansehen bei den kriegführenden Parteien und seinen humanitären Handlungsspielraum gerade der karitativen Zielsetzung seines Wirkens verdankt, muß es seinem Wahlspruch auch künftig unter allen Umständen treu bleiben und daher notwendigerweise bei seinen Aktionen auf militärischen Beistand verzichten, gleichgültig, von wem und in welcher Form dieser Beistand geleistet würde. Der Einsatz von „gendarmes humanitaires" als offensives Mittel zur zwangsweisen Durchsetzung der IKRK-Aktionen gegenüber den Konfliktsparteien ist damit ebenso abzulehnen wie deren Verwendung als rein defensives Schutzinstrument[42].

II. Das IKRK als Initiativorgan für die Ingangsetzung des Verfahrens nach Art. 39, 42 UN-Charta

Wie bereits festgestellt, schafft die UN-Charta für den Sicherheitsrat die rechtlichen Voraussetzungen, um die Mißachtung des humanitären Mindeststandards als Weltfriedensbedrohung zu qualifizieren und militärische Zwangsmaßnahmen gegen den Verletzer-Staat zu beschließen. Wenn der Sicherheitsrat von dieser Kompetenz in der Praxis bisher noch nie Gebrauch gemacht hat, so sind vor allem politische Gründe hierfür verantwortlich gewesen.

---

[41] Siehe Art. 3 (2) des (neuen) IKRK-Statuts (Rev.Int.C-R, 55. Jg., 1973, S. 483).

[42] Demgegenüber hat *de Beco* die Zulässigkeit eines defensiven Militärschutzes für die IKRK-Missionen aus Art. 22 der I. Genfer Konvention von 1949 herzuleiten versucht, wo u. a. bestimmt wird, daß die Sanitätseinheiten auch dann von den Konfliktsparteien geschont werden müssen, wenn sie zu ihrer eigenen Verteidigung unter Waffenschutz stehen (siehe *de Beco*, Missions et secours, S. 53). Eine solche extensive Auslegung des Art. 22 der I. Genfer Konvention erscheint jedoch bedenklich, zumal sich schwerlich die genaue Grenze bestimmen läßt, von der ab die Maßnahmen der humanitären Schutztruppe ihren defensiven Charakter verlieren und offensive Gestalt annehmen (wie hier auch *Seidl-Hohenveldern*, Compte Rendu [V], S. 61).

Für eine Revision der UN-Charta mit dem Ziel, die grundlegenden Mängel des schwerfälligen, durch den häufigen Gebrauch des Vetorechts als politischer Waffe bisher meist paralysierten Sanktionsapparates im VII. Kapitel auszumerzen, bestehen in absehbarer Zukunft wohl keine Aussichten.

Wenn das Verfahren nach Art. 39 ff. UN-Charta überhaupt einer Reform zugänglich ist, dann wohl nur in seinem Einleitungsstadium: Wenn ein kompetenter Initiator gefunden werden könnte, der imstande wäre, den Sicherheitsrat durch die Vorlage unanfechtbaren Tatsachenmaterials vom Tatbestand einer Weltfriedensbedrohung und der Notwendigkeit militärischer Zwangsmaßnahmen gegen den friedensbedrohenden Staat zu überzeugen, so würde dies möglicherweise eine entsprechende positive Beschlußfassung des Rates begünstigen.

In Fällen extremer Menschenrechtsverletzungen, durch die der Weltfrieden bedroht erscheint, könnte sich unter Umständen das IKRK als ein solches Initiativorgan anbieten, da es dank seines — trotz einiger Anfechtungen[43] — weltweiten Ansehens, seiner schwer bestreitbaren Neutralität und der rein humanitären Zielrichtung seines Wirkens dem Ersuchen an den Sicherheitsrat, den Verletzer-Staat durch UN-Truppen zu einem normgemäßen Verhalten zu zwingen, das nötige Gewicht verleihen könnte.

Eine solche Initiativfunktion will auch *Seidl-Hohenveldern* dem IKRK zuerkennen[44]. Mit Recht weist er allerdings darauf hin, daß das IKRK seinen Ruf als karitative, apolitische Institution aufs Spiel setzen würde, wenn es unmittelbar die Ingangsetzung eines Verfahrens betreiben wollte, an dessen Ende ein Beschluß des Sicherheitsrats über die Entsendung von UN-Truppen ins Konfliktsgebiet stehen soll. Um zu vermeiden, daß das IKRK in den Augen der Konfliktsparteien und der Weltöffentlichkeit mit der vom Sicherheitsrat angeordneten UN-Militäraktion in Verbindung gebracht wird, empfiehlt es sich nach Auffassung von *Seidl-Hohenveldern* für das IKRK, sein auf schwerwiegendes Tatsachenmaterial gestütztes Interventionsersuchen nicht direkt an den Sicherheitsrat zu richten, sondern zunächst den UN-Generalsekretär einzuschalten, der sich dann seinerseits mit einer eigenen Stellungnahme und einer konkreten Empfehlung zu diesem Ersuchen des IKRK an den Sicherheitsrat, hilfsweise an die Generalversammlung, zu wenden hätte[45].

---

[43] Näheres siehe oben II. Teil, 3. Kap., 1. Abschnitt, II 6.
[44] Siehe ILA, Report of the 52nd Conference, 1967, S. 657; vgl. auch *Seidl-Hohenveldern / Patrnogic*, La protection des populations civiles dans les conflits armés de caractère non-international, ADIM, Nr. 17, 1968, S. 20 ff.
[45] Siehe wiederum *Seidl-Hohenveldern*, in: Compte Rendu (V), S. 63, und *Seidl-Hohenveldern / Patrnogic*, S. 23 f.

Dieser Vorschlag von *Seidl-Hohenveldern* mag auf den ersten Blick einleuchten; bei näherer Betrachtung ergeben sich aber gegen die dem IKRK zugedachte Initiator-Rolle doch schwerwiegende Bedenken.

Wie schon betont, beruhen die bisherigen Erfolge des IKRK maßgeblich darauf, daß es ihm durch diskrete Verhandlungsführung gelungen ist, das Vertrauen der Konfliktsparteien in seine humanitären Aktionen zu gewinnen. Insbesondere die Zusicherung des IKRK, hinsichtlich der die Konfliktsparteien belastenden Fakten größtmögliche Diskretion zu üben, sich also mit dem ermittelten Tatsachenmaterial nicht an die Weltöffentlichkeit zu wenden, hat dem IKRK oft überhaupt erst den Weg für eine humanitäre Aktion frei gemacht.

Wenn sich nun das IKRK im Falle eines Scheiterns seiner eigenen Initiativen an den Generalsekretär mit der Bitte um Einschaltung der Vereinten Nationen wenden würde, so müßte es dem Generalsekretär sämtliche Fakten unterbreiten, um die Berechtigung und Dringlichkeit seines Ersuchens nachzuweisen; dieser müßte das Tatsachenmaterial an den Sicherheitsrat weiterleiten, der darüber zu debattieren und zu beschließen hätte, ob die Fakten den Schluß auf eine Weltfriedensbedrohung zulassen und ein militärisches Eingreifen der Vereinten Nationen notwendig machen. Spätestens zu diesem Zeitpunkt würden die den Konfliktsparteien zur Last gelegten völkerrechtswidrigen Verhaltensweisen auch der Weltöffentlichkeit bekannt. Selbst wenn die Kontakte zwischen dem IKRK und dem Generalsekretär streng vertraulich gehalten würden, gäbe das IKRK als dessen Informant doch den entscheidenden Anstoß für das Bekanntwerden von Tatsachen, hinsichtlich derer das IKRK den Konfliktsparteien zuvor noch bei den Verhandlungen über eine humanitäre Aktion strengste Diskretion zugesichert hatte.

Wenn das IKRK den Erfolg seiner Verhandlungen mit den Parteien künftiger (interner) bewaffneter Konflikte also nicht von vornherein gefährden will, wird es besser darauf verzichten, gleichsam als fact finding-Organ der Vereinten Nationen zu fungieren.

III. Die Koordinierung von Untersuchungs- und Hilfsaktionen

Mit Rücksicht auf die institutionellen und funktionellen Unterschiede zwischen dem IKRK und den Vereinten Nationen erscheint eine Zusammenarbeit dieser beiden Organisationen bei der Untersuchung von Verletzungen des humanitären Mindeststandards und bei der Hilfeleistung für die Konfliktsopfer in Form einer ad hoc vereinbarten oder gar institutionalisierten Zusammenlegung der beiderseitigen humanitären Aktivitäten nicht erstrebenswert. Insbesondere das IKRK muß unter allen Umständen auf die Erhaltung seiner Unabhängigkeit gegenüber den Vereinten Nationen bedacht sein, wenn es den neutralen und apolitischen Charakter seiner Aktionen nicht selbst in Frage stellen will.

Somit bleibt nur die Möglichkeit, gleichzeitig aber auch die Notwendigkeit einer sinnvollen Koordinierung der Aktionen des IKRK und der Vereinten Nationen in einem geeigneten organisatorischen Rahmen.

1. Die Koordinierung der Untersuchungsaktionen

Schon weiter oben[46] ist auf die jüngsten Bemühungen der UN-Menschenrechtskommission um die Entwicklung neuer Verfahren der „investigation" zur Verbesserung des Menschenrechtsschutzes hingewiesen worden. Dabei ist vor allem auf die von der Menschenrechtskommission eingesetzten Ad hoc-Expertengruppen aufmerksam gemacht worden, die mit ihren Untersuchungen von Menschenrechtsverletzungen heute in eine gewisse Konkurrenz mit den Untersuchungsaktionen des IKRK[47] getreten sind.

Im Gegensatz zum IKRK ist es diesen UN-Expertengruppen allerdings noch in keinem einzigen Fall gestattet worden, ihre Untersuchungen unmittelbar auf das Territorium des Verletzer-Staats zu erstrecken. Einer der entscheidenden Hinderungsgründe hierfür liegt wohl in der unterschiedlichen Arbeitsmethode der UN-Experten und des IKRK: Während nämlich die UN-Expertengruppen die Verletzer-Staaten durch die Weitergabe ihrer Untersuchungsergebnisse an die Weltöffentlichkeit zu einem völkerrechtsgemäßen Verhalten zwingen wollen[48], versucht das IKRK die betreffenden Staaten durch die Zusicherung strengster Diskretion für seine Untersuchungsaktion zu gewinnen, enthält sich jeder eigenen Bewertung der ermittelten Fakten und meidet auch nach Abschluß seiner Tätigkeit jede unnötige Publizität[49].

Dieser schwerwiegende methodische Unterschied in der Untersuchungstätigkeit der UN-Experten und des IKRK hat in der Vergangenheit schon zu einigen Rivalitäten und Mißhelligkeiten zwischen beiden geführt[50] und erschwert wohl auch die Koordination der beiderseitigen Anstrengungen in der Zukunft.

---

[46] II. Teil, 2. Kap., 2. Abschnitt, II 3.
[47] Hier sind vor allem die IKRK-Aktionen zur Betreuung politischer Häftlinge zu nennen (vgl. dazu oben II. Teil, 3. Kap., 2. Abschnitt, III).
[48] Siehe hierzu *Carey*, S. 154 ff., 172.
[49] Vgl. hierzu *Bissell* (S. 260, 274), der die Handhabung von „informal negotiation and persuasion" durch das IKRK beispielhaft nennt und den Organen der Vereinten Nationen zur Nachahmung empfiehlt.
[50] Als Beispiel seien die Streitigkeiten zwischen den UN-Experten und dem IKRK anläßlich der Haftstättenbesuche von IKRK-Delegierten in Süd-

Es wäre deshalb wünschenswert, wenn die UN-Experten bei ihren Untersuchungen künftig der vom IKRK praktizierten Methode folgen würden, zumal es fraglich erscheint, ob sie bei einem Festhalten am Mittel der Publizität jemals von einem Staat die Erlaubnis zu Untersuchungen sur place erhalten werden.

Da angesichts der gegensätzlichen Arbeitsmethoden eine Koordinierung der Untersuchungstätigkeit der UN-Organe und des IKRK derzeit wenig Erfolg versprechen dürfte, braucht die Frage nach dem organisatorischen Rahmen einer solchen Koordination hier erst gar nicht aufgeworfen zu werden.

2. Die Koordinierung der Hilfsaktionen

Auf dem Gebiet der humanitären Hilfeleistung für die Opfer (interner) bewaffneter Konflikte[51] kommt der Koordinierung der Hilfstätigkeiten des IKRK und der Vereinten Nationen[52] besondere Bedeutung zu. Dies gilt zunächst einmal im Verhältnis des IKRK zu UNICEF, sowie zu den UN-Sonderorganisationen wie etwa der WHO, UNESCO und der FAO, die bisher allerdings wohl nur ausnahmsweise während eines bewaffneten Konflikts an Ort und Stelle tätig geworden sind[53]. Mit der UNEPRO-Aktion und dem Tätigwerden des UN-Hochkommissars für Flüchtlinge als „focal point" gegen Ende des Jahres 1971 ist aber vielleicht ein Signal dafür gesetzt worden, daß die Vereinten Nationen künftig auch während (interner) bewaffneter Konflikte Hilfsaktionen sur place durchführen werden.

Eine sinnvolle Koordination der Hilftätigkeiten der Vereinten Nationen und des IKRK setzt zunächst einmal voraus, daß ein der Effektivität der Hilfeleistung abträgliches Konkurrenzverhältnis zwischen diesen beiden Institutionen vermieden wird; deshalb muß geklärt werden, welcher von beiden das Primat in diesem Aufgabenbereich zukommen soll.

Der Vorschlag von *G. Gottlieb*, dem Präsidenten der amerikanischen Gesellschaft der Internationalen Law Association, sieht die Bildung eines United Nations Emergency Assistance Service (UNEMAS) vor,

---

afrika von 1964 und 1967 genannt; vgl. hierzu die Ausführungen von *Carey*, S. 100 ff.

[51] Auf Fragen der Hilfeleistung bei Naturkatastrophen kann im Rahmen dieser Untersuchung nicht eingegangen werden. Vgl. zu den Zusammenhängen der Hilfeleistung bei Naturkatastrophen und in bewaffneten Konflikten z. B. *Bothe*, Rechtsprobleme, S. 26 ff.

[52] Dieselbe Problematik taucht auch im Verhältnis zwischen dem IKRK und anderen internationalen Organisationen auf; siehe hierzu im Anhang zu diesem Kapitel.

[53] Vgl. hierzu Näheres oben II. Teil, 2. Kap., 2. Abschnitt, III und die dortige Anm. 56.

dessen Aufgabe darin bestünde, für die Hilfeleistung zugunsten der Opfer von Naturkatastrophen und bewaffneten Konflikten die organisatorischen Voraussetzungen zu schaffen und die hierfür benötigten Sach- und Geldmittel bereitzuhalten[54].

Dieser Vorschlag, der darauf abzielt, den Vereinten Nationen auf dem Gebiet der humanitären Hilfeleistung gegenüber dem IKRK eine Vorrangstellung zu verschaffen, erscheint im Hinblick darauf, daß mit dem Internationalen Roten Kreuz bereits eine für Hilfsaktionen geeignete und zudem vielfach bewährte Institution existiert, wenig erstrebenswert[55]. Das IKRK, das insbesondere wegen seines neutralen und apolitischen Charakters gegenüber dem vorgeschlagenen speziellen Hilfsdienst der Vereinten Nationen entscheidende Vorzüge aufweist, sollte daher im Bereich der humanitären Hilfeleistung für die Opfer bewaffneter Konflikte auch künftig seine zentrale Stellung behalten[56], ohne daß damit die bisherige Hilfstätigkeit der Vereinten Nationen in ihrem Wert unterschätzt werden soll.

Was nun die Koordinierung der Hilfeleistung des IKRK und der Vereinten Nationen selbst betrifft, so dürften sich — einem Vorschlag *Bothes*[57] folgend — die regelmäßig stattfindenden internationalen Rotkreuzkonferenzen, an denen die Vereinten Nationen, UNICEF, UNHCR, WHO, UNESCO, FAO und andere Organisationen heute bereits als Beobachter teilnehmen, als ein geeigneter organisatorischer Rahmen anbieten. Denkbar wäre vielleicht, den Vereinten Nationen und ihren Sonderorganisationen künftig auf den (erweiterten) Rotkreuzkonferenzen das volle Stimmrecht zu gewähren[58]. Auf diese Weise könnten die beiderseitigen Anstrengungen bei der Vorbereitung von Hilfsaktionen in langfristiger Planung aufeinander abgestimmt werden. Nach Ausbruch und während eines bewaffneten Konflikts, also dann, wenn die Rotkreuzkonferenz als Koordinierungsgremium ausfällt, könnten die akuten Koordinierungsfragen wohl am besten in Kontakten zwischen dem IKRK und dem UN-Generalsekretär[59] geklärt werden.

---

[54] Vgl. zu den Einzelheiten dieses Vorschlags die Nachweise bei *Ellenbogen / Seidl-Hohenveldern*, S. 19 f., und *Bothe*, Rechtsprobleme, S. 34 f.

[55] In diesem Sinne auch *Bothe*, Rechtsprobleme, S. 35. — *Gottlieb* selbst betont in seiner Schrift „International Assistance to Civilian Populations in Armed Conflicts" (S. 426): „Efforts to enhance the role of the United Nations and of other international institutions should not be permitted to jeopardize the activities of existing international humanitarian organizations".

[56] Auch *H. Wiebringhaus, F. Wendl, Evrard* und *Goerens* (in: Scholsem, Application, S. 45), *Karlshausen / Raymond* (S. 30 f.), *Ellenbogen / Seidl-Hohenveldern* (S. 26) und *Petitpierre* (S. 91 ff.) treten für diese Auffassung ein.

[57] Siehe *Bothe*, Rechtsprobleme, S. 37.

[58] Weitere Einzelheiten dieses Vorschlags siehe bei *Bothe*, ebd., S. 37.

IV. Zusammenfassung

Die Untersuchung dieses Abschnitts hat gezeigt, daß eine Zusammenarbeit zwischen dem IKRK und den Vereinten Nationen bei humanitären Aktionen in (internen) bewaffneten Konflikten von vornherein nur insoweit wünschenswert sein kann, als sich das IKRK dabei seine funktionelle und organisatorische Selbständigkeit gegenüber den Vereinten Nationen zu bewahren vermag. Eine militärische Absicherung der IKRK-Aktionen durch UN-Truppen kann daher ebensowenig in Betracht kommen wie eine institutionalisierte oder auch nur ad hoc vereinbarte Zusammenlegung der beiderseitigen Untersuchungs- und Hilfstätigkeiten.

Im Interesse der Konfliktsopfer wäre jedoch eine bessere Koordinierung der Hilfstätigkeiten dieser beiden Organisationen sowohl im Stadium der Vorbereitung von Hilfsaktionen als auch bei der Durchführung dringend erforderlich.

Daß diese Erkenntnisse nicht nur das Verhältnis zwischen dem IKRK und den Vereinten Nationen, sondern auch die Beziehungen des IKRK zu anderen internationalen Organisationen betreffen, soll wenigstens noch in einem kurzen Anhang zu dieser Untersuchung gezeigt werden.

Anhang zum 2. Kapitel:

Die Zusammenarbeit zwischen dem IKRK und anderen internationalen Organisationen

Da außer dem IKRK und den Vereinten Nationen mit ihren Sonderorganisationen zahlreiche nicht-staatliche internationale Organisationen wie etwa der Malteser- und Johanniter-Orden, der Weltkirchenrat, der internationale Caritas-Verband, die Internationale Juristenkommission,

---

[59] Die Pläne zur Schaffung eines UN-Hochkommissars für Menschenrechte, der als zentrale Koordinierungsstelle für sämtliche humanitäre Aktivitäten innerhalb der Vereinten Nationen und gleichzeitig als Kontaktstelle für außenstehende humanitäre Organisationen fungieren könnte, dürften sich in absehbarer Zeit kaum verwirklichen lassen, nachdem sich die UN-Generalversammlung in ihrer Resolution Nr. 3136 (XXVIII) vom 14. 12. 1973 von diesem Vorhaben distanziert hat (siehe hierzu *K. Grasshof*, Ein Hoher Kommissar für Menschenrechte bleibt das Ziel, in: Vereinte Nationen, 22. Jg., 1974, S. 13 ff.; vgl. im Anhang zu dieser Untersuchung [S. 15] den Text dieser Resolution). — Näheres zum bisherigen Verlauf der Reformdiskussion über die Institution des UN-Hochkommissars für Menschenrechte siehe z. B. bei *A. Etra*, International Protection of Human Rights, The Proposal for a U.N. High Commissioner of Human Rights, Columbia Journal of Transnational Law, Bd. 5, 1966, S. 150 ff.; *F. Ermacora*, Die Arbeitstechnik der Vereinten Nationen bei der Realisierung der Menschenrechte, in: Internationales Colloquium über Menschenrechte (Berlin 1966), S. 167 ff.; *Clark*, A United Nations High Commissioner for Human Rights.

Amnesty International, die Hilfsdienste der Joint Churches, u. a. sowie die regionalen Organisationen in internen bewaffneten Konflikten und bei inneren Unruhen eine humanitäre Aktivität entfalten, stellt sich die Frage der Zusammenarbeit auch im Verhältnis des IKRK zu diesen Organisationen.

Was zunächst die nicht-staatlichen internationalen Organisationen betrifft, so erscheint deren unmittelbare Einbeziehung in das IKRK-Verfahren der humanitären Aktion wenig wünschenswert.

Zum einen darf der humanitäre, neutrale, apolitische und unparteiliche Charakter der IKRK-Aktionen nicht durch die Mitwirkung von Organisationen in Frage gestellt werden, die ihre Tätigkeit nicht immer in ausreichendem Maße an diesen Geboten ausrichten[60].

Zum anderen wäre — unabhängig von diesen Bedenken — eine Integration anderer humanitärer Organisationen in das IKRK-Verfahren wohl auch deshalb verfehlt, weil im Falle eines Scheiterns dieses integrierten Verfahrens keine Organisation mehr bereitstünde, die den Konfliktsopfern beistehen könnte. Gerade die Existenz einer Vielzahl von humanitären Organisationen, die je nach ihrem Charakter verschiedene, den Besonderheiten der jeweiligen Konfliktssituation angepaßte Funktionen wahrnehmen können, hält den Konfliktsopfern die Aussicht auf Schutz und Hilfe auch dann noch offen, wenn dem IKRK eine humanitäre Aktion versagt bleibt[61].

Auch im Verhältnis zwischen dem IKRK und den nicht-staatlichen internationalen Organisationen wäre eine verstärkte Koordinierung ihrer jeweiligen humanitären Aktivitäten dringend geboten, für die als Rahmen wiederum die erweiterte Rotkreuzkonferenz in Betracht kommen könnte; dabei dürften allerdings nur solche Organisationen mit einem Stimmrecht ausgestattet werden, die auf Grund ihrer bisherigen

---

[60] Ohne hier die Tätigkeit einzelner nicht-staatlicher internationaler Organisationen einer Wertung unterziehen zu wollen, dürften zumindest einige dieser Organisationen bei ihrer Arbeit insbesondere den apolitischen und unparteilichen Charakter vermissen lassen.

[61] Auch *Gottlieb* (S. 426) unterstreicht, (that) „... recognition must be given to the different types of humanitarian concerns and to the need for a multiplicity of humanitarian relief agencies ..."; ebenso auch *Bothe*, Rechtsprobleme, S. 37. —
Wie wertvoll für die Konfliktsopfer die Dienste von Organisationen sein können, die im Gegensatz zum IKRK keinen strengen „neutral humanitarianism", sondern einen „revolutionary humanitarianism" verfolgen (diese Terminologie gebraucht *Gottlieb* [S. 422 f.] in diesem Zusammenhang), zeigt der nigerianische Bürgerkrieg: Damals setzten die Hilfsdienste der christlichen Kirchen auch nach Abbruch der IKRK-Aktionen ihre Versorgungsflüge nach Biafra fort und ergriffen damit — im Gegensatz zum IKRK — einseitig Partei für die biafranische Konfliktspartei (vgl. zu den Vorgängen in diesem Konflikt im einzelnen oben II. Teil, 3. Kap., 1. Abschnitt, II 5).

Tätigkeit ihren humanitären Charakter unter Beweis zu stellen vermögen.

Eine wertvolle Ergänzung könnten die humanitären Aktionen des IKRK schließlich noch durch eine verstärkte humanitäre Aktivität der regionalen Organisationen erfahren.

Erfolgversprechende Ansätze für humanitäre Aktionen regionaler Organisationen finden sich vor allem in der Praxis der Interamerikanischen Menschenrechtskommission, die beispielsweise anläßlich des Konflikts in der Dominikanischen Republik von 1965 mit ihrer Untersuchungstätigkeit wertvolle humanitäre Dienste geleistet hat[62]. Damit ist auf dem amerikanischen Kontinent immerhin ein erster Schritt auf dem Wege zu einem regionalen Verfahren der humanitären Aktion getan; es wäre zu wünschen, daß auch die Regionalorganisationen in den übrigen Erdteilen künftig eine ähnliche humanitäre Aktivität entfalten.

Der Wert solcher selbständiger regionaler Verfahren bestünde darin, daß sie weit mehr als ein überregionales Verfahren auf die spezifisch regionalen Aspekte einer Konfliktssituation, insbesondere etwa auf die ideologisch-politischen Interessen der Konfliktsparteien und die wirtschaftlich-sozialen Verhältnisse in dem betreffenden Konfliktsstaat, zugeschnitten sein könnten. Da das IKRK gerade im Umgang mit Konfliktsparteien der sog. Dritten Welt oft auf schwer überwindliche Schranken stößt, wäre es wünschenswert, wenn in solchen Regionalverfahren künftig humanitäre Aufgaben von besonderem regionalem Zuschnitt, wie etwa Untersuchungs-, Vermittlungs- und Schlichtungsaufgaben, wahrgenommen werden könnten, so daß das IKRK-Verfahren wenigstens in diesem Teilbereich der humanitären Aktion ergänzt, wenn nicht gar ersetzt würde.

---

[62] Ausführlich hierzu K. *Vasak*, La Commission interaméricaine des Droits de l'Homme: son rôle et son importance pour les pays en voie de développement, Internationales Colloquium über Menschenrechte (Berlin 1966), S. 191 ff., bes. S. 204 f. Vgl. auch *Sohn / Buergenthal*, S. 1267 ff. mit zahlreichen Belegen aus der interamerikanischen Menschenrechtsschutzpraxis.

Schlußbetrachtung

Würdigt man die soeben angestellten Überlegungen de lege ferenda auf dem Hintergrund der Rechtssituation, wie sie sich gegenwärtig auf dem Gebiet der humanitären Aktion in nicht-internationalen Konflikten darstellt, so ist folgendes festzuhalten:

Wie die Untersuchung im II. Teil gezeigt hat, erweist sich das IKRK trotz mancher Mißerfolge derzeit als diejenige Institution, die noch am ehesten imstande ist, die durch die Absage an die militärischen Schutzmaßnahmen der Heimatstaaten und an die klassische humanitäre Intervention entstandene Lücke im Konfliktsopferschutz wenigstens teilweise zu schließen. Demgegenüber vermögen die Organe der Vereinten Nationen gegenwärtig kaum einen wirksamen Beitrag zur Gewährleistung des humanitären Mindeststandards zu leisten.

Die deshalb vornehmlich auf eine Verbesserung des IKRK-Verfahrens der humanitären Aktion ausgerichteten Reformüberlegungen im III. Teil dieser Untersuchung haben gezeigt, daß die Verhandlungsposition des IKRK gegenüber den Parteien eines internen bewaffneten Konflikts durch eine inhaltliche Konkretisierung des humanitären Initiativrechts des IKRK und durch die Statuierung von Verhandlungspflichten für die Konfliktsparteien wesentlich verbessert werden könnte. Die Verhandlungsführung des IKRK gegenüber den Konfliktsparteien würde erleichtert, wenn zwischen ihm und den Mitgliedstaaten der Genfer Konventionen eine Zusammenarbeit nach dem Modell der Mission de Contrôle und der Mission d'Aide zustandekommen könnte; gleichzeitig würde das IKRK bei einer Verwirklichung dieses Modells eine erhebliche personelle und materielle Entlastung erfahren.

Was das Verhältnis des IKRK zu den Vereinten Nationen und deren Sonderorganisationen sowie zu den zahlreichen nicht-staatlichen internationalen Organisationen mit humanitärem Aufgabengebiet betrifft, so erscheint deren unmittelbare Beteiligung an den humanitären Aktionen des IKRK, in welcher Form auch immer, schon deshalb nicht wünschenswert, weil das IKRK auf die Erhaltung seiner Selbständigkeit und des apolitischen und unparteilichen Charakters seiner Aktionen bedacht sein muß. Eine bessere Koordinierung sämtlicher humanitärer Aktivitäten ist jedoch im Interesse der Konfliktsopfer dringend geboten.

Schlußbetrachtung

Wenngleich mit den hier zur Diskussion gestellten Reformschritten noch bei weitem kein lückenloses System eines weltweit wirksamen Konfliktsopferschutzes geschaffen und das Ziel einer Ausdehnung des humanitären Völkerrechts auf das gesamte Friedensrecht schon deshalb nicht erreicht würde, weil eine Verbesserung des humanitären Rechtsschutzes für die Opfer bloßer innerer Unruhen in absehbarer Zeit kaum erwartet werden darf, so brächten diese Schritte die Bemühungen um eine wirksamere Sicherung des humanitären Mindeststandards in internen bewaffneten Konflikten doch ein bedeutsames Stück voran.

Die Frage ist nur, ob die Staaten die hierfür nötige Reformbereitschaft entwickeln werden. Eine endgültige Antwort kann hierauf kaum gegeben werden.

Der Verlauf der ersten Phase der diplomatischen Konferenz über den Ausbau des humanitären Völkerrechts im Frühjahr 1974 gibt kaum zu großem Optimismus Anlaß. Durch den Streit um die Zulassung von Guinea-Bissau und der provisorischen Revolutionsregierung in Südvietnam und um den Status der Befreiungsbewegungen bei dieser Konferenz sowie durch die heftige Kontroverse zwischen den Staaten der Dritten Welt und den westlichen Staaten in der Frage, ob die sog. Befreiungskriege gegen koloniale und fremde Besetzung sowie gegen rassistische Regime als internationale oder interne Konflikte zu qualifizieren sind, ist diese erste Phase der Konferenz in einem Maße politisiert und ideologisiert worden, daß in der Sache selbst bislang keine nennenswerten Fortschritte erzielt werden konnten[1].

Es bleibt zu hoffen, daß bei der nächsten Konferenzphase im Frühjahr 1975 ähnliche politische Konfrontationen vermieden werden können und die Staaten sich angesichts der allgemein anerkannten Notwendigkeit einer Reform des humanitären Völkerrechts auf ihre gemeinsame Verantwortung hierbei besinnen werden.

Allerdings wird eine juristische Lösung der Probleme der humanitären Aktion in (internen) bewaffneten Konflikten wohl nur gefunden werden können, wenn der politisch-ideologischen Dimension der anstehenden Reformfragen größere Beachtung als bisher geschenkt wird. Auch das IKRK sollte, nachdem es in dieser ersten Konferenzphase selbst in einen scharfen politischen Gegensatz zu den Staaten der

---

[1] Siehe hierzu die Berichte in der NZZ vom 9. 3. 1974, S. 6 und vom 31. 3. 1974, S. 1, 2 und in der FAZ vom 2. 4. 1974, S. 2 sowie den Bericht „Diplomatische Konferenz über die Neubestätigung und die Weiterentwicklung des humanitären Völkerrechts" in: Beilage 1974, Bd. XXV, Nr. 6 zur Rev.Int.C-R, S. 95 - 105, und *D. Fleck*, Diplomatische Konferenz für humanitäres Völkerrecht in bewaffneten Konflikten, NJW, 27. Jg., 1974, S. 1038 f. — Offizielle Dokumente über diese 1. Phase der diplomatischen Konferenz lagen dem Verf. bei Abschluß dieser Arbeit noch nicht vor.

Dritten Welt geraten ist, aus dieser Konfrontation herauszutreten versuchen, einmal, um nicht die Universalität der geplanten Reform von vornherein zu gefährden, zum anderen aber auch, um sich die Bereitschaft der Staaten dieser Regionen zu Verhandlungen über eine humanitäre Aktion für die Zukunft nicht zu verscherzen.

Literaturverzeichnis

Actes de la Conférence diplomatique de Genève de 1949, Bd. II B
(zit.: Actes)

L'Aide humanitaire aux victimes des conflits internes, Réunion d'une Commission d'Experts à Genève, Revue Internationale de la Croix-Rouge, 45. Jg., 1963, S. 76 - 88
(zit.: Aide humanitaire)

Archer, P.: Action by Unofficial Organizations on Human Rights, in: The International Protection of Human Rights (edited by E. Luard), London 1967, S. 160 - 182

Aroneanu, E.: La guerre internationale d'ntervention pour cause d'humanité, Revue internationale de droit pénal, Bd. 19, 1948, S. 173 ff.

Aureglia, L., siehe unter: P. de la Pradelle / L. Aureglia

Aureglia, L. und *P. de la Pradelle*: Organisation, fonctionnement et protection du contrôle de l'application des Conventions humanitaires en cas de conflits armés, Annales de Droit International Médical, 1958, Nr. 2, S. 47 - 63

Bayer, H.-W.: Staatsbesuch und politische Demonstration, Die öffentliche Verwaltung, 21. Jg., 1968, S. 710 - 719

de Beco, V.: Application des Conventions de Genève dans les guerres non conventionelles, in: International Law Association, Report of the 52nd Conference (siehe dort), S. 703 - 708

— Les missions humanitaires et le secours d'urgence en temps de guerre, Annales de Droit International Médical, 1966, Nr. 14, S. 42 - 55
(zit.: Missions et secours)

— Missions humanitaires et Nations Unies, Annales de Droit International Médical, 1965, Nr. 12, S. 71 - 73

Benoit, M.: Les nouvelles tendances du droit international médical, Annales de Droit International Médical, Nr. 19, 1969, S. 41 - 53.

Berber, F.: Lehrbuch des Völkerrechts, Bd. I, München und Berlin, 1960; 2. Bd., 2. Aufl., München 1969

Bissell, Th. St. G.: The International Committee of the Red Cross and the Protection of Human Rights, Revue de Droit International et Comparé, Bd. I-2, 1968, S. 255 - 274

Bosly, H. und *E. Evrard*: La constatation internationale de l'existence de conflits armés, Annales de Droit International Médical, Nr. 19, 1969, S. 25 - 40

Bothe, M.: Das Gewaltverbot im allgemeinen, in: Schaumann (siehe dort), S. 11 - 31
(zit.: Gewaltverbot)

Bothe, M.: Rechtsprobleme humanitärer Hilfsaktionen zugunsten der Zivilbevölkerung bei bewaffneten Konflikten, in: M. Bothe / K. Hailbronner / K. Ipsen, Beiträge zur Weiterentwicklung des humanitären Völkerrechts für bewaffnete Konflikte, hrsg. v. D. Fleck, Veröffentlichungen des Instituts für Internationales Recht an der Universität Kiel, Bd. 71, Hamburg 1973, S. 24 - 80
(zit.: Rechtsprobleme)

— Streitkräfte internationaler Organisationen, Beiträge zum ausländischen öffentlichen Recht und Völkerrecht, Bd. 47, Köln, Berlin 1968
(zit.: Streitkräfte)

— in: Scholsem, L'application des Conventions de Genève (siehe dort), S. 44

Bowett, D. W.: Self-Defence in International Law, Manchester 1958
(zit.: Self-Defence)

— The Use of Force in the Protection of Nationals, The Grotius Society, Bd. 43, London 1957, S. 111 ff.
(zit.: Use of Force)

Braun, U.: Die Anwendung der Genfer Zivilkonvention in Kriegen nichtinternationalen Charakters, Züricher Dissertation, 1962

Brierly, J. L. und C. H. M. *Waldock:* The Law of Nations, 6. Aufl., Oxford 1963

Brownlie, I.: International Law and the Use of Force by States, Oxford 1963
(zit.: International Law)

— Thoughts on Kind-Hearted Gunmen, in: Lillich, Humanitarian Intervention (siehe dort), S. 139 - 146
(zit.: Thoughts)

Carey, J.: UN Protection of Civil and Political Rights, New York 1970

Cassin, R.: Amicorum Discipulorumque Liber, I, Problèmes de Protection Internationale des Droits de l'Homme, Paris 1969

— La déclaration universelle et la mise en oeuvre des Droits de l'homme, Recueil des Cours, 1951-II, Bd. 79, S. 241 - 365

Castrén, E.: Civil War, Helsinki 1966

Centre d'Etudes de Droit International Médical de Liège, Missions humanitaires et premier secours en temps de guerre, Revue Internationale des Services de Santé des Armées de Terre, de Mer et de l'Air, 1967, Nr. 6, S. 499 - 502

Clark, R. St.: A United Nations High Commissioner for Human Rights, Den Haag 1972

Commission d'experts chargée d'examiner la question de l'assistance aux détenus politiques, Revue Internatonale de la Croix-Rouge, 35. Jg., 1953, S. 409 - 414, 440 - 448

Commission d'experts, chargée d'examiner la question de l'application des principes humanitaires en cas de troubles intérieurs, Revue Internationale de la Croix-Rouge, 37. Jg., 1955, S. 439 - 444, 722 - 729
(zit.: Commission d'experts [1955])

Comité International de la Croix-Rouge, Conférence d'experts gouvernementaux sur la réaffirmation et le développement du droit international humanitaire applicable dans les conflits armés, Genève, 24 mai - 12 juin 1971, Rapport sur les travaux de la Conférence, Genève, Août 1971

Comité International de la Croix-Rouge, Conférence d'experts gouvernementaux sur la réaffirmation et le développement de droit international humanitaire applicable dans les conflits armés, Seconde Session, 3 mai - 3 juin 1972, Rapport sur les travaux de la Conférence, Bd. I, Genf 1972 (zit.: Rapport 1972, Bd. I)
— Projets de Protocoles additionnels aux Conventions du 12 août 1949, Genève, Juin 1973 (zit.: Projets 1973)
— Projets de Protocoles additionnels aux Conventions de Genève du 12 août 1949, Commentaires, Genève, Octobre 1973
— Protection des victimes des conflits armés non internationaux, Fascicule V, Janvier 1971

Compte Rendu de la Ve Session de la Commission Médico-Juridique (2, 3 et 4 juin 1966), Annales de Droit International Médical, 1966, Nr. 15, S. 51 - 66 (zit.: Compte Rendu [V])

Compte Rendu de la VIe Session de la Commission Médico-Juridique (15 - 17 avril 1971), Annales de Droit International Médical, 1971, Nr. 22, S. 18 - 43 (zit.: Compte Rendu [VI])

Dahm, G.: Das Verbot der Gewaltanwendung nach Art. 2 (4) der UNO-Charta und die Selbsthilfe gegenüber Völkerrechtsverletzungen, die keinen bewaffneten Angriff enthalten, Jahrbuch für Internationales Recht, Bd. XI (Festschrift für R. Laun), 1962, S. 48 ff. (zit.: Verbot der Gewaltanwendung)
— Völkerrecht, Bd. I, Stuttgart 1958; Bd. II, Stuttgart 1961

Das Rote Kreuz am Wendepunkt seiner Entwicklung, dpa-Hintergrund, dpa-Archiv, HG 1972

Derpa, R. M.: Das Gewaltverbot der Satzung der Vereinten Nationen und die Anwendung nichtmilitärischer Gewalt, in: Völkerrecht und Außenpolitik, Bd. 8, Bad Homburg 1970

Diplomatische Konferenz über die Neubestätigung und die Weiterentwicklung des humanitären Völkerrechts, Bericht in: Beilage 1974, Bd. XXV, Nr. 6 zur Revue Internationale de la Croix-Rouge, S. 95 - 104

Doehring, K.: Die allgemeinen Regeln des völkerrechtlichen Fremdenrechts und das deutsche Verfassungsrecht, Beiträge zum ausländischen öffentlichen Recht und Völkerrecht, Bd. 39, Köln, Berlin 1963

Draper, G. I. A. D.: The Geneva Conventions of 1949, Recueil des Cours, 1965-I, Bd. 114, S. 63 ff.

Ellenbogen, R. und I. *Seidl-Hohenveldern:* Les Missions humanitaires, Annales de Droit International Médical, 1971, Nr. 21, S. 11 - 32

Emilianides, A.: United Nations Function in International Conflicts and Civil Strifes, in: Mélanges Marcel Bridel, 1968

Ermacora, F.: Die Arbeitstechnik der Vereinten Nationen bei der Realisierung der Menschenrechte, in: Internationales Colloquium über Menschenrechte (siehe dort), S. 156 - 177
— Human Rights and Domestic Jurisdiction (Article 2, § 7, of the Charter), Recueil des Cours, 1968-II, Bd. 124, S. 371 - 451 (zit.: Human Rights)

Ermacora, F.: International Enquiry Commissions in the Field of Human Rights, Revue de Droit International et Comparé, Bd. I-2, 1968, S. 180 - 206

Etra, A.: International Protection of Human Rights: The Proposal for a U.N. High Commissioner, Columbia Journal of Transnational Law, Bd. 5, 1966, S. 150 - 158.

Evrard, E., siehe: Scholsem, L'Application des Conventions de Genève, S. 45
— siehe unter: H. Bosly

Ezejiofer, G.: Protection of Human Rights under the Law, London 1964

Falk, R. A.: The Beirut Raid and the International Law of Retaliation, American Journal of International Law, Bd. 63, 1969, S. 415 - 443

Farer, T. J.: Humanitarian Intervention. The View from Charlottesville, in: Lillich, Humanitarian Intervention (siehe dort), S. 149 - 164

Fawcett, J. E. S.: Intervention in International Law, Recueil des Cours, 1961-II, Bd. 103, S. 404 ff.

Ferguson, Y. H.: The Dominican Intervention of 1965: Recent Interpretations, in: International Organization, Bd. 27, 1973, S. 517 - 548

Fitzmaurice, G.: The General Principles of International Law, Recueil des Cours, 1957-II, Bd. 92, S. 1 - 223

Fleck, D.: Diplomatische Konferenz für humanitäres Völkerrecht in bewaffneten Konflikten, Neue Juristische Wochenschrift, 27. Jg., 1974, S. 1038 f.
— Neue Ansätze für den völkerrechtlichen Schutz des Menschen in bewaffneten Konflikten, Jahrbuch für Internationales Recht, 16. Bd., 1973, S. 113 bis 142

Fonteyne, J.-P. L.: Forcible Self-Help by States to Protect Human Rights: Recent Views from the United Nations, in: Lillich, Humanitarian Intervention (siehe dort), S. 197 - 221

Franck, T. M. und S. R. *Rodley:* After Bangladesh: The Law of Humanitarian Intervention by Military Force, American Journal of International Law, Bd. 67, 1973, S. 275 - 305

Franck, T. M., in: Lillich, Humanitarian Intervention (siehe dort), S. 89

Franzke, H.-G.: Armed Rescue Operations according to Modern International Law, Revue Internationale des Services de Santé des Armées, Nr. 6, 1967, S. 503 - 509
— Die militärische Abwehr von Angriffen auf Staatsangehörige im Ausland — insbesondere ihre Zulässigkeit nach der Satzung der Vereinten Nationen, Österreichische Zeitschrift für Öffentliches Recht, Bd. XVI (Neue Folge), 1966, S. 128 - 175
(zit.: Militärische Abwehr)
— Schutzaktionen zugunsten der Staatsangehörigen im Ausland als Ausfluß des Rechts auf Selbstverteidigung der Staaten, Dissertation, Bonn 1965,
(zit.: Schutzaktionen)

Freymond, J.: Das Internationale Komitee vom Roten Kreuz im internationalen Gefüge, Beilage zur Revue Internationale de la Croix-Rouge, 1972, Bd. XXIII, Nr. 7, S. 95 ff.; Nr. 8, S. 111 ff.

Frowein, J. Abr.: Völkerrechtliche Aspekte des Vietnam-Konflikts, Zeitschrift für ausländisches öffentliches Recht und Völkerrecht, Bd. 27, 1967, S. 1 - 23

Gerwin, E.: Milliardenhilfe für Bangladesch, in: Vereinte Nationen, 21. Jg., 1973, S. 83 - 87

Glaser, S.: Der einzelne vor dem Völkerrecht, Österreichische Zeitschrift für öffentliches Recht, Bd. XVI (Neue Folge), 1966, S. 111 - 127

Goerens, F., in: Scholsem, L'Application des Conventions de Genève (siehe dort), S. 35

Golsong, H.: Implementation of International Protection of Human Rights, Recueil des Cours, 1963-III, Bd. 110, S. 7 ff.

Goodhart, A. L.: The North Atlantic Treaty of 1949, Recueil des Cours, 1951-II, Bd. 79, S. 187 - 236

Goodrich, L. M.: The United Nations, New York 1960

Goodrich, L. M., E. *Hambro* und A. P. *Simons:* The Charter of the United Nations, 3. Aufl., New York und London 1969

Goodrich, L. M. und A. P. *Simons:* The United Nations and the Maintenance of International Peace and Security, Washington 1955

Gottlieb, G. A. G.: International Assistance to Civilian Populations in Armed Conflicts, New York University Journal of International Law & Politics, Bd. 4, 1971, S. 403 - 430

Grasshof, K.: Ein Hoher Kommissar für Menschenrechte bleibt das Ziel, Vereinte Nationen, 22. Jg., 1974, S. 13 - 15

Guettard, J.: Les conditions d'intervention du Comité international de la Croix-Rouge avant belligérance, Annuaire Français de Droit International, 1956-II, S. 353 - 366

Guradze, H.: Der Stand der Menschenrechte im Völkerrecht, Göttingen 1956

Hahn, H. J.: Das pactum de negotiando als völkerrechtliche Entscheidungsnorm, Außenwirtschaftsdienst des Betriebs-Beraters, 18. Jg., 1972, S. 489 bis 498

Hall, W. E. und A. P. *Higgins:* A Treatise on International Law, 8. Aufl., Oxford 1924

Higgins, R.: The Development of International Law through the Political Organs of the United Nations, London, New York, Toronto 1963

Hoare, S.: Recent Developments in the United Nations concerning the Protection of Human Rights, in: R. Cassin (siehe dort), S. 101 - 107

Humphrey, J. P.: The UN-Charter and the Universal Declaration, in: The International Protection of Human Rights (hrsg. v. E. Luard), London 1967, S. 39 - 58

Jessup, P. C.: A Modern Law of Nations, New York 1968

International Commission of Jurists, The Events in East Pakistan, 1971, Genf 1972

Internationales Colloquium über Menschenrechte, Berlin, 3. - 8. 10. 1966, Berlin 1968

International Law Association, Report of the Fifty-Second Conference held at Helsinki, August 14th to August 20th, 1966 (1967)

— Report of the Fifty-Third Conference held at Buenos Aires, August 25th to August 31st, 1968 (1969)

International Protection of Human Rights, Background Paper and Proceedings of the Twelfth Hammarskjöld Forum, New York 1968

Karaosmanoglu, Ali L.: Les actions militaires coercitives et non coercitives des Nations Unies, Genf 1970

Karlshausen, R. und A. *Raymond:* Missions humanitaires internationales de contrôle et de secours en cas de conflit armé, Annales de Droit International Médical, Nr. 20, 1970, S. 9 - 38

Keller, L.: Die nichtkriegerische militärische Gewaltmaßnahme, Berlin 1934

Kelsen, H.: The Law of the United Nations, The Library of World Affairs, Nr. 11, London 1951

— Principles of International Law, New York 1952

Kerley, E. L.: The Powers of Investigation of the United Nations Security Council, American Journal of International Law, Bd. 55, 1961, S. 894 ff.

Kewenig, W.: Gewaltverbot und noch zulässige Machteinwirkung und Interventionsmittel, in: W. Schaumann, Völkerrechtliches Gewaltverbot und Friedenssicherung, 1971, S. 175 - 217

Kim, Taekhoan: Die Vereinten Nationen und ihre kollektiven Sicherheitsmaßnahmen, München 1968

Kimminich, O.: Humanitäres Völkerrecht — humanitäre Aktion, Reihe: Entwicklung und Frieden, Nr. 3, München, Mainz 1972

Kipp, H.: Zum Problem der gewaltsamen Intervention in der derzeitigen Entwicklungsphase des Völkerrechts, in: Gedächtnisschrift Hans Peters, Berlin, Heidelberg, New York 1967, S. 393 - 433

Knitel, H. G.: Les Délégations du Comité international de la Croix-Rouge, in: Études et Travaux de l'Institut Universitaire de Hautes Études Internationales, Nr. 5, Genf 1967
(zit.: Délégations)

— Le rôle de la Croix-Rouge dans la protection internationale des droits de l'homme, Österreichische Zeitschrift für Öffentliches Recht, Bd. 19 (Neue Folge), 1969, S. 1 - 36
(zit.: Rôle de la Croix-Rouge)

Kron, E.: Pactum de contrahendo im Völkerrecht, Kölner Dissertation, 1971

Kunz, J. L.: Kriegsbegriff, in: Strupp / Schlochauer (siehe dort), S. 330 - 332

Lauterpacht, H.: International Law and Human Rights, London 1950

Les Conventions de Genève du 12 Août 1949, Bd. I, Genf 1952 (hrsg. unter Leitung von J. S. Pictet)
(zit.: Kommentar)

Lillich, R. B. (Editor): Humanitarian Intervention and the United Nations, Charlottesville 1973
(zit.: Humanitarian Intervention)

— Intervention to Protect Human Rights, McGill Law Journal, Bd. 15, 1969, S. 205 - 219

Lombardi, A. V.: Die Anwendbarkeit des Völkerrechts in Bürgerkriegen, Baseler Dissertation, 1973

Luard, E. (Hrsg.): The International Protection of Human Rights, London 1967

Mac Bride, M. S.: Les droits de l'homme et les conventions humanitaires, Annales de Droit International Médical, Nr. 16, 1967, S. 8 - 14

Mc Dougal, M. S., siehe unter: M. Reisman

Manin, P.: L'Organisation des Nations Unies et le maintien de la paix, Paris 1971

Manuel de la Croix-Rouge Internationale, 10. Aufl., Genf 1953

Mertens, P.: Les modalités de l'intervention du Comité International de la Croix-Rouge dans le conflit du Nigéria, Annuaire Français de Droit International, 1969, S. 183 - 209

Meyer-Lindenberg, H.: Die Menschenrechte im Völkerrecht, Berichte der Deutschen Gesellschaft für Völkerrecht, Heft 4, Karlsruhe 1961, S. 84 - 122

Meyrowitz, H.: La guérilla et le droit de la guerre, Revue belge de droit international, 1971, S. 506 - 539

Moreillon, J.: Le Comité International de la Croix-Rouge et la protection des détenus politiques, Genève 1973

Mosler, H.: Die Intervention im Völkerrecht, Berlin 1937

— Ius Cogens im Völkerrecht, Schweizerisches Jahrbuch für internationales Recht, Bd. XXV, 1968, S. 9 - 40

Münch, F.: Tätigkeit der Vereinten Nationen in völkerrechtlichen Fragen, Archiv des Völkerrechts, 15. Bd., 1971/1972, S. 425 - 450

von Münch, I.: Internationale und nationale Zuständigkeit im Völkerrecht der Gegenwart, in: Berichte der Deutschen Gesellschaft für Völkerrecht, Heft 7, Karlsruhe 1967, S. 27 - 62

Nasim Hasan Shah, Discovery by Intervention: The Right of a State to seize Evidence located within the Territory of the Respondent State, The American Journal of International Law, Bd. 53, 1959, S. 595 - 612

Oppenheim, L. und H. *Lauterpacht*: International Law, Bd. I — Peace, 8. Aufl., London, New York, Toronto 1955; Bd. II — Disputes, War and Neutrality, 7. Aufl., London 1952

Oppermann, T.: Das Verbot der Gewaltanwendung, in: Schaumann (siehe dort), S. 119 - 144

Pansius, Ch. P.: 54e Conférence de l'International Law Association, Annales de Droit International Médical, 1971, Nr. 21, S. 69 - 81

Patrnogic, J.: Internationalisation du contrôle de l'application des Conventions humanitaires en cas de conflit armé, Annales de Droit International Médical, 1971, Nr. 21, S. 33 - 51
(zit.: Internationalisation)

— Missions humanitaires et de sauvetage, in: Compte Rendu de la Ve Session de la Commission Médico-Juridique, Annales de Droit International Médical, 1966, Nr. 15, S. 55 - 58
(zit.: Missions humanitaires)

— siehe unter: Seidl-Hohenveldern / Patrnogic

Petitpierre, M.: Actualité du Comité international de la Croix-Rouge, Revue Internationale de le Croix-Rouge, 1971, 53. Jg., S. 73 - 93

Petzold, H.: Der Schutz der Menschenrechte nach traditionellem Völkerrecht und nach der Europäischen Menschenrechts-Konvention, Internationales Colloquium über Menschenrechte (siehe dort), S. 66 - 103

Pfeifenberger, W.: Die Vereinten Nationen. Ihre politischen Organe in Sicherheitsfragen, Salzburger Universitätsschriften, Bd. 11, Salzburg, München 1971

Pfenninger, F.: Geiselnahme und Geiseltötung im Kongo, Schweizerische Juristen-Zeitung, 61. Jg., 1965, S. 117 ff.

Pictet, J. S.: Les principes de la Croix-Rouge, Revue Internationale de la Croix-Rouge, 1955, 37. Jg., S. 483 ff., 559 ff., 633 ff., 695 ff., 778 ff.

Pinto, R.: Les Règles du droit international concernant la guerre civile. Recueil des Cours, 1965-I, Bd. 114, S. 451 - 553
(zit.: Règles)

— Régionalisme et universalisme dans la protection des droits de l'homme, in: International Protection of Human Rights (Proceedings of the Seventh Nobel Symposium, Oslo, September 25 - 27, 1967), edited by A. Eide and A. Schou, Uppsala 1968, S. 177 - 192

Potter, P. B.: L'intervention en droit international moderne, Recueil des Cours, 1930-II, Bd. 32, S. 611 - 689

de la Pradelle, P.: Ius Cogens et Conventions humanitaires, Annales de Droit International Médical, 1968, Nr. 18, S. 9 - 27

— La Conférence Diplomatique et les nouvelles Conventions de Genève du 12 Août 1949, Paris 1951

de la Pradelle, P. und L. Aureglia: Contrôle de l'application des conventions humanitaires en cas de conflits armés, Annales de Droit International Médical, 1960, Nr. 6, S. 17 - 29

— siehe unter: Aureglia / de la Pradelle

— siehe: Scholsem, L'Application des Conventions de Genève, S. 34

Protection des victimes de conflits non internationaux, Rapport présenté par le CICR à la XXIe Conférence internationale de la Croix-Rouge, Istanbul 1969, in: Revue Internationale de la Croix-Rouge, 51. Jg., 1969, S. 405 ff.

Rajan, M. S.: United Nations and Domestic Jurisdiction, 2. Aufl., London 1961

Randelzhofer, A.: Der Bürgerkrieg, Zeitschrift für Politik, 18. Jg., 1971, S. 237 - 247

Rauschning, D.: Die Geltung des völkerrechtlichen Gewaltverbots in Bürgerkriegssituationen, in: Schaumann, Völkerrechtliches Gewaltverbot (siehe dort), S. 75 ff.

Raymond, A., siehe unter: Karlshausen, R.

Reimann, H. B.: Ius cogens im Völkerrecht, Züricher Dissertation, Züricher Studien zum internationalen Recht, Nr. 46, 1971

Reisman, M. und M. S. Mc Dougal: Humanitarian Intervention to Protect the Ibos, in: Lillich, Humanitarian Intervention (siehe dort), S. 167 - 195

Rodick, B. C.: The Doctrine of Necessity in International Law, New York 1928

Rodley, S. R., siehe unter: T. M. Franck

Rougier, A.: La théorie de l'intervention d'humanité, Revue générale de droit international public, Bd. 17, 1910, S. 468 - 526

Schaumann, W.: Der völkerrechtliche Schutz der Menschen- und Freiheitsrechte in seiner Verwirklichung durch die Vereinten Nationen, Jahrbuch für Internationales Recht, Bd. 13, 1967, S. 133 - 159

— (Hrsg.), Völkerrechtliches Gewaltverbot und Friedenssicherung, Baden-Baden 1971
(zit.: Völkerrechtliches Gewaltverbot)

Schetter, P., siehe: Scholsem, L'Application des Conventions de Genève, S. 32

Schindler, D.: Die Anwendung der Genfer Rotkreuzabkommen seit 1949, Schweizerisches Jahrbuch für internationales Recht, Bd. XXII, 1965, S. 75 bis 120
(zit.: Anwendung)

— Gleichberechtigung von Individuen als Problem des Völkerrechts, Züricher Habilitationsschrift 1957, Züricher Studien zum Internationalen Recht, Nr. 25
(zit.: Gleichberechtigung)

— Le principe de non-intervention dans les guerres civiles, Huitième Commission, Rapport provisoire, Institut de Droit International, Genève 1972
(zit.: Principe)

Schlögel, A.: La guerre civile, Revue Internationale de la Croix-Rouge, 1970, 52. Jg., S. 137 ff.

Scholsem, J.-C.: L'Application des Conventions de Genève, Annales de Droit International Médical, 1968, Nr. 18, S. 29 - 51
(zit.: Application)

Schreiber, M.: Les tendances nouvelles de l'action des Nations Unies dans le domaine des Droits de l'Homme, in: R. Cassin (siehe dort), S. 285 - 300

Schwarzenberger, G.: The Fundamental Principles of International Law, Recueil des Cours, 1955-I, Bd. 87, S. 195 - 385

Schwelb, E.: Die Menschenrechtsbestimmungen der Charta der Vereinten Nationen und die Allgemeine Erklärung der Menschenrechte, in: Vereinte Nationen, 21. Jg., 1973, S. 180 - 187

— The International Court of Justice and the Human Rights Clauses of the Charter, American Journal of International Law, Bd. 66, 1972, S. 337 - 351

— Zur Frage der Anrufung der UN-Menschenrechtskommission durch Individuen und nichtstaatliche Organisationen, in: Vereinte Nationen, 20. Jg., 1972, S. 79 - 86
(zit.: Zur Frage der Anrufung)

Seidl-Hohenveldern, I., in: Compte Rendue de la Ve Session de la Commission Médico-Juridique (1966), Annales de Droit International Médical, Nr. 15, 1966, S. 61 - 63

— in: ILA, Report of the 52nd Conference (siehe dort), S. 657

— Völkerrecht, 2. Aufl., Köln, Berlin, Bonn, München 1969

— siehe unter: Ellenbogen / Seidl-Hohenveldern

Seidl-Hohenveldern, I. und J. *Patrnogic:* La protection des populations civiles dans les conflits armés de caractère non-international, Annales de Droit International Médical, 1968, Nr. 17, S. 12 - 24

Siordet, F.: Croix-Rouge et droits de l'homme, Revue Internationale de la Croix-Rouge, 1968, 50. Jg., S. 104 - 121

Siotis, J.: Le droit de la guerre et les conflits armés d'un caractère non-international, Genf 1958

Sohn, L. B. und T. *Buergenthal:* International Protection of Human Rights, Indianapolis, Kansas City, New York 1973

Steinberger, H.: Gewaltverbot, in: Staatslexikon, 10. Bd., 2. Erg. Bd., 6. Aufl., Freiburg 1970, S. 144 -152

Stone, J.: Aggression and World Order, London 1958
(zit.: Aggression)
— Legal Controls of International Conflict, 2. Aufl., London 1959

Stowell, M. E. C.: La théorie et la pratique de l'intervention, Recueil des Cours, 1932-II, Bd. 40, S. 91 - 148

Strupp, K. und H.-J. *Schlochauer:* Wörterbuch des Völkerrechts, 2. Bd., Berlin 1961

Tätigkeitsberichte des Internationalen Komitees vom Roten Kreuz, Genf, 1954 - 1971

U Thant: The Role of the Secretary-General, in: UN Monthly Chronicle, Bd. VIII, Nr. 9, 1971, S. 178 - 187

Vasak, K.: La Commission interaméricaine des Droits de l'Homme: son rôle et son importance pour les pays en voie de développement, Internationales Colloquium über Menschenrechte (siehe dort), S. 191 - 216

Verdross, A.: Idées directrices de l'Organisation des Nations Unies, Recueil des Cours, 1953-II, Bd. 83, S. 7 - 77
(zit.: Idées directrices)
— Völkerrecht, 5. Aufl., Wien 1964

Veuthey, M.: Règles et principes de droit international humanitaire applicables dans la guérilla, Revue belge de droit international, 1971, S. 506 bis 539

de Visscher, Ch., in: Annuaire de l'Institut de Droit International, Session de Lausanne (1947), 41. Jg., 1947, S. 155

Voncken, J., in: Compte Rendu de la Ve Session de la Commission Médico-Juridique (siehe dort), S. 58 f.

Waldock, C. H. M.: The Control of the Use of Force by States in International Law, Recueil des Cours, 1952-II, Bd. 81, S. 455 - 517

Wehberg, H.: Krieg und Eroberung im Wandel des Völkerrechts, in: Völkerrecht und Politik, Bd. 1, Frankfurt a. M., Berlin 1953
(zit.: Krieg und Eroberung)
— Kriegsverbot, in: Strupp / Schlochauer (siehe dort), S. 370 - 372

Weisberg, H. L.: The Congo Crisis 1964: A Case Study in Humanitarian Intervention, Virginia Journal of International Law, Bd. 12, 1972, S. 261 bis 276

Wendl, F., siehe: Scholsem, L'Application des Conventions de Genève, S. 40

Wengler, W.: Das völkerrechtliche Gewaltverbot, Probleme und Tendenzen, Schriftenreihe der Juristischen Gesellschaft e.V. Berlin, Heft 28, Berlin 1967
(zit.: Gewaltverbot)
— Völkerrecht, Bd. II, 3. Teil, Berlin, Göttingen, Heidelberg 1964

Westlake, J.: International Law, Teil I, 2. Aufl., Cambridge 1910

Wiebringhaus, H., siehe: Scholsem, L'Application des Conventions de Genève, S. 38

Wildhaber, L.: Gewaltverbot und Selbstverteidigung, in: Schaumann (siehe dort), S. 147 - 173

Wright, Q.: Legal Aspects of the Vietnam Situation, The American Journal of International Law, Bd. 60, 1966, S. 750 - 769

— United States Intervention in the Lebanon, The American Journal of International Law, Bd. 53, 1959, S. 112 - 125

Zorgbibe, Ch.: La Guerre Civile, in: Annales de la Faculté de Droit et des Sciences Économiques, Jg. 1969, Heft 6, S. 5 - 180

Printed by Libri Plureos GmbH
in Hamburg, Germany